사회적 공감

사회적 공감

엘리자베스 A. 시걸 지음
안종희 옮김

Social

Empathy

생각이음

공감, 겸손, 정의를 향해 헌신적인 삶을 살도록 인도해주신
작고하신 부모님에게 이 책을 바친다.

일러두기

1. 이 책에 표기된 외래어는 원칙적으로 국립 국어원의 외래어 표기법에 따라 표기했으며, 주요 인물이나 작품, 논문의 원어는 처음 언급될 때 한글 표기와 병기했다.
2. 단행본은 《 》, 저널, 잡지, 영화 등은 〈 〉로 표기했다.
3. 원어에서 이탤릭체로 강조한 용어는 고딕체로 강조했다.
4. 원어에서 큰따옴표(" ")로 표기한 용어나 문장 중에서 직접 인용이 아닌 경우에는 작은따옴표(' ')로 표기했다.
5. 독자의 이해를 돕기 위해 옮긴이가 본문에 추가한 내용은 괄호로 묶고 옮긴이를 표기했다.
6. '전세계적' '전세계의'와 같은 관형어+관형어는 떼어쓰기를 하지 않았다.

차례

나는 공감을 연구하려고 마음먹은 적이 한 번도 없었다. 35여 년 전 사회복지사가 되려고 교육을 받고 있을 때 이른바 실천의 거시적 측면에서 내가 지역사회와 공공정책을 이해하는 데에 관심이 있다는 것을 알았다. 공감은 임상 의사들과 세부적인 일을 맡아 하는 실무자들의 몫이었고, 나와는 상관없는 일이었다. 내가 흥미를 느낀 것은 정부의 사회복지 프로그램 이면에 있는 상황들이었으며, 수많은 의문점들을 갖고 있었다.

왜 세계에서 가장 부유한 국가의 어린이 5명 중 1명이 빈곤한 환경에서 성장하는 걸까? 왜 남북전쟁 이후 백년이 지나서야 시민법이 통과되었을까? 왜 미국 대륙의 첫 거주민인 원주민이 미국인 중에 가장 가난할까? 왜 미국인들은 다른 나라 사람들보다 1인당 의료비 지출이 더 많은 데도 건강 수준이 훨씬 더 나쁠까? 나는 이런 질문에 대한 답을 찾으려고 사회복지정책을 다루는 과정에 진학하고 싶었다. 이런 열정으로 경력을 쌓아나갔고 계속해서 정치학, 공공정책, 도시사회학도 공부했다. 1년 동안 워싱턴DC에서 일하기도 했다. 이 모든 노력이 사회공공정책을 보다 깊이 이해하는 데 도움이 됐다.

이런 과정을 통해 나는 이 분야의 전문가가 됐고 사회복지정책과 프로그램에 관한 교과서를 집필했으며, 현재 4판을 출간했다. 나의 모든 지식을 바탕으로 학교에서 사회복지정책을 가르치고 있지만 여전히 뜻밖의 문제에 부딪치곤 한다. 30년 이상 학생들을 가르쳐왔고 가장 많이 가르친 과목이 사회복지정책과 프로그램이었는데도 말이다. 대학수업을 처음 듣는 신입생부터 박사학위를 준비하는 대학원생까지 모든 수준에서 이 과목을 가르쳤다. 이 수업의 일차적 목표는 학생들이 공공정책의 실천방법과 그 이유를 이해시키고, 나로 하여금 이 분야를 계속해서 공부하게 만든 수많은 질문에 해답을 찾는 것이다. 이 수업이 특별한 것은 각자가 공공정책의 개발과 정책에서 나온 프로그램의 역할이 무엇인지 질문한다는 점이다. 사회복지사의 역할에는 인권을 신장하기 위한 전문가적 헌신이 따른다. 이들이 위임 받은 과제는 사회와 경제, 환경 정의를 옹호하라는 것이며, 그러기 위해서는 타인의 입장에 서서 개인은 물론 다른 사회집단과 공동체의 독특한 경험을 이해해야 한다.

지역사회에서 활동적인 구성원이 되는 것과 타인의 시각으로 세상을 보는 것의 중요성을 일부 학생은 내가 가르친 대로 '이해했고' 일부 학생은 이해하지 못했다. 어떤 학생은 타집단이 역사 속에서 경험한 것과 더 넓은 사회에서 그들이 어디에 적합한지를 타인의 눈으로 세상을 보는 방식을 받아들였다. 하지만 어떤 학생은 그렇지 못했다.

이 학생들은 개인의 관점에서 바라보는 것을 선호했고 집단 전체의 경험을 고려하지 못했다. 두 부류의 학생들은 친절하고 배려심이 있는 사람들이었으며, 이들 대다수는 사회복지사에 관심이 있거나 이미 종사하고 있었다.

왜 학생들 중 일부는 더 넓은 영역에 속하는 사회복지를 깊이 사고하고 알지도 못하는 사람들의 필요에 관심을 갖는 반면, 다른 학생들은 그런 것과는 거리를 둘까? 서로 무언가 다른 점이 있었다. 나는 이런 의문을 바탕으로 공감에 대해 연구했으며, 사회적 공감이란 개념을 개발하게 됐다.

내가 처음 대중 앞에서 사회적 공감에 대해 전문적으로 언급한 것은 2003년 빈곤에 관한 전문가 토론회였다. 다행히도 그 전문가 토론회에 두 명의 동료 연구자인 메들린 아델만Madelaine Adelman 박사와 키스 킬티Keith Kilty 박사가 참석했다. 그들은 처음으로 이 개념에 대해 전문적인 피드백을 줬다. 키스는 그 당시 공동 편집자로 일했던 〈빈곤 저널Journal of Poverty〉에 내가 이 개념을 발표하도록 중요한 도움을 줬다. 메들린은 사회적 공감의 의미를 발전시키고 학생들을 대상으로 그것을 측정하는 방법에 도움을 주는 훌륭한 조언자이자 공동연구자의 역할을 계속해서 감당해주고 있다. 연구 초기에 비판과 격려를 해준 메들린과 키스에게 깊은 고마움을 전한다.

2008년 연구 안식년에 사회적 공감에 관한 글을 집필하기 시작했다. 그 이전에 이 개념을 탐구하는 전문적인 논문을 몇 차례 발표한 다음 사회적 공감이란 개념을 충분히 발전시키려고 했지만 개인적 공감에 대해 별로 아는 게 없었다. 공감에 관한 연구 문헌을 파고들면서 기존 연구가 거의 대부분 개인에게 초점이 맞춰져 있다는 것을 알고 당황했다. 심리학이나 행동생물학에 관한 내용은 잘 알지도 못했으므로 거의 와 닿지 않았다. 다행히도 친구이자 동료인 카렌 게르드Karen Gerdes 박사도 연구 안식년을 보내고 있었다. 우리는 일주일에 한 번 아침 식사시간에 만나 연구 프로젝트에 관해 서로 확인해주면서 궤도를 이탈하지 않도록 도와주기로 했다.

만난 지 얼마 되지 않은 어느 날 아침, 나는 카렌에게 공감에 관한 기존 문헌연구에 대한 고충을 털어놓으며 대부분의 문헌을 이해하려면 내가 생각했던 것보다 더 많은 심리학적 지식이 필요하다고 말했다. 카렌이 이 분야에 매우 박식했기 때문에 몇몇 문헌을 이해하도록 설명해주고 연구 계획을 세울 수 있도록 도와달라고 요청했다. 내가 만난 사람 중에서 카렌은 가장 친절하고 관대한 사람이라서 그녀에게 요청하면 승낙하리라는 것을 알았다. 그녀가 자신의 연구를 잠시 중단하는 것을 원하지 않았지만, 나는 어찌할 바를 몰라 난감했고 그녀의 도움이 절실히 필요했다. 일주일 정도 연구를 중단하는 것이 그녀에게 큰 부담이 되지 않기를 바랐다. 카렌은 어떤 상황인지 살펴보고 그 다음 주 아침식사 시간에 알려주기로 약속했다. 불과 며칠이 지나지 않아 카렌이 나에게 전화를 걸어와 공감에 대해 조사해 보고 얼마나 흥분했는지 말했다.

카렌은 인간의 복잡한 뇌 작동 방식을 해독하는 신경과학자들이 시작한 공감 연구에서 완전히 새로운 연구 분야를 찾아냈다. 공감에 관한 초기 단계의 뇌 영상 연구였다. 카렌은 이미 인간의 학습 방식에 초점을 맞춰 연구하면서 뇌 과학에 관심을 갖고 있었기 때문에 이 새로운 연구에 솔깃했고 매력을 느끼고 있었다. 그 다음 아침 식사 때 우리는 카렌이 발견한 내용에 대해 대화를 나눴고 팬케이크를 먹으면서 연구계획을 수정했다. 심리학, 생물학, 신경과학의 관점에서 공감의 모든 측면을 더 잘 이해하려고 함께 연구하기로 결정했으며, 더 큰 사회적 환경에서 인간이 행동하는 방식을 연구하는 사회복지사로서의 관점을 통합하기로 했다. 우리는 이것이 어떤 결과를 만들어낼지 몰랐지만 새로운 방향으로 연구를 시작한다는 생각에 흥분했다.

나와 카렌의 공동연구는 연구팀으로 발전했고 내 생애를 통틀어 가장 놀라운 공동연구로 이어졌다. 우리 팀에 신시아 리츠Cynthia Lietz 박사가 합류했는데, 그녀는 가족 복지와 공감을 연결하는 가족회복에 관한 전문가였다. 지금은 교수가 된 두 명의 박사과정 학생도 합류했다. 알렉스 와가먼Alex Wagaman 박사는 지역사회 활동전문가로서 사회적 공감의 배후에 있는 개념을 개발하는데 도움을 줬다. 젠 가이거Jen Geiger 박사는 심리학적 배경을 갖고 아동과 가정에 관한 전문지식을 제공했다. 우리의 연구는 공감을 측정하는 척도 개발이라는 과제로 이어졌다. 이 공동연구 결과는 우리가 쓴 《공감 평가Assessing Empathy》에 수록됐다. 이 책은 개인적·사회적 공감을 측정하는 척도 개발을 뒷받침하는 학문적 배경을 제공한다.

　사회적 공감에 관한 이 책은 이 연구에 기초한 것이지만 책 내용에 관한 책임은 전적으로 내게 있다. 착오나 누락이 있다면, 그것은 모두 나의 책임이다. 나는 동료들이 제공한 통찰과 연구, 도움 덕분에 사회적 공감에 관한 이 책을 쓸 수 있었다는 점에서 그들에게 큰 빚을 졌다.

　사회적 공감은 타인의 감정과 행동을 읽고 이해하는 개인적 능력과 인간의 행동이 일어나는 상황과 역사, 그리고 다른 사회집단의 경

험을 혼합한다. 이 책은 일곱 가지 질문에 대답하고, 마지막 장에서
는 세상을 더 나은 곳으로 만들기 위해 사회적 공감을 타인을 이해하
는 나침반으로 제시한다.

- 공감이란 무엇인가?
- 왜 공감이 필요한가?
- 아주 중요한 공감이 왜 그렇게 어려울까?
- 권력과 정치는 공감의 장애물인가?
- 스트레스와 우울, 다른 건강요인들이 공감을 가로막는다면 어떻게 될
  까?
- 공감과 종교는 어떤 관계일까?
- 공감과 기술은 어떤 관계일까?
- 사회적 공감은 세상을 더 나은 곳으로 만든다.

나는 이 책에서 수년 간 내 생각을 이끈 사회적 공감이라는 개념
과 이와 관련된 모든 개념과 연구를 설명하려고 노력했다. 이 과정은
정말 대가를 바라지 않는 수고였고 세상에 대한 깊은 통찰이었다. 이
여정에서 나를 도와준 모든 이들에게 큰 빚을 졌다. 훌륭한 동료 연

구자들과 학생들, 친구들에게 감사한다. 그들과 아이디어를 나누며 초기 이론을 테스트했다. 내 가족, 특히 나의 이론을 경청하고 현재의 사건들과 관련된 방식으로 아이디어를 발전시키도록 도와준 언니에게 감사드린다. 내가 타인을 이해하는 데 깊은 관심을 갖게 된 것은 부모님 덕분이다. 부모님은 사회적 공감에 관한 나의 생각에 토대를 놓아줬다. 이 책이 사회적 공감을 논의하는 모든 과정에 진정한 의미와 영향이 제대로 전달되기를 진심으로 바란다.

독자들이 이 책을 읽는 동안, 내가 이 책을 쓸 때 그랬듯이 유익한 영감을 얻기 바란다. 나와 함께 사회적 공감이라는 개념을 흔쾌히 탐색하려는 독자들께 감사드린다.

1장 공감이란 무엇인가?

개인적으로 공감을 연구할 필요성을 처음 느낀 것은 2005년 8월이었다. 하지만 그 당시 나는 공감에 대해서 잘 알지 못했다. 계속 TV 뉴스를 켜고 수천 마일 밖에서 다가오는 허리케인 카트리나의 공포를 지켜봤다. 여러 일기도에 나오는 태풍의 모습과 허리케인에서 살아남으려고 애쓰는 시민들의 모습이 보였다. 내가 사는 애리조나 지역이 비가 적은 건조한 지역이라는 것에 위안을 느끼며 뉴스를 지켜봤다. 허리케인 지역에 살아본 적이 없고 사막에서 10년을 산 탓에 비는 내게 위험이라기보다 경이로운 것에 가까웠다. TV에서 눈을 떼지 못한 채 폭우가 쏟아지고 강풍에 나무가 땅에 쓰러지고 급류가 들이닥쳐 도로가 강으로 변하는 것을 지켜봤다.

그러나 정작 나의 마음을 사로잡은 것은 생존을 위해 사투를 벌이는 사람들의 이야기였다. 생명을 위협하는 갑작스러운 위험에 직면하면 얼마나 두려울까 하는 생각이 들었다. 즉시 무언가 하고 싶다는 생각이 들었다. 용기를 내어 다른 사람들이 공감과 연민을 갖도록 돕고 음식물과 물을 나누고 싶었다. 그러나 솔직히 이런 생각도 들었다. '절대 안 돼, 내가 살아남기 위해서라면 뭐든 할 거야.'

그 뒤 약탈에 대한 보도와 뉴올리언스 시민들이 얼마나 무법적인 행동을 했는지에 대한 비판이 이어졌다. 나는 사람들이 식료품과 물병, 스테레오, 옷을 탐욕스럽게 움켜쥐고 있는 모습을 기억한다. 전문가들은 그런 사람들을 약탈자와 범법자로 비난했다. 하지만 그 순간 내가 만약 그들의 처지였어도 할 수 있는 것은 뭐든지 했을 것이라는 생각이 들었다. 사람들이 다른 사람을 돕고 자신이 가진 소량의 물이나 통조림을 나누는 모습에 대한 이야기를 들었을 때는 그 관대함에 마음이 뭉클해지면서 생존하기 위해서라면 뭐든지 움켜쥐고 싶다는 나의 첫 반응이 부끄러웠다. 그때 나는 타인에게 그다지 동정적이지도 타인의 행복에 관심도 없는 이런 반응이 무언가 잘못됐다고 생각했다. 몇 해가 지나서야 당시의 경험을 이해했다. 뉴올리언스의 허리케인 뉴스를 보면서 생존하고자 하는 강한 생리적 반응이었던 것이다. 확실하지는 않지만, 나중에 가서야 이런 감정이 공감의 토대가 될 수 있다는 것을 깨달았다.

다행히도 나는 살면서 그런 위기를 직접 겪은 적이 없다. 앞으로도 절대 그런 일이 없기를 바란다. 하지만 이전에 그런 일을 한 번도 직접 마주한 적이 없는 나의 일면에서 깨달음을 얻었다. 생존을 위해서라면 내가 기꺼이 남의 것도 훔칠 수 있다는 자각이었다. 어떻게 그럴 수 있지? 나는 법을 잘 지키는 시민이고, 정기적으로 자선단체에 기부도 하고, 자발적으로 시간을 내서 친구와 가족을 돕는데 말이다. 더욱이 나는 훈련받은 사회복지사다! 허리케인 카트리나가 지나간 후 발생한 약탈과 강탈을 나도 저지를 수 있다는 점을 어떻게 이해할 수 있겠는가? 이런 불편한 자각을 이해하는 데 여러 해가 걸렸으며,

공감을 연구하고 몰두하면서 이해하게 됐다.

시간을 앞으로 빨리 돌려 현재의 이야기를 해보자. 우리는 국내외 사건을 실시간으로 볼 수 있다. 24시간 내내 TV, 스마트폰, 컴퓨터에서 엄청난 재난 상황을 보여주는 영상과 음성으로 뉴스를 접할 수 있다. 사람들은 플로리다주 올랜도 도심에 있는 나이트 클럽과 라스베이거스 야외 컨트리 음악축제에서 발생한 사건 같은 여러 총격 사건을 지켜봤다. 프랑스 니스에서 국경일을 축하하려고 모인 군중들을 트럭이 치고 지나가는 바람에 사람들이 죽는 장면도 지켜봤다. 때로는 경찰이 사건 현장에 도착하기도 전에 소셜 미디어에 올라오는 경우가 있다. 총격범이 총을 쏘고 있는 중에 플로리다주 파크랜드시 마조리 스톤맨 더글러스 고등학교 교실에 숨어 있던 청소년들이 스마트폰으로 사건 현장을 찍어 전송했다.

말 그대로 우리는 실시간으로 공포와 고통을 느끼고 있다. 이런 사건에 대한 자신의 반응을 우리는 어떻게 이해할 수 있을까? 동정심을 느낄까? 아니면 무감각할까? 무자비하게 사람을 죽이는 악랄한 범죄를 저지른 사람들이 어떻게 그렇게 되었는지 궁금할 수도 있다. 그들에게도 공감 능력이란 것이 있는 것일까? 허리케인 카트리나에 대한 나의 반응을 이해하려고 노력하면서 공감 연구가 공감 결여로 여겨지는 매우 충격적인 행동의 이면을 더 잘 이해하는데 도움이 된다는 것을 알았다.

공감이란 정확히 무엇인가?

'다른 사람의 입장에 서기walk in another's shoes'라는 유명한 말이 있듯이, 공감은 흔히 자신을 타인의 위치에 놓는 것으로 간주된다. 공감은 다른 사람의 감정이나 생각을 이해하려고 할 때도 필요하다. 때로는 '내가 너라면 어땠을까'라는 역할놀이 사고를 통해서도 경험한다. 하지만 공감에 관한 문헌은 상당히 다양하다.

　30년 이상 공감을 연구한 저명한 사회심리학자 대니얼 배슨C. Daniel Batson은 공감을 타인의 생각과 감정을 아는 것이거나 다른 사람이 느끼는 것과 똑같은 방식으로 느끼는 것이라고 말했다.[1] 첫째는 인식 또는 사고 행위이며, 둘째는 감정적 반응이다. 공감은 다른 사람의 행동이나 반응을 그대로 반영하거나 모방하는 물리적 행동으로도 설명할 수 있다. 여기에 의식적인 사고는 거의 관련되지 않는다. 공감은 무의식적 차원에서 일어나기 때문이다. 더 협소하게 정의하면, 공감은 타인의 고통을 공유하고 경험하는 것이다.

　공감은 때로 동정과 연민, 측은, 우려와 같은 감정과 혼동할 수 있다. 하지만 이런 감정은 공감과 관련이 있으나 그 자체는 아니라는 것을 이 장 후반에서 설명할 것이다.

　나는 공감을 개인적 공감과 사회적 공감 모두를 포함하는 폭넓고 대단히 중요한 개념으로 정의한다. 먼저 범위를 좁혀서 개인적 공감 사례를 살펴보자. 개인 간 또는 소규모 집단에 나타나는 개인적 공감은 학계의 연구나 대중적 차원에서 가장 일반적으로 사용되는 '공감'

개념이다. 아마 이런 시각의 공감은 당신도 살아가면서 우연히 맞닥 뜨리고 사용하고 있을 것이다. '너의 고통이 느껴져'라는 표현은 진부하게 들릴 수 있지만 당신이 느끼는 것이나 경험하는 것을 다른 사람이 이해할 때, 당신은 그 사람이 당신의 말을 '듣고' 인정한다고 느낀다. 이것이 우리가 알고 있는 개인적 공감이다.

개인적 공감은 뚜렷이 구분되는 세 부분으로 나뉜다. 타인의 생리적 행동을 반영하고, 타인의 관점을 수용하며, 그럼으로써 그 경험이 자신의 것이 아니라 타인의 것임을 기억한다.[2] 뇌 활성화 위치를 보여주는 신경과학자들은 개인적 공감을 타인의 행동과 감정을 몸과 마음으로 공유하고, 이러한 것이 입력되는 과정에서 타인이 경험하는 것을 이해하는 동시에 자신의 감정을 조절하는 등의 세 가지 일을 두뇌 신경회로의 활성화로 간주한다.[3]

공공정책을 연구하는 전문가로서 나는 국가의 사회복지 프로그램과 법률을 분석하고 국가가 국민을 위해 무엇을 지원하는지, 혹은 지원을 하지 않고 방치하거나 심지어 상처를 주는지 살펴본다. 수십 년간 연구하면서 나는 이런 상반된 정책에 충격을 받았다. 국가 차원에서 노예제와 인종 분리 같은 공감이 결여된 행위들이 법제화됐다. 또 노예제 폐지와 시민권 증진을 통해 공감을 확언하는 법을 통과시켰다. 수년 간 나는 스스로에게 물었다. 왜 때로는 공감이 결여된 것처럼 보이는 정책을 개발하고, 때로는 다른 사람들의 요구에 민감한 정책을 만들까? 이 질문에 대한 답을 찾으려고 애쓰는 과정에서 나는 사회적 공감이란 개념을 개발하게 됐다.

사회적 공감은 개인적 공감을 더 넓게 적용한 개념이다. 이 개념은 다른 사회적 집단 및 사람들의 삶과 상황을 인식하고 경험함으로써 이들을 이해하는 능력이다. 그러기 위해서는 지역사회에 형성된 구조적인 불평등을 포함하여 집단 경험의 역사적 맥락을 이해하고 배워야 한다. 허리케인 카트리나 사례로 돌아가 보자.

사회적 공감을 적용하려면 이 태풍 위기의 첫 몇 시간 동안 사람들이 겪은 경험을 넘어설 필요가 있다. 허리케인이 통과한 지 며칠 동안 이어진 심층조사 보도와 후속 뉴스로 사람들은 홍수 지역에서 누가 살아남았는지, 얼마나 제방 유지에 소홀하여 문제를 키웠는지, 이런 무관심이 뉴올리언스에서 가장 가난하고 종종 응급재난계획에 포함되지 않은 지역 사람들에게 얼마나 심각한 영향을 미쳤는지 알게 됐다. 또 이 같은 빈곤 지역은 거의 대부분 아프리카계 미국인이 거주하며, 이들 중 다수는 노예의 후손으로 지속적인 차별과 분리를 경험했다는 사실을 알게 됐다. 이런 이해로 나는 개인적 공감을 확대하고 사회적 공감을 경험할 수 있었다. 하지만 그 당시에는 사회적 공감 개념을 충분히 발전시키지 못했다.

당시 내게 사회적 공감이 충분했다면 앞서 언급한 생존투쟁의 본능을 넘어서고 나중에 느낀 연민과 우려의 감정을 넘어섰을 것이다. 또 사건을 더 깊이 이해하는 입장에서 현재의 상황을 초래한 역사적 상황을 알게 됐을 것이다. 사람들이 경험을 통해 사회적으로 공감하는 시각을 이용할 수만 있다면 사회적 조건을 변화시키고 더 나은 세상을 만드는 일종의 통찰력을 가질 수 있을 것이다.

사회적 공감

허리케인 카트리나의 영향을 간접적으로 경험한 이후 인명 피해와 물리적 재난을 초래한 사회적·경제적·정치적 사건을 알게 된 것은 내가 사회적 공감이란 개념을 만드는 데 도움이 됐다. 사회적 공감은 내가 지난 15년 동안 확산시킨 새로운 연구 분야로 개인적 공감 능력을 발전시키면 더 폭넓은 사회적 규모의 공감 능력을 얻을 수 있다. 하지만 새로운 방식으로 사회적 공감을 발전시킬 필요가 있다.

이것이 왜 중요할까? 사회적 공감이 커질수록 더 나은 사회적 행복이 촉진될 것이라고 믿기 때문이다. 야심 찬 목표 같지만 진화적 측면에서 인간의 공감 능력을 고려할 때 실현 가능할 것이라고 믿는다. 이것이 이 책의 전제다.

앞으로 보겠지만, 이 책에서 '공감'이라는 용어는 다른 사람들을 알아가고 그들의 감정을 경험하는 인간의 능력이 발휘되는 것을 일반적으로 설명할 때 사용한다. 내가 '개인적 공감'과 '사회적 공감'이란 용어를 사용하는 경우는 이 두 개념을 차별화하려고 각각의 특징을 강조할 때다. 구체적인 언급이 없는 경우 '공감'이라는 일반 용어는 두 개념에 적용할 수 있다. 아울러 공감은 세계 어디서나 보편적으로 볼 수 있지만, 이 책에서는 내가 가장 잘 알고 있는 미국에서의 개인적·사회적 공감에 초점을 맞춘다. 그렇지만 나는 이 책의 개념이나 교훈들이 다른 모든 문화와 생활방식에 속한 사람들에게 영향을 미치고 지침을 제공할 수 있기를 바란다. 또 다른 사람들도 이 개념을 연구하고 그들이 가장 잘 아는 사람들에게 적용하길 바란다.

공감의 기원

1900년대 초 독일 심리학자 테오도어 립스Theodor Lipps와 미국 심리학자 에드워드 티체너Edward Titchener가 '공감'이란 용어를 만드는데 기여했다. 최초로 립스는 예술계로부터 '아인필룽einfühlung'이란 용어를 빌려왔다. 당시 이 용어는 아름다운 예술작품이나 자연을 볼 때 느낄 수 있는 감정, 다시 말해 예술작품 '안으로 들어가 느끼다'는 뜻으로 묘사했다. 립스는 이 용어를 인간과 심리학 분야에 적용하여 다른 사람의 감정을 그대로 느끼는 감정 상태를 설명했다. 티체너는 이 독일어 개념을 가져와 그 의미에 해당하는 영어단어를 만들었다. 그는 '열정 속에서' 또는 '고통 속에서'를 뜻하는 그리스어 **empatheia**를 영어식으로 표현하여 'empathy'라는 단어를 만들었고 립스와 같은 의미로 empathy를 사용했다.[4]

이렇게 empathy는 남의 행동이나 경험을 보고 다른 사람의 심리적 상태를 내면적으로 그대로 모방하는 것을 설명하는 용어로 알려졌다. 이 용어가 심리학에 도입된 이후에는 심리치료에 영향을 미친 하인츠 코헛Heinz Kohut과 칼 로저스Carl Rogers와 같은 심리학자들이 이 용어를 사용했다. 심리치료사들은 고객들이 진짜로 느끼는 것을 이해하는 방법을 묘사하려고 공감이라는 용어를 사용하기 시작했다. 하지만 정확하고 일관된 공감에 대한 정의는 없었다. 더 나은 공감 방법을 탐구했던 1970년대의 경우 심리치료 상담관련 연구문헌에서는 공감에 관한 정의가 20가지 이상 발견됐다.[5]

1980년대와 1990년대 내내 공감은 사회심리학자와 발달심리학자들 사이에서 주요 논의와 연구 대상이었다. 공감 연구는 주로 두 가지 방식으로 수행됐다. 첫째는 일반적인 실험실 환경에서 사람들의 행동에 나타난 공감을 관찰하는 것이며, 둘째는 사람들에게 자신의 행동을 설명하게 한 다음 그런 자기보고가 공감을 나타내는지 판단하는 것이다. 두 방식에 결점이 있지만(어떤 사람이 실험실에서 특정한 행동을 한다고 해도 실제 생활에서도 동일하게 행동한다는 의미는 아니다. 그리고 자기 행동에 대한 자기보고는 편견이 개입될 수 있기 때문이다) 사람들 사이에 일어나는 공감에 관한 유용한 많은 정보가 수집됐다.

2000년대 초반에는 인지신경과학의 등장으로 중대한 과학적 돌파구가 마련됐다. 인지신경과학은 뇌 스캔과 다른 현대 기술로 이전의 수많은 심리학적 연구결과를 입증했다. 인지신경과학은 심리적 과정 이면에 일어나는 신경 회로나 뇌 활동을 연구하는 학문이다. 지난 15년 동안 인지신경과학자들은 뇌 활동의 위치를 확인하는 연구로 공감이 일어나는 생리적·심리적 경험을 이해하는 데 응용했다.

이 책에서 공감에 관한 수많은 논의는 인지신경과학이 알아낸 내용에 기초한다. 그렇지만 뇌 스캔이 이뤄지기 오래 전부터 다른 사람들이 생각하고 느끼는 것을 이해하기 위한 노력들이 있었다. 예를 들면, 타인의 입장에 서라는 종교적 가르침은 수천 년 전에 시작된 대다수 현대 종교에서 발견된다.

타인에 대해 생각하도록 권고하는 성경의 유명한 교훈 중 하나는 구약성서와 신약성서에 모두 들어있는 "네 이웃을 네 자신처럼 사랑하라"는 말씀이다(레 19:18, 막 12:31, 눅 10:27). 이 말씀은 타인의 관점을 수용하는 공감의 구성요소와 관련된다. 하지만 이 교훈은 자신이 배려받고 싶은 방식으로 타인을 배려하고 동정하라는 뜻으로 해석할 수 있다. 그런데 이런 입장은 다른 사람이 느끼는 것이 무엇인지 실제 그대로 이해할 필요는 없다. 공감에 더 가까운 성경구절인 "너희와 함께 있는 타국인을 너희 중에서 낳은 자처럼 여기며"(레 19:34 상반절), 그리고 "무엇이든지 남에게 대접을 받고자 하는 대로 너희도 남을 대접하라"(마 7:12, 눅 6:31)는 말씀은 다른 사람의 입장에 선다는 생각을 더 많이 떠올리게 한다. 타인을 대하는 이런 호혜의 관점은 '황금률'로 자주 언급되고 많은 종교에서 찾아볼 수 있다.

예언자 마호메트는 "사람들이 당신에게 하도록 시키는 대로 당신도 그들에게 하라. 그리고 당신이 당하고 싶지 않은 것을 그들에게 행하지 마라."(키타 알 카피, 2권, 146쪽). 종종 이 황금률은 소극적인 형태로도 나타난다. 이를 테면 당신이 대접받기 싫은 방식으로 다른 사람을 대접하지 **않도록** 주의하라. 이런 관점은 때로 '은율Silver Rule'로 불린다. 공자는 철학적이고 종교적인 책에서 "다른 사람들이 당신에게 해주기를 원치 않는 것을 다른 사람에게 하지 마라"라고 훈계했다(논어, 6:28). 힌두교 문헌에는 "자신에게 불쾌한 일을 다른 사람에게 하지 마라"는 명령이 들어 있다(마하바라다, 5권, 49장 57절). 유대교 랍비이자 철학자인 힐렐Hillel은 "당신이 싫어하는 것을 다른 사람들에게 하지 마라"(탈무드 샤베트 31a).

이런 글과 교훈에 비추어 볼 때 공감 행위가 인류의 역사에서 그다지 많지 않은 것이 놀라울 정도다! 전 세계에서 행해진 수천 년 동안의 폭력은 선택권이 주어질 경우 사람들이 흔히 다른 사람에게 대접받기를 원하는 대로 그들을 대접하지 않음을 보여준다.[6] 고문과 집단학살, 노예제를 실행한 사람들이 설사 자신들을 그들의 희생자와 같은 입장에서 본다고 하더라도 극히 드문 일이다.

그렇다면 오랜 역사를 가진 종교와 철학의 조화는 공감을 사람들의 실제 행동과 어떻게 일치시키고 있는가? 아마 공감은 달성해야 할 목표이자 애써 습득해야 할 능력이었을 것이다. 이것이 부분적으로 진실이라고 생각되지만 사정은 훨씬 더 복잡하다. 생물학과 심리학, 공감의 사회적 측면을 분석하면 인간의 실제 역사와 황금률, 은율 간에는 명백히 분리되어 있다는 것을 알 수 있을 것이다.

그러므로 이 책은 사회적 공감을 더 나은 세상을 만들기 위한 도구로 제시하는 것은 물론 가까운 사람과 낯선 사람, 심지어 적이라고 생각되는 사람과 공감하도록 진화하는 여정에 관한 이야기이기도 하다. 쉬운 여정이 아니며, 직선 코스도 아니다. 하지만 오늘날 우리는 공감을 이해할 수 있는 더 많은 도구를 갖고 있으며, 이런 이해를 바탕으로 집단 내부와 집단들 사이에서 개인적·사회적 공감을 향상시킬 수 있다.

공감의 진화, 어떻게 우리는 공감하게 되는가?

공감은 비교적 새로운 용어지만, 실제로 인류의 진화에서는 핵심적인 부분이다. 수십 년 동안 영장류들의 사회적 관계를 연구해온 유명한 영장류학자 프란스 드 발Frans de Waal은 공감이야말로 인간의 생존과 사회생활의 핵심이라고 본다.[7] 공감 능력은 타인을 읽을 수 있게 한다. 어떤 사람이 '불이야'라고 비명을 지르며 달려가는 것을 보고 깜짝 놀라는 순간을 상상해보라. 당신이 '불이야'라는 단어를 이해하지 못한다고 해도, 어디로 피해야 할지 몰라 그저 다른 사람의 행동을 따라 하더라도 달려 나가고 싶은 신체 반응이 일어날 것이다. 이것은 충분히 이해할 수 있는 반응이며 당신의 생명을 구하는데 도움이 될 것이다.

초기 인류의 삶은 주변세계가 위험했기 때문에 다른 사람의 경고에 주의를 기울이지 않으면 생존하기가 어려웠을 것이다. 공감이 우리의 생존을 도와주는 절묘한 방법은 이것뿐만이 아니다. 어린 시절 당신이 공포를 느꼈을 때 부모님이나 다른 어른들이 당신의 얼굴에 나타난 두려움을 '읽어 낸' 일을 기억하는가? 그들이 당신을 말로 달래주고 안아주었을 때 두려움이 사라졌다. 당신이 경험하는 것을 이해하고 적절히 반응해 준 어른들이 당신의 인생에 있다는 것은 행운이었다.

유아들은 다른 사람에게 생존을 전적으로 의존한다. 사실, 이런 의존은 다른 대부분의 생물종보다 훨씬 더 긴 수 년 동안 지속된다. 아이들의 생존은 대부분 보호자가 어린 자녀의 필요를 '읽어내는' 능력에 달려 있다. 아이가 배가 고파서 울고 있을까? 아이의 울음이 올바르게 해석되면 아이는 음식물을 공급받고 성장한다. 만약 그렇지 않다면 아이는 굶주릴 것이다. 이것은 이 아기와 아기의 필요를 읽어내지 못하는 능력이 없는 보호자의 다른 유전적 자손이 생존하지 못할 것이라는 뜻이다.

이 관계는 아주 많은 종들이 생존하는 데 기초다. 드 발이 썼듯이 "강아지, 아기 곰, 송아지, 아기가 춥고 배고프거나 위험에 처해 있을 때 그들의 엄마는 즉각적으로 반응해야 한다. 틀림없이 이런 감수성은 믿기 어려울 정도로 엄청난 도태 압력selection pressure으로 작용했을 것이다. 반응하지 못하는 암컷은 자신의 유전자를 확산시키지 못한다."[8] 따라서 가장 초기에 타인의 이해를 필수적으로 받아야 하는 것은 인간 생존의 일부분이다.

도태압력을 처음으로 자세하게 설명한 사람은 진화론의 창시자로 알려진 찰스 다윈Charles Darwin이었다. 유아는 자신을 돌보기 위해 아무것도 할 수 없으므로 생존에 필요한 모든 것을 전적으로 어른에게 의존한다. 가장 중요한 관심사는 먹는 것과 안전이다. 유아는 자원을 이용할 수 있는 어른이 없으면 이런 필요를 채울 수 없다. 물론 이런 생리적 돌봄은 아기의 생존에 결정적이다. 나아가 이것은 육체적인 생명을 유지하는데 기초가 될 뿐 아니라 아기가 삶의 정서적 부분을 습득하는 시초가 된다. 이미 돌봄 과정에서 일어나는 정서적 애착에 대해 언급했다. 다윈은 인간이 초기 생존과정에서 얻게 되는 다른 정서적인 부분을 알고 있었다.[9] 물리적 관점에서 볼 때 인간은 종의 존속을 위해 반드시 습득해야 할 두 가지 기본적인 기술이 있다. 그것은 협력과 경쟁이다.[10] 집단을 이룰 때 채집과 사냥이 더 성공적이었고 주변 환경과 포식자, 적들로부터 더 잘 보호받을 수 있다. 생존 욕구는 협력을 촉진시킨다. 이와 동시에 생존에 필수적인 것들이 실제로 부족하거나 부족하다고 생각되는 경우에 당신과 당신의 가족, 당신이 속한 집단을 위해서 충분한 안전을 확보하려는 경쟁이 발생한다.

다윈은 인간이 협력과 경쟁을 두고 벌이는 갈등이 기본적으로는 동물과 유사하다고 했다. 그러나 생존 과정을 훨씬 더 복잡하게 만든 추가적인 능력을 봤다. 다윈은 진화를 '적자생존'으로 평가한 것으로 가장 잘 알려져 있다. 적자생존은 후손을 재생산하고 지속시킬 가능성이 가장 높은 종들이 생존할 가능성이 가장 높은 자연선택의 한 과정이다. 이것은 자손의 필요에 반응하지 않는 보호자에게는 번식이 일어나지 않을 것이라는 드 발의 관점을 보여준다. 수년 동안 나는 '적자생존'이 어떤 사람은 성공하고 어떤 사람은 실패하는 이유를 설명하는 한 방식이라고 들었다. 사실 많은 사람들이 다윈의 적자생존을 인간에게 적용하여 삶의 성공에 따라 어떤 집단이 다른 집단보다 우월한 것으로 해석하는 근거로 삼으려 했다.

성공은 오늘날 흔히 재산을 기준으로 평가된다. 어떤 사람이 부유하고 어떤 사람이 가난한 이유를 적자생존으로 설명하는 일이 끈질기게 지속되고 있지만 아주 많은 다른 변수들이 간과된다(나중에 더 부연하겠지만, 사람들이 어디에서 시작하며 좋은 부모 밑에 태어나 어떤 기회와 혜택을 받는지 생각해보라. 출발부터 앞선 사람들이 생존한다는 것이 더 정확할 것이다). 사회적 적자 생존은 다윈주의를 정확하게 적용한 것이 아니다. 다윈은 인간과 동물의 차이를 도덕 의식과 양심으로 봤다. 다윈은 지성을 발전시키는 인간의 능력을 도덕성을 획득하는 경로로 생각했다.

인간은 경쟁을 포함한 사회적 본능에 균형을 맞추려고 다른 사람과 관계를 맺고 생존에 도움이 되는 규칙과 법을 만든다. 경쟁이 만연한 사회는 존속할 수 없다. 협력은 어떤 형태로든지 심판이 필요하다. 심판은 집단이 기본적인 생존 욕구를 확실히 충족하기 위해서 함께 잘 협력할 수 있게 하며, 도덕과 법률의 형태를 띤다.

다윈은 인간이 사회적 본능과 다른 사람과 함께 하려는 욕구, 지적 발달, 함께 공유하는 언어 능력을 결합시키고 공공선을 위해서 행동한다고 봤다. 또 인간에게는 "본능적 연민"이 있다고 생각했다.[11] 비록 자신의 필요를 충족하려는 충동이 본능적 연민과 갈등하지만, "인간 도덕성의 최고 원리[12]인 사회적 본능이 활발한 지적 능력의 도움과 더불어 관습의 결과와도 결합함으로써 자연스럽게 '사람들이 너에게 해주기를 원하는 대로 너도 그들에게 해주라'는 황금률로 이어지는 것이 도덕성의 기초"라고 믿었다.[13] 나는 이 인용구절을 발견하고 놀랐다. 다윈은 인간이 천성적으로 공감 능력이 있고 황금률을 수용한다고 실제로 믿었던 것이다! 다윈은 인간의 본능적인 생존에서부터 다른 사람을 이해로 대하는 타고난 능력과 앞선 도덕적 사고까지 진화 경로를 볼 수 있게 했던 것이다.

공감을 향한 강한 진화 욕구는 대부분 '미러링mirroring'이라는 무의식적 내적 반응에 기초한다. 미러링은 타인의 행동이나 감정을 모방하는 생리적인 능력이다. 신경과학자 마르코 야코보니Marco Iacoboni는 미러링과, 그리고 이 능력이 우리와 다른 사람들을 어떻게 연결하는지에 관해 많은 글을 썼다.[14] 이 능력은 공감의 토대가 된다. 우리들 대부분은 미러링이 어떤 것인지 알고 있다. 어떤 사람이 하품을 하면 어떤 의식적인 생각이나 의도 없이 당신도 하품을 하는 것을 얼마나 많이 경험했는가? 하품이 '전염성이 있다'고 말한다. 어떤 의미에서 그렇다.

미러링은 우리가 다른 사람의 행동을 볼 때 뇌에서 무슨 일이 벌어지는지, 그리고 이때 뇌 활동이 실제로 그 행동을 할 때 일어나는 뇌 활동과 거의 같다는 것을 설명해준다. 우리의 뇌는 현재 보고 있는 것을 그대로 반영한다. 미러링이 곧 공감인가? 그렇지는 않다. 미러링은 다른 사람이 경험하고 있는 것을 경험하도록 도와줄뿐 다른 사람의 행동이 무엇을 의미하는지 말해주지도, 다른 사람이 무엇을 느끼는지 정확히 확인해주지도 않는다. 미러링이 중요한 까닭은 공감을 경험하는 첫 번째 단계이기 때문이다.

미러링 자체는 완전한 공감 경험이 아니지만 꽤 중요하다. 당신이 친구와 감정을 공유했던 시간을 생각해보라. 아마 당신이 승진을 해서 신나고 행복했을 수도, 가까운 친척의 사망 소식을 듣고 슬퍼하고 심란했을 수도 있다. 두 경우 모두 친구가 당신이 느끼는 감정과 같은 감정(승진에 대해 기뻐하고 상실에 대해 슬퍼한다)을 보여주었다면 마음이 편했을 것이다. 이것이 사회적으로 적절한 미러링 형태다.

실제로 미러링은 미러링을 제공하는 사람과 받는 사람 모두에게 긍정적인 사회적 행동을 증진한다는 연구결과가 있다. 네덜란드에서 실시한 한 연구는 연구자들이 분주한 도심에서 현장 실험을 했다. 그들은 지나가는 행인에게 다가가 기차역으로 가는 방향을 가르쳐달라고 부탁했다.[15] 이 연구는 두 가지 다른 실험 조건을 설정했다. 먼저 연구자들이 행인의 몸짓, 얼굴 표정, 길 안내 설명을 그대로 따라했다. 두 번째는 전혀 미러링을 하지 않고 그냥 듣기만 했다. 연구자들이 길에서 아무나 붙잡고 길을 물을 때 그대로 따라한 행인들은 연구자들을 도와주고 요청하지 않았는데도 가던 길을 멈추고 기차역까지 연구자들과 동행할 가능성이 더 많았다.[16]

이 현장 실험은 실험실 환경에서 시행한 초기의 연구들을 확인해 줬다. 실험실 환경에서 연구자들이 참가자들의 몸짓과 움직임을 그대로 따라했을 경우 실험 내용과 관련 없는 활동에 종사하는 참가자들이 사소한 일을 도와주거나 자선기부금을 낼 가능성이 더 많았던 것이다.

이 연구결과는 전혀 놀라운 것이 아니다. 다른 사람과 중요한 내용을 함께 공유했을 때 누가 그들이 전혀 반응하지 않거나 부적절하게 반응하기를 원하겠는가? 내가 속상해서 울고 있을 때 나는 친구가 비웃지 않기를 바란다. 친구가 비웃는다면, 나는 단절을 생각할 뿐만 아니라 친구가 나의 이야기를 듣지 않았다고 오해할 것이다. 그러므로 미러링은 또 다른 중요한 인간의 삶에 필요한 사회적 관계를 충족시킨다. 당신의 삶에서 행복하거나 슬퍼하고 있을 때 당신과 함께 하는 사람이 당신의 감정을 이해하지 못했던 시기를 떠올려 보라. 그것은 어떤 느낌이었나? 아마 당신은 화가 나거나 속상했을 것이며, 당신이 하찮은 사람이라고 느끼게 만들었을 것이다. 아니면 당신이 그 사람과 거리를 두고 싶다는 마음이 들게 했을 수도 있다. 무엇보다도 그 사람이 당신이 느끼는 것을 함께 느끼지 못한다면 그와 계속 관계를 맺는 것이 무슨 소용이 있겠는가?

아이와 성인 보호자의 상황을 상상해보자. 아이가 행복하거나 두렵거나 또는 다른 어떤 감정을 느낄 때 아무도 그런 감정을 제대로 읽어주지 않는다면 어떻게 될까? 아이가 생존에 필요한 충분한 음식과 안전을 누릴 수 있다고 해도 이 아이가 느끼는 감정을 이해하는 다른 사람과의 정서적 연결이 없다면 정서적 애착이 형성되지 않는다. 대다수가 알고 있듯이 정서적 애착은 다른 사람들과의 관계 맺기에 매우 중요한 안정감을 만들어준다.

공감과 애착 간의 연결은 출생 때부터 시작된다. 아마 아동의 애착에 관한 가장 유명한 초기 연구자는 영국 심리학자 존 보울비 경 Sir John Bowlby일 것이다.[17] 그는 유모에게 양육 받고 1차 세계대전 동안 부모와 떨어져 지냈던 아동기 경험으로 아동 발달, 특히 아동이 돌보는 사람과 어떻게 애착을 형성하는지에 관심을 가졌다. 그의 연구 덕분에 아이들은 음식과 거주지 이외에 안정감과 안전감이 필요하고 보호자와 관계가 형성돼야만 한다는 것을 알게 됐다. 보울비는 아이들이 인생 초기에 안정감을 느낄 때 생존과 건강한 사회관계를 만들 가능성이 더 높아진다고 주장했다. 이 개념은 다른 사람들이 더 확장

사회적 공감

시켰다.

애착을 바라보는 현재의 관점은 안정을 느낄 때 다른 사람들의 감정을 고려하기가 더 쉽다는 것이다.[18] 다른 사람의 감정을 고려할 수 있을 때 공감할 수 있다. 이것은 순환적이다. 어린 시절 보호자와 정서적 애착이 없다면 성인기에 다른 사람의 감정을 이해하고 공감하기가 더 힘들어진다. 공감적인 사람은 타인의 필요에 더 잘 반응할 수 있고 필요를 충족한 사람은 안전과 안정을 느끼므로 이런 순환 관계가 지속된다. 공감이 촉진되거나 결핍된 수많은 사례에서 잘 드러나듯이, 이것은 기억할만한 중요한 순환관계다. '공감이 공감을 낳는' 순환이다. 공감을 표현하면 타인들은 자신의 말이 경청되고 이해받고 있다고 느낀다. 그 다음에는 이들이 다른 사람의 말을 듣고 이해하고 싶은 마음이 더 커진다. 그래서 아동의 경우 이런 공감이 자신의 공감을 개발하는데 도움이 된다.

그러나 이것은 확실히 보장된 과정이 아니라는 것을 반드시 말해두고 싶다. 다른 사람으로부터 애정과 관심을 받는 사람이 실제로 공감 능력이 향상 되지만 공감에 영향을 미치는 변수가 너무 많아 확실히 그렇게 될 것이라고 단정할 수는 없다. 이후에 초기 애착을 방해하고 공감을 가로막는 조건에 대해 알아볼 것이다. 그러나 지금으로서는, 일반적으로 공감 능력을 가진 보호자로부터 필요를 충족 받은 아이가 공감 능력을 가진 성인으로 자랄 가능성이 더 많다고 말해두는 것이 좋을 것이다.

공감의 신경생물학

그렇다면 공감은 어디에서 일어날까? 우리에게 공감이 일어날 때 뇌가 활성화되는 것을 관찰할 수 있다. 뇌 활성화 과정은 일반적으로 기능적 자기공명영상법(fMRI)을 이용한 복잡한 이미지를 통해서만 볼 수 있다. 이 방법은 뇌 활성화의 변화를 관찰하기 위해 비침습적(非侵襲的) 방법으로 뇌혈류를 측정한다. 공감은 일반적으로 인식하지 못하는 무의식적인 생물학적 과정이자 학습이나 사회화된 사고방식과 관련 있다. 이 두 과정은 두뇌의 여러 영역과 신경망을 통해 일어난다.

어느 날 초인종이 울려 문을 열어보니 당신의 가장 친한 친구가 문 앞에서 울고 서 있다. 친구는 미리 전화를 걸어 자신이 힘든 하루를 보냈고 잠시 집에 들러도 되겠느냐고 말했다. 문을 열고 친구가 울고 있는 것을 보자마자 당신도 눈물이 나올 것 같다. 친구는 방금 그녀의 할머니가 돌아가셨다는 소식을 들었다고 한다. 당신은 한 해 전에 돌아가신 자신의 할머니에 대한 이미지가 떠오른다. 이 순간에 당신은 친구가 느끼는 것을 감정적으로 이해한다. 당신에게 이것은 모두 직접적이고 즉각적이다.

공감이 즉각적으로 일어날 때는 무의식과 의식 부분이 별도로 반응한다. 두 과정은 미세한 간격으로 따로 발생하지만 이 두 과정을 분리하여 인식하는 것은 불가능하다. 잠시 이 과정을 실험해보자. 망치를 들고 다른 사람 앞에서 자신의 엄지손가락을 내려치려는 것처럼 행동을 해보라. 혹시 이 문장을 읽기만 해도 약간 움찔거리거나 움츠러드는가? 아마 손가락 옆에 망치가 놓인 모습만 봐도 신체와 감정에 반응이 일어날 것이다.

이때 일어나는 몇 가지 경험하는 공감적 반응은 하나의 과정처럼 느껴지지만 사실 몇 가지 두뇌작용이 결합된 것이다. 망치가 무엇인지에 대한 지식과, 망치가 의도치 않게 손에 부딪혔을 때 발생하는 일에 대한 기억, 그리고 고통에 대한 반응이 있다. 실제 아무 일이 일어나지 않고 이미지를 보기만 해도(또는 마음에 그런 이미지를 떠올리게 하는 이야기를 듣기 만해도) 두뇌에서는 이런 모든 것들이 일어날 수 있다. 신경과학 연구 덕분에 어떤 생각을 하거나 공감을 나타내는 행동을 할 때 특별하거나 추가적으로 활성화되는 두뇌 영역을 식별할 수 있고 공감이 어떻게 발생하는지 더 많이 알게 됐다.

사람들이 공감할 때는 두뇌의 특정 영역이나 일련의 특정한 두뇌 작용 과정이 반응하는 것이 아니라 수많은 두뇌 영역과 신경학적 작용이 관여한다.[19] 언젠가는 공감에 상응하는 정확한 두뇌 작용을 식별하는 연구가 이루어지겠지만 나로서는 회의적이다. 지난 15년 동안 활발하게 진행된 신경과학 연구를 조사한 뒤 개인적 공감이 서로 다르면서도 중첩된 다섯 가지 능력이 결합되고 사회적 공감도 이 다섯 가지 능력에 두 가지가 추가된 것이라는 확신을 갖게 됐다. 이 일곱 가지 능력이나 요소는 신경학적으로 함께 결합되어 개인적 관계와 사회적 관계를 포함한 모든 범주의 공감을 불러일으킨다. 이 요소들은 고정적이거나 엄밀하지 않으며 각 요소의 강도나 깊이는 사람이나 상황에 따라 다르고 유동적이면서 변화한다.

　　그럼에도 우리가 조사한 내용을 살펴보면 이런 생리적·심리적 행동이 결합될 때 공감이 일어난다는 점은 확실하다. 정서적 반응과, 정서에 대한 정신적 이해, 자신과 타인에 대한 인식, 관점 수용(타인의 입장을 포함한 다른 입장에서 대상을 이해하는 능력-옮긴이), 정서 조절 등 이 다섯 가지 심리적 행동의 결합은 개인적 공감을 이해하는 데 유용하다. 여기에 맥락에 대한 이해와 거시적 관점의 수용이라는 두 가지 다른 요소를 추가하면 사회적 공감으로 통찰력을 넓힐 수 있다.

개인적 공감과 사회적 공감의 구성 요소

〈그림 1.1〉을 보면 개인적 공감의 다섯 가지 요소가 개략적으로 제시돼 있다. 화살표는 개인적 공감이 뇌 활성화 영역과 능력에 따라 변하고 상황에 따라 강조점이 바뀌는 역동적인 과정임을 보여준다. 개인적 공감의 다섯 가지 요소(정서적 반응, 정서에 대한 정신적 이해, 자신과 타인에 대한 인식, 관점 수용, 정서 조절)는 강도가 다양하게 변할 수 있으며 다양한 시기에 상이하게 발달되거나 촉발될 수도 있다. 이를 통해 개인적 공감에 대해서 전반적인 이해를 가질 수 있다. 하지만 공감에 관한 이런 지식에서 중요한 점은 각 요소가 얼마나 많이 또는 깊이 촉발돼야만 개인적 공감을 유발하는 최고의 '조합'이 되는지 말하기가 어렵다는 것이다. 그럼에도 우리의 연구가 시사하는 바는 각 요소가 중요하

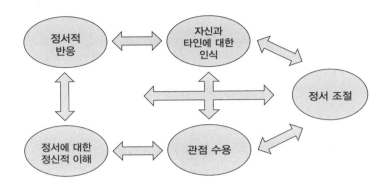

〈그림 1.1〉 개인적 공감

고 모든 범주가 개인적 공감에 기여한다는 사실이다.

각 요소는 다른 요소와 관련이 있다. 다섯 가지 요소가 사용될 때 모든 범주의 개인적 공감이 일어난다. 하지만 이것은 다섯 가지 요소를 최대로 사용하지 않을 경우 개인적 공감을 할 수 없다는 게 아니라, 다른 사람의 경험을 최대로 받아들이려면 이 모든 요소가 필요하다는 뜻이다. 어떤 상황에서는 이 요소들이 더 강하게 사용될 수 있고, 다른 상황에서는 이 요소들 중 일부만 사용하게 될 것이다.

〈그림 1.2〉에서는 개인적 공감을 보완하고 사회적 공감을 반영하는 두 가지 요소인 맥락에 대한 이해와 거시적 관점의 수용을 추가했다. 이 추가 요소들은 다양한 삶의 상황과 경험의 역사, 사람들이 속한 집단의 역사를 포함하는 타인들에 관한 정보를 받아들이는 능력을 확장할 것을 요구한다.

모든 범주의 공감을 일곱 가지 구성 요소로 표현하고 이해하는 것

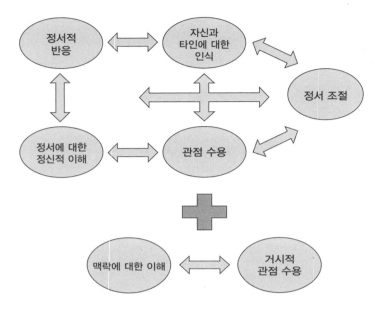

〈그림 1.2〉 사회적 공감

의 가치는 자신의 경험이 타인과 연결되는 것을 살펴보고 확인할 수 있다는 것이다. 또 납득할 수 있는 방식으로 구성요소별로 공감에 대해 가르칠 수 있다.

정서적 반응과 정서에 대한 정신적 이해

갑자기 앰뷸런스 사이렌이 울리면 우리는 놀라 펄쩍 뛰고, 아기가 넘어진 것을 보면 일으켜 세우고, 모퉁이를 돌고 있는데 어디선가 나는 신선한 빵 굽는 냄새를 맡는다. 이 모든 신호는 청각, 시각, 후각과 같은 감각을 자극한다. 그러면 우리는 즉시 반응하며, 처음에는 자신도 모르게 무의식적으로 반응한다. 이런 반응을 **정서적 반응** affective response 이라고 말한다.[20]

때로는 소리나 냄새 같은 실질적인 물리적 자극이 없어도 어떤 식으로든 정서적으로 반응한다. 이것은 우리가 소리나 냄새를 상상할 수 있기 때문이다. 앞서 언급한 망치로 손을 내리치는 장면을 다시 생각해보자. 이 장면은 당신이 망치로 자신의 손을 쳤을 때의 느낌을 불러일으켰을지도 모른다.

경험한 것을 생각하거나 다른 사람의 경험을 말할 때는 **정서를 정신적으로 이해** affective mentalizing하게 된다. 정서에 대한 정신적 이해는 직접 경험이 없이도 일어날 수 있다. 좋은 책을 읽을 때도 일어나고, 등장인물의 상황 속으로 들어가 그 사람의 경험에 대한 정신적 이미지를 만들어내기도 한다. 상상한 정서를 그대로 반영하는 생리적 반응을 일으킬 수도 있다. 정서적 반응과 마찬가지로 정서에 대한 정신적 이해도 신경학적으로 관찰할 수 있다.[21] 이 두 요소가 발생하는 반응의 많은 부분은 무의식적인데, 이는 우리가 보거나 상상하는 행동을 모방하는 뇌 신경세포의 활성화를 자각하지 못하기 때문이다.

정서에 대한 정신적 이해는 정서적 경험과 인지적 추론 사이에서 생각하는 것과 감정이나 감각의 경험을 이어주는 가교 역할을 한다. 앰뷸런스 사이렌 소리를 듣는 경우를 예로 들어보자. 내가 대도시에 살 때는 사이렌 소리를 자주 들었는데 그 소리를 별로 의식하지 않았다. 작은 도시로 이사를 간 뒤에는 사이렌 소리를 거의 듣지 못했다. 사이렌 소리가 났을 때는 의식적으로 몸을 돌려 소리가 점점 커지고 가까이 다가오는지 들으려 했고, 앰뷸런스 차량이 경광등을 켜고 달리는 모습을 상상했다. 이 둘의 차이는 무엇일까? 맥락에 대한 인식이다. 당신이 무의식적으로 경험한 정서적 반응을 둘러싼 상황들이 당신으로 하여금 인지적이거나 의식적인 사고로 전환할 수 있도록 해준다. 그러므로 다음 세 가지 요소들도 의식적 부분이 더 많이 관여한다.

자신과 타인에 대한 인식

사람들이 다른 사람과 동질감을 느끼지만 여전히 명료한 자아의식을 지니고 있을 때 자신과 타인에 대한 인식self-other awareness을 갖는다. 이것은 단순한 것 같지만 때로 이해하기 힘들 수 있다. 당신은 다른 사람의 감정에 순간적으로 휘말렸다가 나중에 그 일이 당신의 걱정거리가 아니었는데 왜 그렇게 감정적이었는지 그 이유가 궁금했던 적이 있는가? 당신은 그 순간 정서적 반응에 휩쓸렸을지도 모른다.

자신과 타인에 대한 인식을 갖는다는 것은 타인이 경험하고, 느끼고, 의미하는 것을 우리가 느끼는 것과 구별할 수 있다는 뜻이다.[22] 이렇게 하려면 자기 자신이나 행위에 대한 좋은 감각이 필요하다. 동시에 타인이 자신의 행위를 통제하는 방식에 통찰이 필요하다. 전문적인 건강행동behavioral health 분야에서는 이것을 '강한 경계'를 갖는다고 말한다. 가장 개인적인 감정 측면에서 사람들의 인생 이야기를 듣는 심리치료사들은 자신과 타인에 대한 인식이 강하게 필요하다. 어느 누가 모든 인간의 감정에 함께 휘말리는 심리치료사를 원하겠는가? 이럴 경우 사람들은 자신의 이야기를 들어주고 이해한다고 느낄수는 있을지라도 전문 심리치료사가 피상담자와 거리를 두고 객관적인 입장을 유지해주길 바란다.

왜 자신과 타인에 대한 인식이 공감에 그토록 중요할까? 이런 인식으로 우리는 자신의 감정에 휘말리거나 주의가 흩어지지 않을 수있으며, 자신의 감정에서 벗어나 다른 사람을 생각하는 데 집중할 수있다. 실제로 자신과 타인을 구분하는데 인식의 결핍을 표현하는 "정서 전이emotional contagion"[23]라는 용어가 있다. 정서 전이는 타인이 '옮기는' 감정이다. 초등학교 시절 어떤 학생이 낄낄거리며 웃기 시작하면다른 학생들도 '따라서' 웃기 시작한 기억이 있지 않은가? 당신은 상황을 정확히 알지 못한 채 다른 사람의 감정에 휩쓸렸던 것이다. 당신이 낄낄거리며 웃을 이유가 없다는 것을 안다고 해도 웃음을 멈추기가 거의 불가능하다.

정서 전이는 어두운 측면이 있다. 대규모 집단에서 정서 전이가 발생하고 분노가 포함될 때는 '군중 심리'를 일으킨다. 이는 정서적 반응이 다수의 사람들에게 확산된 결과이며, 그들 중 다수는 자신의 행동 이유를 분명하게 알지 못한다. 외부자극이 올 때 자신과 타인을구분할 수 있는 능력 유무가 공감과 정서 전이의 차이다. 하지만 자신과 타인에 대한 인식으로 정서적 반응을 공감으로 변화시키기에는충분하지 않다.

관점 수용

다른 사람에게 일어나는 일을 이해할 때 자신과 타인에 대한 인식을 강하게 유지하려면 추가적인 능력이 필요하다. 바로 **관점의 수용**[24]이다. 관점 수용은 흔히 '타인의 입장에 서는 것'이라고 말한다. 이는 우리가 다른 사람의 입장에서 바라본 상황을 상상할 수 있다는 뜻이다. 다른 사람과 자신의 상황 사이를 정신적으로 오가는 것이다. 그러나 자신과 타인을 구분하는 인식이 강하지 않으면 다른 사람의 관점을 수용한다고 하더라도 그런 경험을 다른 사람의 것이 아니라 자신의 것으로 처리하게 된다. 이 차이는 매우 중요하다. 자신은 공감적이라고 생각할지도 모르지만 오히려 자신의 관점으로 상황을 바라보고 있는 것이다.

흔한 사례로 공적 지원을 받는 수혜자들(흔히 복지혜택을 받는 사람들이라고 말한다)에 관한 내용으로 학생들을 가르칠 때 볼 수 있다.[25] 나는 자주 다음과 같은 말을 듣는다. "왜 그들은 직장을 갖지 않나요? 패스트푸드 레스토랑이 이상적인 직장이 아니라는 것은 알아요. 하지만 나는 방과 후에 그곳에서 일해요. 그들은 그런 곳에서 일할 수 없나요? 그렇게 하면 가난에서 벗어날 수 있어요." 나는 이것을 약한 관점 수용이라고 부른다. 처음에는 다른 사람의 입장에 서 있으나 그다음에는 관점 전환이 일어난다. '내가 당신이라면 무엇을 할텐데'가 아니라 '내가 나라면 무엇을 할텐데'라고 생각한다. 이것은 구별하기 쉽지 않다. 아마 공감의 가장 어려운 부분일지도 모른다.

다른 사람, 특히 낯선 사람에 관해서 모든 것을 결코 알 수 없다. 다른 처지에 있는 상황을 상상할 때 자신의 경험을 이용하는 것은 충분히 이해할 만하다. 그러나 그것은 공감이 아니다. 다른 사람의 상황과 경험에 대해 완전히 알 수 없다는 말이 맞다면, 어떻게 타인을 공감할 수 있을까? 가능하지만 노력이 필요하다.

복지혜택을 받는 사람들의 예로 돌아가 보자. 공적 지원을 받는 삶을 살아본 적이 전혀 없는 학생들은 복지 수혜자들에게 무슨 선택지가 있는지, 그런 선택을 가로막는 힘들이 무엇인지 알고 나면 당황할 수 있다. 여기에서 사회적 공감이 일어난다. 사회적 공감의 두 가지 요소는 주어진 상황이 타인에게 적합한 지보다 우리에게 적합한 지에 대해 생각하는 경향을 극복하게 해준다. 그러나 이런 요소를 살펴보기 전에 다른 모든 것을 효과적으로 작동하게 만드는 개인적 공감 요소가 하나 더 있다. 그것은 정서 조절이다.

정서 조절

〈그림 1.1〉에서 정서 조절은 바깥쪽에 위치해 있고 모든 방향으로 화살표가 나 있다. 그 이유는 정서 조절이 다른 모든 요소를 완화시키기 때문이다. 감정의 세계로 들어갈 때 유지해야 할 것은 바로 침착함이나 균형이다. 정서 감염처럼 감정에 휘말리기 보다, 심지어 훨씬 더 강한 감정을 느끼더라도 자신의 감정에 휘둘리지 말아야 한다.

우리는 주변에서 일어나는 모든 일에 통제권을 갖고 감정을 적절하게 조절할 수 있다. 예컨대 어떤 사람이 화나게 하는 말을 하면 그 사람을 치고 싶은 마음이 들지만 애써 참는다. 정서 조절이 매우 중

요한 이유는 기분을 통제하고 있을 때 타인에게 공감할 가능성이 더 높기 때문이다.[26]

이 모든 요소들을 균형 있게 적용하는 것은 쉬운 일이 아니다. 더욱이 개인적 차원을 넘어서 적용하는 것은 훨씬 더 어려운 일이다. 하지만 그렇게 할 때 비로소 사회적 공감으로 나아갈 수 있다. 더 폭넓은 차원에서 공감하려면 맥락에 대한 지식과 더 광범위한 관점 수용을 추가적으로 포함시킬 필요가 있다.

맥락에 대한 이해와 거시적 관점 수용

사회적 공감은 개인적 공감보다 더 광범위하다. 우리는 복잡한 사회에 살고 있다. 매일 접하는 수많은 사건과 처리해야 할 수많은 정보들이 우리의 공감 경험에 영향을 미친다.[27] 사회적 공감은 자신이 속한 집단과 다른 삶의 경험을 가진 집단을 온전히 이해할 수 있도록 맥락에서 바라봐야 한다. 맥락은 그 집단을 형성하고 현재 구성원의 정체성에 기여한 역사적 사건들이 포함된다. 특히 중요하게 인식해야 하는 것은 타집단이 직면했던 장애물과 도전이다. 사회적 공감의 관점에서 '다른 사람의 입장에 서기'를 말한다는 것은 집단의 현재 행동에 영향을 미치는 과거의 일들을 충분히 이해하려고 노력하는 것을 의미한다.

이를 테면 미국의 경우 노예제 경험이 아프리카계 미국인들이 대우 받는 방식이나 그들이 오늘날 미국 사회를 바라보는 방식에 어떤 영향을 주었는지를 질문해야 한다. 이것은 쉬운 일이 아니다. 이를 위해서는 마음이 불편하고 되돌아보고 싶지 않은 역사적 사건을 살펴봐야 한다. 과거의 사건들은 오래전에 벌어진 일이고 수십 년이나 수백 년 전에 살았던 사람들이 겪은 일들은 더 이상 오늘날의 상황이 아니라고 느낄 수도 있다. 타인에 대해서 배우려면 열정과 호기심이 요구된다. 다른 인종 집단에 대한 진화론적 공포 때문에 이에 대한 거부감이 클 수 있다. 이에 대해서는 3장에서 더 깊이 다룰 것이다.

맥락에 대한 이해가 숙달되면 관점을 수용하는 개인의 공감 능력 (그리고 자신과 타인에 대한 인식)으로 다른 사람의 입장에 설 수 있다. 하지만 사회적 공감의 관점 수용은 더 폭넓다. 상황에 대한 거시적 관점을 받아들이고 외부적 요인의 영향을 고려한다. 한 가지 방법은 인종, 젠더, 성적 취향, 능력, 연령, 계급 배경이나 다른 특성을 가진 다른 사람의 상황에 자신을 위치시키는 것이다.

이것은 어렵지만 많은 긍정적인 결과를 가져올 수 있다. 관점을 폭넓게 수용할수록 사회적 연결이 증가하고 고정관념을 감소시킨다는 연구도 있다.[28] 좀더 큰 사회집단에서 관점을 수용하면 긍정의 사회적 연대를 이룰 수 있다. 예컨대, 미 육군은 다른 국가에서 근무할 병사들을 더 잘 준비시키려고 "사회적 관점 수용"을 교육했다.[29] 이 훈련은 병사들이 개인적 편견 없이 주둔 국가의 관점을 이해하도록 도와주기 위한 것이다. 이것이 효과적이었는지에 대해서는 논쟁의 여지가 있으나 특수한 문화에 거의 주목하지 않다가 이제서야 문화적 차이를 인정하고 다른 국가의 문화에 들어가게 된 것은 수세기 동안 무력 충돌에서 나온 군사 교육의 엄청난 발전이다.

개인적 공감과 사회적 공감의 모든 요소들에 대한 완전한 이해를 가지고 앞서 언급한 복지 수혜자 사례로 다시 돌아가 보자. 우리는 가난 속에서 살면서 생존에 필요한 모든 필요를 충족하기 위해 공적 지원에 의존하는 삶에 대해 정말로 얼마나 많이 알고 있는가? 1996년 미국 의회는 포괄적인 복지개혁법인 개인책임과 근로기회조정법(PRWORA)을 통과시켰다. 이 법은 '우리가 기존에 알고 있는 복지의 중단'을 요구한 것으로 유명하다. 이런 변화로 기존 복지프로그램에 많은 제한이 가해졌다.

　그 당시 나는 빈곤에 관한 여러 연구를 진행하면서 경제적으로 벼랑 끝에 몰려 자신과 가족의 거주공간과 음식을 정부 지원에 의존하는 많은 사람들을 인터뷰하고 있었는데, 새로운 법의 방향성을 보고 충격을 받았다. 내가 알게 된 사람들은 하루하루를 버텨내기 위해 열심히 일했고 사치스러운 생활을 하지 않았다. 인터뷰했던 한 여성은 많은 시간을 들여 주변 식료품 상점을 돌아다니며 쌀 450그램의 가격을 조사했다. 그리고 각 상점에 가는 버스요금을 계산한 다음 버스요금을 감안해서 더 낮은 가격을 찾아다니는 것이 합리적인지 따졌다. 이런식으로 그녀는 모든 생필품을 구입하고 버려진 신문광고를 이용해서 계산했다. 개인용 컴퓨터가 나오기 수년 전의 일이다!

　나는 깊은 인상을 받았다. 가장 가난한 시절에도 나는 돈을 최대한 알뜰하게 사용하기 위해 그렇게 열심히 노력한 적이 없었다. 물론 나에게는 안전한 보금자리와 가족이 있었기 때문에 그렇게 할 필요는 없었다. 그녀는 고등학교조차 제대로 마치지 못했다. 안전한 보금

자리가 없었고 두 어린 자녀도 있었다. 복지수당 수령자의 3분의 2가 아이들이고 대부분 7세 이하다. 기존에 알고 있는 복지 중단은 대부분 어린 아동들을 지원하는 프로그램의 중단이었다.

개혁 법안을 분석할 때 복지수당으로 사는 사람들의 삶과 경험을 살펴봤다. 10년 뒤인 2006년 이 개혁의 '성공'에 관한 매스컴의 보도가 많았다. 우리가 아는 복지 중단의 목표는 수치의 감소(1996년 복지 수혜자가 1,230만 명에서 2005년 510만 명으로 줄었다)로 '입증됐다.' 그러나 내가 수행한 심층분석은 심란한 결과를 보여줬다. 복지개혁 전에는 혜택을 받아야 할 가난한 가정의 80%가 지원을 받았으나, 2006년에는 48%만이 지원을 받았다.[30] 여전히 가난한 가정들이 있었고, 이런 상황을 바꾸기 위해서 우리가 한 것은 아무 것도 없었다. 단지 그들에게서 복지혜택을 박탈할 방법을 찾았을 뿐이다.

그런데 그들은 어디로 갔을까? 많은 가정이 일자리를 찾았으나 대부분 저임금 일자리를 얻었다. 가난한 아동의 수는 변하지 않았으며, 이런 아동들은 최악의 상태로 치달았다. 예전에는 가난한 아동의 3분의 2가 복지혜택을 받았는데, 이제는 5분 1만 받는다. 나머지 아동들은 스스로 살아가야 한다. 어쩌다가 아동의 필요를 완전히 무시하는 새로운 정책을 만들었을까? 정책개발자들에게 영향을 줄 수 있는 공감의 통찰력은 어디에 있을까?

과거로 돌아가 1996년 복지개혁법을 통과시킨 의회의 정치가들을 살펴봤다.[31] 그 당시 성인 복지혜택 수령자들의 90%가 여성인 반면, 개혁법을 통과시킨 의원들의 85%가 남성이었다. 복지혜택에 의존하는 여성들의 평균연령은 31세였고, 거의 전부가 고등학교까지만 다닌 사람들이었다. 그들 중 백만장자는 한 사람도 없었다. 연방의회 의원의 평균연령은 55세, 그들 중 93%가 고교 이상을 졸업했고, 그들 중 30%는 백만장자였다. 복지혜택 수령자의 3분의 2가 유색인종이었던 반면, 의원들의 약 90%는 백인이었다. 마지막으로 전체 복지혜택 수령자의 대다수는 8세 미만이었다.

누가 이들의 관점을 갖고 있었겠는가? 이 연구가 나로 하여금 사회적 공감에 대한 '깨달음'을 줬다. 이런 법안을 만든 정치가들은 복지혜택의 변화를 받아들여야 하는 사람들과는 전혀 다른 삶을 살았다. 나는 이들이 맥락에 대한 이해가 거의 없다는 사실에 크게 놀랐다. 이런 가정들이 그토록 간절히 필요로 하는 어린 아동을 위한 도움은 어디에서 얻을 수 있단 말인가? 이제 복지프로그램의 지원을 받은 성인들은 일자리를 찾기 위해 일주일에 더 많은 시간 동안 집을 비워야만 했다. 누가 그들의 어린 자녀를 돌볼 것인가?

사실 하원에서 이 법안을 놓고 최종 표결에 앞서 토론을 할 때 불과 (435명 중) 8명의 의원만이 아동에 대해 언급했다.[32] 복지혜택을 받는 성인들은 무임승차자로 간주됐다. 캘리포니아주 출신 하원 의원 프랭크 릭스Frank Riggs는 이 법안이 "미국 사회의 근본적인 문제, 곧 몸이 건강해도 일하지 않고 실업수당을 계속 받으려는 사람들에 대한 근로자들의 분노를 해소할 것"이라고 말했다. 오하이오주 출신의 존 케이식John Kasich는 "새로운 복지제도는 건강한 사람들에게 나가서 스스로 일하라고 요구할 것"이라고 말했다. 텍사스 출신의 톰 딜레이

Tom DeLay는 "복지제도가 생활방식이 되어서는 안 되며, 복지제도는 효과가 없다"라고 말했다.

누가 실업수당을 받는 건강한 사람들일까? 복지 혜택자의 3분의 2가 어린 아동들이며 당연히 이들은 일할 수 없다. 나머지 3분의 1은 이런 아동들의 부모이며, 이들 중 대부분은 교육을 받지 못한 싱글맘이었다. 아동 돌봄, 건강보험, 어머니를 위한 교육기회는 어디에 있는가? 의원들이 유일하게 관심을 보인 것은 사람들에게서 복지혜택을 빼앗는 것이었다. 그래서 복지 프로그램이 시행된 60년 역사상 처음으로 의원들이 복지수당을 수령할 수 있는 기간을 제한했다.[33]

놀라운 일은 아니지만, 남성 하원의원 중 약 80%가 이 법안에 찬성투표를 한 반면 여성 의원 중 찬성한 사람은 54%뿐이었다. 내가 실시한 연구에서 보여줬던 것은 맥락에 대한 이해와 거시적 관점의 가치였으며, 혹은 적어도 이러한 것의 부재였다. 복지개혁에 관한 이 연구는 내가 공감의 폭을 더욱 넓혀 사회적 차원에서 연구하도록 자극했다. 개인적으로 알게 된 가정 중에서 변경된 복지법안에 적합한 사례가 있었는지는 기억나지 않는다. 정책 입안자들이 정책대상자들의 삶을 어쩌면 그렇게 이해하지 못하는지 설명할 방법을 찾았다. 나는 더 폭넓은 공감 연구에 몰두하기 시작했다.

10년이 지난 지금 그 법안의 통과에 기여한 요인들 중 하나를 더 잘 이해할 듯하다. 그것은 사회적 공감의 부재였다. 이 책은 사회적 공감의 의미가 무엇이고, 사회적 공감이 없을 때 어떤 일이 일어나며, 사회적 공감을 활용할 때 어떤 좋은 일이 가능한지를 최대한 설명하고자 한다.

요소의 결합

공감 경험은 인지신경과학 연구 덕분에 생리적 반응과 신경경로, 뇌 영역이 밝혀졌다. 인지신경과학자들은 수십 년 간 동물과 사람의 행동을 관찰한 뒤 이른바 '공감'에 상응하는 뇌 활동을 찾아냈다. 과학적 발견에서 15년은 짧은 시간이다. 우리는 겨우 신경과학과 심리학을 결합하고 공감에 관한 이해를 발전시키기 시작했을 뿐이다. 그러나 이 시작은 생물학적 생존 과제를 이해하고 공감이 이런 분투에 얼마나 적합한지 알게 한다.

중요하게 기억할 것은 공감이 개인적 차원과 사회적 차원 모두 맥락의 영향을 받는다는 점이다. 맥락은 변한다. 그러면 해석도 바뀐다. 동일한 사람이라도 공감의 인식 정도는 상황에 따라 바뀔 수 있다. 당신이 슬플 때 다른 사람의 슬픔을 느끼는 것이 얼마나 어려운지 생각해보라. 기분이 아주 좋을 때 다른 사람의 곤경에 대해 듣고 싶지 않을 수 있다. 매우 지쳐 있을 때는 공감하기 위한 복잡한 모든 요소들을 적용할 에너지가 소진되었을지도 모른다.

공감 능력을 충분히 발달시키려면 많은 의식적인 노력과 오랜 시간이 걸릴 수 있다. 공감의 숙달이 쉽지 않을지 몰라도 구성요소를 이해하면 모든 범주의 공감이 어떤 것인지 전체적으로 파악할 수 있다. 각 요소별로 공감에 숙달되도록 자신과 다른 사람을 훈련시킬 수 있다. 그리고 이제는 공감의 구성요소를 파악했으니 공감과 자주 혼동되는 감정과 행동을 알아보자.

공감과 유사한 감정

물론 사람들이 공유하는 모든 감정이 공감은 아니다. 사람들이 공감이라고 생각하면서 사용하지만 실제로는 공감이 아닌 용어가 상당하다. 측은pity은 다른 사람을 안쓰럽게 여기거나 그들의 상황에 대해 슬퍼하는 것이다.

예컨대 당신이 영양실조에 걸린 아프리카 어린이나 아이티의 지진 생존자들의 사진을 보고 그들의 생활조건에 대해서는 끔찍하게 느낄 수 있으나 역지사지의 관점과는 아무런 관계가 없다. 측은은 단지 당신의 슬픔(다른 사람의 온갖 긍정적, 부정적 정서의 느낌과 반대로)을 전달하는 것일 뿐, 다시 말해 다른 사람들에 대한 느낌과 관련될 뿐 그들과 함께 느끼거나 그들의 입장에서 느끼지 않는다. 측은은 당신이 감정적으로 더 깊이 몰입하여 공감을 하도록 할 수도 있지만 반드시 그런 것은 아니다.

마찬가지로 '개인적 고통personal distress'은 다른 사람의 고통이나 불편을 설명하는 공감 관련 문헌에서 사용되는 용어다. 공감에 관한 초기 연구에서 개인적 고통은 공감의 핵심적 특징으로 간주됐다. 그러나 개인적 고통은 우리가 다른 사람의 고통을 느끼나 자신 안에서 일으킨 불편함이나 괴로운 감정에 집중한다.[34] 직장 동료가 당신의 책상으로 다가와 자기 어머니의 죽음 때문에 얼마나 우울한지 말한다고 가정해보자. 당신은 마감시간을 앞두고 스트레스를 받고 있다. 그리고 당신의 어머니가 연로해 어머니의 죽음을 생각하고 싶지 않기 때문에 동료가 꺼낸 주제에 마음이 불편하다.

이 경험은 공감은 불러일으키지 않고 오히려 속상하고 심란하게 만든다. 그 결과 당신은 개인적 고통을 경험한다. 실제로 우리는 개인적 아픔이 있을 때 타인과 접촉을 피하려고 노력할 가능성이 더 높고, 그렇게 되면 연민의 감정에서 오는 불편함이나 걱정에 휩싸이지 않아도 된다. 다른 사람의 감정을 회피하고 자신에게 초점을 맞추는 것은 공감이 아니다.

개인적 고통이 공감의 핵심적인 내용이라는 생각이 너무 강한 나머지, 1980년에 개발되어[35] 가장 많이 알려진 공감 측정 도구인 대인관계 반응지수(Interpersonal Reactivity Index, IRI)에는 개인적 고통이 공감의 한 부분으로 포함됐다. 그러나 몇 해가 지나면서 많은 연구자들이 이 지수에서 개인적 고통을 측정하는 부분을 제외하기로 결정했다. 이제는 인지신경학 연구로 공감에 필요한 정서 조절과 자신과 타인에 대한 인식에 대해서 알고 있다. 이런 능력으로 우리는 개인적 고통이나 연민의 감정에 휩쓸리지 않을 수 있다.[36]

'동정sympathy'은 사람들이 공감을 나타낼 때 자주 사용하는 또 다른 용어다. 다른 사람들이 슬퍼할 때 동정심이 생기지만 공감을 유발하는 다른 요소들은 존재하지 않는다. 누군가가 그 사람이 처한 상황 때문에 안타까운 감정을 느끼는 것만으로 서로의 감정을 실재로 공유하는 것은 아니다. 자신과 타인에 대한 인식과 관점 수용이 없다면 타인과의 거리는 좁혀지지 않을 것이다. 이 거리는 한동안 마음이 움직여 도와줄 수 있을지 몰라도 진정으로 다른 사람을 이해하고 소통하기보다 거들먹거리거나 가르치려는 것으로 보일 수 있다.

한 예로, 전 미국 대통령 영부인 바버라 부시Barbara Bush 여사는 의심할 여지없이 훌륭하고 다정한 여성으로 매우 온정이 많은 훌륭한 분이다. 그런데 허리케인 카트리나가 지나간 뒤 이재민들이 뉴올리언스에서 대피하여 휴스턴의 애스트로돔Astrodome에 임시로 머물러 있을 때, 그녀가 이재민을 돕는 구호금을 모금하는 노력의 일환으로 그곳을 방문해서 "이곳의 많은 사람들이 경제적으로 불우한 처지네요. 이곳이 그들에게 매우 적절해 보이는군요"[37]라고 말했다. 그녀는 어떠한 악의도 없이 그렇게 말했을 것이다. 단지 그녀는 이재민들이 가난했으나 자기 집이 있었고, 이제는 집마저 파괴되어 인생의 가장 귀중한 재산을 모두 잃었다는 사실을 몰랐을 뿐이다. 그녀는 구호금을 모금하기 위해 그곳에 가서 궁핍한 사람들을 도와주려는 마음을 보여줬지만 그들의 상황이나 삶과는 아무런 관련이 없었다. 실제로 가난한 사람과 개인적인 친분이 없다면 우리는 그들의 삶이 어떤지 어떻게 이해할 수 있을까?

타인의 삶과 경험에 대한 이해 부족을 보여주는 최근의 사례는 2018년 하원의장 폴 라이언Paul Ryan이 트위터에 올렸던 내용이다. 하원 의장인 라이언은 경제적으로 불우하여 먹고 살기 위해 애쓰는 사람들에 대한 자신의 관심사를 자주 언급했다. 그는 최근의 조세개혁 계획이 미국인들에게 얼마나 좋은 것인지 보여주는 게시글을 리트윗했다. 고등학교 비서가 올린 것을 리트윗한 이 글은 큰 폭의 세금감면 계획으로 일주일에 1.5달러를 추가 소득을 얻게 되었다며 놀라워하는 내용이었다. 라이언은 세금감면 계획의 성공을 보여주는 증거로 내세웠다.

그러나 대중매체는 그에게 곧장 거세게 반발했다. 현실을 너무 모른다는 것이었다. 고소득자와 부자들에 제공되는 세금우대 조치와 추가 소득을 비교할 때 1년에 78달러의 추가 수입은 너무 미미한 것이었기 때문이다. 라이언은 자신을 비난하는 사람들의 말을 틀림없이 들었을 것이다. 그는 두 시간 뒤 그 게시글을 삭제하고 아무 말도 하지 않았다. 그가 리트윗한 게시글은 공감적인 통찰의 부재였고, 무엇보다도 맥락에 대한 이해가 부족했다. 또 이 사례는 공감을 방해하는 힘의 역학을 보여준다. 이에 대해서는 4장에서 더 구체적으로 다룬다.

우리는 연민을 느낄 수 있어도 여전히 공감하지 못할 수 있다. 동정은 다른 사람들의 곤경을 돕고 싶은 감정을 불러일으킬 수 있지만, 이것도 고통스런 상황에만 관련된다. 우리는 행복하고 잘 나가는 사람들을 동정하지 않는다. 동정은 사람들의 고통이나 곤경에만 초점을 맞춘다. 타인이 자신과 다르다는 것을 인식하고 관점을 수용하며 감정을 조절하는 공감의 일부 구성요소로는 다른 사람의 감정이나 삶의 상황을 똑같이 경험하지 못한다.[39] 흔히 자신의 상황이 더 낫다는 이유로 불우한 사람들에게 동정을 느끼는 경향이 있다. 공감이 동정이나 연민보다 더 낫다고 말하는 것이 아니다. 다만 이것들은 다른 감정이며, 따라서 같은 의미로 혼동해서는 안 된다는 뜻이다.

스위스 취리히에 있는 사회 및 신경시스템 연구소(Laboratory for Social and Neural Systems Research)의 저명한 공감 연구자인 타니아 싱어Tania Singer 와 클라우스 람Claus Lamm은 이것을 잘 표현한다. "**공감과 연민, 공감적 관심, 동정과 같은 용어 사이에 중대한 차이점은, 공감은 관찰자의 감정이 정서적 공유를 반영하고**(다른 사람과 '함께 느낌'), **연민과 공감적 관심, 동정은 관찰자의 감정이 본질적으로 타자지향적**(다른 사람에 대해 느끼는 '감정')**이다.**"[40]

공감은 감정적인가?

폴 블룸Paul Bloom의 《공감에 대한 반대Against Empathy》라는 책 제목은 분명히 도발적이다. 그는 이 책에서 공감은 너무 감정적이어서 나쁜 결정을 내리게 한다고 주장한다.[41] 그의 입장은 우리가 공감적 감정에 의존해서는 안 되며 그 대신 합리적이면서 동정적이어야 한다는 것이다. 블룸의 주장은 공감이 "다른 사람과 똑같이 세계를 경험하는 행위"[42]이며, 이러한 감정 공유는 편견과 불공정, 과도한 감정 반응에 영향을 받는다는 견해에 기초한다. 공감 대신, 그는 동정적인 합리성을 주장한다.

"나는 일상생활에서 의식적이고 사려 깊은 추론의 가치를 입증하고 싶다. 그리고 마음보다 머리를 사용하려고 애써야 한다는 점을 주장하고 싶다."[43] 우리의 편견을 인식하자는 블룸의 목표와 건전하고 동정적인 결정을 내리기 위해서 감정을 제어할 필요성에 반대하지 않는다. 블룸의 견해에 반대하는 것은 모든 범주의 공감이 바로 그런 일을 한다는 점이다. 우리는 신경과학연구 덕분에 공감이 복잡하고 앞에서 요소로 서술한 다양한 능력을 수반한다는 사실을 알고 있다.

블룸은 이런 공감의 여러 특징을 간과하고 있다. 다시 말하자면 자신과 타인을 구분하는 인식은 다른 사람의 감정을 안다고 추정하지 않게 한다. 정서 조절은 침착하고 냉철하게 다른 사람의 감정이나 상황에 휩쓸리지 않게 한다. 맥락에 대한 이해는 다른 사람이 경험하는 것에 대한 시각을 넓혀준다. 거시적 관점의 수용은 자신의 집단과 다른 집단의 구성원이 어떤 삶을 사는지 상상하게 하고 그 집단을 형성하는 모든 역사적·사회적 경험을 고려하게 한다. 블룸은 우리가 마음이 아니라 머리를 사용하기를 바란다. 이것은 사실 정확히 공감이 하는 일이다. 뇌는 무의식적으로 발생하는 생리적 입력 자료를 받아서 이 감각의 의미를 처리한다. 이것이 공감이다.

공감은 우리에게 정보를 제공하는 도구다. 이 정보를 이용하여 무엇을 할 것인지는 우리에게 달렸다. 공감은 행동을 시작하는 문을 열 수 있다. 수많은 연구들은 공감에서 유발된 행동이 자주 긍정적임을 보여준다(2장에서 자세히 다룬다). 하지만 행동하는 것은 다음 단계인 공감의 결과로 학습된다. 공감 자체는 과정이다. 공감을 갖고 무엇을 할 것인지는 우리가 평생 배우는 의식적인 의사결정이다. 그러나 공감의 모든 과정과 생리적 자극, 순식간에 이뤄지는 인지적 과정, 공감의 정서를 해석할 때의 위험성과 맥락을 수용할 필요성을 인식하지 못한다면, 우리는 블룸이 말한 비합리적 주정주의emotionalism에 빠질 것이다.

온전한 공감의 형성과 요소

이 모든 요소가 함께 결합될 때, 우리는 공감한다. 전부 아니면 전무를 뜻하는 말이 아니다. 개인적·사회적 공감의 각 요소는 타인을 더 많이 알고 이해하게 한다. 항상 모든 요소를 완전하게 활용하지 못한다고 해도 각 요소의 일부분을 발달시키면 타인을 더 잘 이해할 수 있게 된다.

하지만 이런 과정은 모든 범주의 공감을 활용하는 방향으로 이뤄져야 한다. 몸은 무의식적으로 반응한다. 이런 반응은 우리가 보는 것을 뇌가 모방함으로써 일어난다. 만일 공감을 위한 신경경로가 있다면 감정을 공유하고 그 감정이 우리 자신의 것이 아니라는 것을 알더라도 다른 사람인 것처럼 그 감정을 더 깊이 받아들이려 할 것이다. 그리고 이 모든 것은 감정이 통제되면서 수행될 것이다. 그러고 나면 우리는 다른 사람이 어떤 것을 느끼고 경험하는지 알게 될 것이다. 나아가 다른 사람처럼 살려고 할지도 모르는 이 사람은 현재 누구이며 어떤 역사적 사건이 삶에 영향을 미쳤는지 이해하려고 할 것이다.

일단 이런 과정을 거치고 나면 우리는 어떤 행동을 할지 결정할 수 있다. 이 행동은 다른 사람의 필요에 기초한 것이며, 우리와 다른 사람들을 연결하고 수많은 사람들에 의해서 계속적으로 반복된다. 이를 통해 다른 배경과 경험을 가진 사람들이 서로 배려하고 이해하는 세계에서 살 수 있다. 2장에서는 공감이 좋은 행동의 동인이 될 수 있음을 살펴본다. 이 같은 연결 때문에 공감과, 이것을 타인들과 공유하는 방법을 이해하는 것은 세계를 더 나은 곳으로 만드는 도구가 될 수 있다.

2장   왜 공감이 필요한가?

생존을 넘어

우리에게는 생존을 도와줄 타인이 필요하다. 사람들을 '읽는' 능력은 생존의 가능성을 높여준다. 인류와 같은 종의 생존에는 공감과 관련된 두 가지 중요한 능력이 요구된다.

첫째, 타인이 위협하는 공포의 신호를 포착할 수 있어야 한다. 둘째, 돌봐야 하는 후손의 필요를 인식해야 하고, 이것을 반드시 이행해야 한다. 그렇지만 공포를 느끼고, 이에 반응하고, 다른 사람의 필요를 읽는 것은 공감하는 인간이 되는 일에 꼭 필요한 것은 아니다. 이것은 중요한 도구지만 공감 능력을 충분히 개발하려면 추가적인 능력과 훈련이 꼭 필요하다. 아울러 돌보는 사람의 수고 덕분에 기본적인 생존 욕구를 충족했다는 것이 반드시 우리가 다른 사람의 공감을 경험했다는 뜻은 아니다. 공감은 다른 사람에 대한 미러링이나 기본적인 필요에 대한 인식을 넘어선다. 물론 이 두 가지는 공감의 기초를 쌓는 데 매우 중요하지만 말이다.

수년 간 연구로 내가 확신한 것은 공감이 매우 앞선 능력이라는 점이다. 공감은 인류에게 생존 이상의 것을 제공한다. 또한 우리의 성장과 번영을 뒷받침한다. 공감은 생존을 위한 적응을 넘어 번영을 이루게 하고 충만한 삶을 가능하게 한다. 번영과 풍요의 기회를 가져다 주는 건강한 성장은 인간에게 위대한 일을 성취하도록 영향을 미친다. 개인적·사회적 공감 능력을 가졌다는 것은 어떤 사람이 사회적 상황을 성공적으로 헤쳐 나가고, 그 과정에서 행복을 느낄 가능성이 더 높다는 뜻이다.

이것은 아주 힘든 일이다. 공감 능력을 완전히 개발하는 것은 쉽지 않다. 모든 공감 요소를 개발한다 해도, 때로는 이런 능력을 활용하기 힘든 상황에 직면한다. 공감이 더 나은 삶을 위한 완벽한 해답이라고 말하는 것이 아니라 더 협조적이고, 안전하고, 성취감을 느끼며 사는 데 분명히 도움이 된다는 뜻이다. 공감의 부재는 적응과 번영에 장애가 된다는 연구가 있다. 개인들이 자아를 최대한 실현하려면 공감이 필요하다. 집단 간에 공감이 있을 때 화합하고 서로 돌보는 성공적인 지역사회가 이뤄진다. 이것은 아주 단순한 말일 수 있으나, 이 장에서는 공감이 개인들의 삶과 지역사회, 궁극적으로는 전 세계를 향상시키는 길임을 보여주고자 한다.

소속감

당신이 자신보다 더 큰 무엇, 가령 가족, 민족, 팀, 종교집단, 지역사회의 일원이라고 느끼는 것은 깊이 새겨진 최고의 생존 감각을 보여준다. 이것은 다른 사람과의 최초의 연결 의식에서 시작한다. 사람들이 서로 연결되었다고 말할 때 가장 많이 언급하는 이론은 흔히 어릴 때 습득되는 애착이론이다.[1] 이 이론은 어린 시절의 정서적 연결이 건강한 발달로 이어진다고 보는 이론이다. 애착은 유아기와 아동기의 아이들이 주변 환경에서 안정감을 느끼도록 도와준다. 자신을 돌봐주는 사람과 긴밀한 유대감을 가지면 주변 세계를 이해하는데 도움을 준다.

말 그대로 정서적인 의미에서 돌아올 안전한 안식처가 있다는 것을 알 때, 우리는 매우 두려운 상황에서도 밖에 나가 세상을 탐색할 수 있다. 무엇이 공감에서 애착을 그렇게 중요하게 만드는가? 다른 사람과 확고하게 연결돼 있다는 의식이 있으면 다른 사람의 감정을 더 쉽게 배려할 수 있다. 반대로, 불안하면 다른 사람의 감정을 생각하고 받아들일 수 있는 정서적 여유가 거의 없다.[2] 사실 애착과 공감 사이의 이런 연결은 출생과 동시에 인생 초기에 시작된다.[3] 공감은 미러링과, 필요에 대한 반응을 토대로 아기를 돌보는 사람이 아기와 상호작용하는 방식 속에 나타난다. 아기가 울 때 보호자가 안아주거나 젖을 먹이면 아기는 자신과 주변 사람과의 연결을 경험하기 시작한다.

이런 연결은 아기들이 자신의 소리가 응답되고 필요가 충족된다는 것을 느끼게 해주며, 그 결과 안정감이 발달한다는 것을 보여준다. 이것이 공감적 반응의 전형적 사례이기도 하다(당신이 어떤 느낌을 갖고 있고 당신의 삶에서 누군가가 변함없이 그 느낌을 정확하게 읽어준다). 물론 모든 부모가 말하듯이 아기가 원하는 것을 정확히 이해하는 것은 때로 매우 어렵다. 그러나 아기가 원하는 것에 계속 집중하고 아기에게 돌봄이 안정적으로 제공된다는 확신을 심어주면 애착의식이 형성된다.

어린 시절의 애착이 건강한 성장의 열쇠라는 것을 어떻게 알 수 있을까? 지금껏 어떤 사람도 비윤리적이고 끔찍하다는 이유로 실행해본 적이 없는 일종의 사회적 실험에서, 정서적으로 응답을 주지 않았던 아기들이 공감을 기르고 발전시키지 못했는지를 알아볼 수 있다. 안타깝게도 그런 사회적 실험은 실제로 이루어지지 않았다. 의도적으로 그렇게 하지 않았던 것이다. 1989년 루마니아 국민은 독재자 니콜라에 차우셰스쿠Nicolae Ceaușescu 정권을 전복시켰다. 차우셰스쿠 정권은 특히 고아로 간주된 아이들을 물질적 필요만 공급하는 기관에 수용했다. 하지만 직원 부족과 거의 전적으로 기본적인 물질적 돌봄에만 집중한다는 보육 철학 탓에 정서적 지지와 애착을 형성하는 보육자와 아동의 상호작용을 제공하는 데 소홀했다.

이를 테면, 아기의 필요가 아니라 획일적인 시간표에 따라 급식이 제공됐고 젖병을 물려줄 때도 인간적인 접촉은 이뤄지지 않았다. 아이들은 깨끗했지만 체계적인 사회적·정서적 상호작용은 없었다. 아동발달 전문가팀이 이 고아원에서 양육된 아동의 경험을 일지로 기록하고 약 20년 동안 그들의 발달을 추적했다. 이 기간 동안 어떤 아동은 입양됐고 어떤 아동은 고아원에 계속 남았다.[4] 물질적 돌봄만 제공하고 애착과 정서적 안정을 형성하는 정서적인 상호작용이 없는 조건하에서 인간의 발달을 조사하는 심층 연구였다. 여러 연구결과 중에서, 특히 계속 고아원에서 돌봄을 받은 아동들의 신경 발달이 고아원에서 자라지 않은 아동들보다 상당히 뒤떨어졌다. 그들의 뇌는 실제로 더 작았고 인지 발달과 사회화도 지체됐다. 그들의 애착 능력에도 지장을 초래했다. 정서적 방치가 빈약한 뇌 발달로 이어진 결과다.

루마니아 고아원 아이들의 경우 보육자와의 정서적 연결과 함께 뇌의 생리적 발달이 크게 저하됐다. 애착으로 인한 사회화와 뇌신경 발달은 공감에 필요한 요소의 발달에 매우 중요하다. 아이들이 정서 조절과 타인의 관점을 수용하는 법을 배우면서 자기 자신을 이해하는 법을 발달시키고 정서적 반응을 활용하기 위해서는 미러링을 경험해야 한다. 아동과 부모의 관계에 관한 최근 연구는 초기의 안정적인 애착을 형성한 아동들이 더 큰 공감 능력을 갖는다고 밝혔다.[5] 더 나아가 이 연구는 아동들이 또래 친구들과 얼마나 잘 지내는지 살폈다. 애착형성이 불안정하고 비공감적인 아동들이 또래와의 상호작용도 좋지 않았다.

이것은 놀라운 일이 아니다. 그런데 매우 흥미로운 점은 비공감적이지만 애착이 안정적으로 형성된 아동이 또래와 더 긍정적인 상호작용을 한다는 것이다. 이 연구가 인상적인 이유는 아동들이 설사 강한 공감능력을 발달시키지 못했다고 해도 긍정적인 상호작용을 돕는 것이 안정적인 애착임을 보여준다는 것이다. 더 많은 연구가 진행될 필요가 있지만 긍정적인 사회화는 안정적인 애착 형성이 가장 우선시 되거나 적어도 아동기 초기에는 공감 능력에 좌우되지 않을 수 있다. 하지만 확실한 것은 안정적인 애착이 공감 능력에 도움을 주며, 이런 안정감을 아동기 때 완전히 발달시키는 것이 필요할 수 있다는 점이다.

이것은 공감과 애착의 관계가 양방향적임을 보여준다. 애착 능력을 가진 사람이 공감할 수 있으면, 공감을 경험한 사람도 애착을 형성하는 법을 배울 수 있다. 안정적인 애착이 공감을 촉진하고 지원한다. 필요에 응답하는 보호자의 노력이야말로 공감의 모범이다. 모든 공감이 안정성을 촉진한다는 말이다. 대부분 공감을 형성하는 과정은 어른이 아이들의 필요를 인식할 수 있는 것에서 시작한다. 일정 수준의 보호자의 공감이 없다면, 강한 애착을 발달시키고 배움을 통해 공감을 전수하기가 매우 어려울 것이다.

공감은 '선'을 행하는 중요한 이유다

그렇다면 왜 공감이 중요할까? 한 가지 아주 중요한 이유는 공감이 긍정적인 행동을 촉진하기 때문이다. '선good'을 행하는 것의 의미는 사람마다 다를 수 있다. 다른 사람을 돕거나, 더 큰 대의에 기여하거나, 친절한 행위를 하거나, 단순히 다른 사람을 잘 대해주는 것일 수도 있다. 심리학에서는 사람들 간의 긍정적인 상호작용을 **사회친화적 행동**이라고 부른다. 공감으로 어떤 사람이 지지하고 협조하는 방식으로 행동할 것이라고 장담하지는 못하지만, 그런 방향으로 행동하

사회적 공감

도록 영향을 미칠 것이다.

이타주의와 협력, 동정심, 도덕성, 정의와 같이 긍정적이고 사회친화적인 많은 행동들은 공감과 관련이 있다. 심지어 공감이 행복과 관련되고 역경에 처하게 되면 더 깊어진다고 보고하는 연구도 있다. 모든 선행이 공감과 관련된 것은 아니다. 선행을 하면 사람들이 좋은 사람으로 생각해주거나 자신이 좋은 사람이라고 느낄 수 있으므로 사회친화적으로 행동한다. 이런 경우 공감과는 상관이 없다. 사회친화적 행동에서 공감이 반드시 필요한 것은 아니지만 공감할 때 사회친화적으로 행동할 가능성은 더 높다.

이타주의, '당신을 위해 했어'

사람들은 때로 어떤 행동이 자신에게 직접적으로 이롭지 않을 때에도 다른 사람들을 위해서 선한 일을 한다. 우리는 이것을 이타주의라고 말한다.[6] 이런 행동에 대해 많은 연구가 이루어진 이유는 인간의 개인적인 안전과 안정을 고려할 때 타인을 위해서 자신을 위험에 빠뜨리는 것이 직관에 반하는 것처럼 보이기 때문이다.

이런 이타적 경향에 관한 이론으로 혈연선택이 있다. 이 이론은 장기적으로 유전자를 보존하는 최선의 수단이 자손과 가장 가까운 친족이 확실히 생존하는 것이라고 주장한다. 강한 혈연선택으로 생존 충동을 가진 사람들이 후손을 계속 재생산하여 종을 유지할 수 있기 때문에 유전적 계보를 전달하려는 강한 욕구가 우리 안에 새겨져 있을 것이다.[7] 공감은 생명을 걸고 보호해야 할 사람들의 필요를 읽을 수 있도록 도와주는 능력이므로 혈연선택에서 일정한 역할을 담당한다. 혈연선택은 왜 부모가 자녀를 위해 목숨을 거는지 설명해준다.

종의 유전적 지속성과 함께 공감과 관련된 더 많은 생물학적 차원이 있다. 세계적으로 유명한 영장류학자 프란스 드 발은 공감을 이타주의를 가능하게 하는 정서적 연결로 간주한다.[8] 이것은 생물학적 진화에 뿌리를 두고 있다.[9] 생물학적 관점에서 볼 때 인간은 타인과 관계를 맺고 싶은 종으로 진화해 왔다. 공감은 깊고 지속적인 유대감을 형성하고 인간의 근원적인 소속 욕구를 채워주며 관계를 형성하는 방법을 제공한다. 이런 공감적 연결이 우리로 하여금 이타적 행동이라는 개인의 값비싼 희생을 치르도록 동기를 부여하고 있는 것이다.

달리 말하면 오랜 시간 동안 다른 사람과 점점 더 가까워지고(일반적으로 성인 보호자와 함께하는 인생 초기) 서로의 필요와 감정을 읽으면서 애착을 형성하게 되면, 자신은 물론 다른 사람의 생존에도 더 깊이 관심을 갖게 된다. 이런 깊은 관심은 가까운 사람들을 보호하고 돌보는 일을 하도록 시키고, 마찬가지로 그들 역시 우리를 위해 그렇게 하게 한다.

공감과 이타주의가 연결되어 있지만 주의해야 할 점이 있다. 이런 관계는 낯선 사람들보다 알고 있는 사람들에게 더 강력하게 나타난다. 혈연선택과 인간의 종족 배경의 결과이거나 이와 어느 정도 관련된 탓으로 보인다. 우리가 낯선 사람에게 느끼는 거리감은 흔히 '타자성otherness' 내지 타인 속에 반영된 우리 자신을 보지 못하는 정도라고 한다.[10] 타자에게서 자신을 보지 못하는 이유는 매우 많다. 이에

사회적 공감

대해서는 3장에서 자세히 살펴볼 것이다.

여기서는 다른 인종과 민족 집단, 종교 사이의 거리에 대해 생각해 보자. 이런 것들은 오늘날 세계에 나타나는 타자성의 사례들이다. 다른 사람들과 유사성이나 공유하는 인간성을 발견하지 못하면 공감을 통해 서로 연결될 가능성은 적어진다. 이런 연결이 부족하면 친사회적 방식으로 행동할 가능성도 더 줄어든다. 그러므로 이타주의는 분명히 공감과 관련이 있으며, 공감의 장애물은 이타주의의 장애물이 된다.

공감 배우기

혈연선택은 깊은 무의식에서 무언가가 일어나고 있음을 말해준다. 초기에 학습이라는 의미는 혈연선택을 하는 사람들이 자신의 유전물질을 후손에게 계속 전달하면서 후속 세대 속에 그런 경향성이 만들어졌다는 정도였을 것이다. 그러나 우리는 또한 타인의 마음을 읽는 방법을 배우고, 이를 통해 생존 확률을 높인다. 행동방식에 대한 지식 교육을 사회적 학습이라고 한다. 사회과학에서는 인간의 정체성이 얼마나 많은 부분에서 유전적 특성을 물려받았는지, 아니면 성장할 때 받은 교육의 산물인지에 대해 오랜 기간 논쟁거리였다.

인간의 다른 행동과 마찬가지로, 공감 역시 이것을 식별하기는 어렵다. 공감 능력은 타고난 것일까, 아니면 배운 것일까? 두 가지 모두 해답이 될 수 있다. 인간은 타인을 그대로 반영하는 매커니즘을 타고 났고 신체적으로 뇌 물질과 인지 과정에 필요한 신경경로를 발전시켰다. 뇌의 사고 영역인 인지 과정을 이용하는 법을 습득하면 자신 이외의 대상을 생각할 수 있는 정신적 능력이 생기며, 이것이 공감에 필요하다.

수천 년 동안 인간은 생존에 가장 적합한 유전자를 물려줬고, 무엇을 먹고, 어떻게 안전을 확보하고 함께 일할지를 서로에게서 배웠다. 그 결과 우리는 두 가지 유산을 갖게 됐다. 그 중 일부는 생물학적 유산이고, 다른 하나는 학습된 행동이다.[11] 공감은 이 두 가지를 반영한다. 과제는 공감의 생리적 계기에 주목하고, 이런 계기가 무엇을 의미하는지 마음으로 생각하는 것이다. 예컨대 다른 방에서 큰 소리가 나는 것을 들었다고 상상해보자. 처음에는 깜짝 놀라며 두려워하지만 곧 선반에 무거운 박스가 있었다는 것을 기억하고 그것이 떨어졌을 것이라고 짐작한다. 이 사례는 이런 과정을 간단하게 보여준다.

우리가 아는 사람들, 특히 잘 아는 친족일 경우 이런 능력이 공감과 결합되는 더 강한 능력을 지니고 있다. 오늘날 친족은 혼합가족(각각 자녀를 데리고 재혼한 뒤 둘 사이에 또 자녀를 둔 부부의 가족: 옮긴이), 동성애자 연합, 입양(선택에 의해 만들어진 가족)을 포함한 생리적 관계를 넘어 확장될 수 있다. 이런 친족 유대감의 강도는 매우 강력할 수 있고 깊은 공감 능력을 키울 수 있다.

공감은 낯선 사람이라고 여기는 사람과 일어날 가능성이 더 적다. 다른 사람에게 거리감을 느끼거나 이질적일 경우 타인에 대한 생리적 반응과 그 반응이 어떤 의미인지, 그리고 타인에 대한 행동이 어떤 의미인지 면밀하게 이해하는 것은 더 어렵다. 이에 대해서 3장에서 더 자세히 다룰 것이다. 혈연선택과 인류 전체를 연결하는 문제는 지금까지 계속적인 논쟁거리였다. 사회적 학습에 더 많이 좌우되는 이런 연결은 잘 아는 사람들과 비교해서 잘 모르거나 전혀 모르는 사람들과의 공감에 대해서 더 깊이 숙고해야 한다. 이렇게 하여 생물학은 기초가 되지만 사회적 학습은 더 광범위한 사람들에게 공감을 가져다줄 것이다.

협력, 다른 사람과 잘 어울리기

우리는 취학 전 아동기부터 다른 사람들과 잘 지내라는 권유를 받기도 하고 그런 능력을 평가하기도 한다. 기억하기에 어린 시절 학교 선생님은 내가 '다른 아이들과 잘 어울리는 능력'을 평가해서 성적표에 기록했다. 성장하는 시기에 이런 능력에 대한 강조는 사회적 학습을 통해 협력을 강화시킨다. 협력은 함께 일하면서 관련된 모든 사람들과 서로 유익한 방식으로 행동한다는 의미다. 공감은 이 과정에서 다른 사람의 상황을 이해함으로써 더 잘 소통하고 오해를 최소화시키면서 협력하도록 도와준다.

공감과 협력에 관한 연구는 공감할 때 사람들이 다른 사람의 비의도적인 부정적 행동을 덮어 줄 가능성이 더 많다는 것을 발견했다. 공감할 때 사람들은 여유와 느슨함을 가진다.[12] 내게 오랜 기간 인상을 남겼던 대학 시절의 경험이 있다. 사회복지학 수업을 들을 때 자주 협업이 필요한 현장 상황을 모의 실험하기 위해 여러 명이 함께 작업했다. 나는 친구를 무척 좋아해서 여럿이 함께 일하는 것이 즐거웠다. 하지만 한 가지 내가 싫어했던 것은 모든 사람이 프로젝트에 기여하게 만든 것이었다. 한 수업에서 마지막 프로젝트는 많은 작업이 필요한 상당히 복잡한 팀 프레젠테이션이었다. 우리 팀은 사이가 좋았다. 하지만 그 중 나이가 많은 한 학생은 자녀가 있고, 학교 밖에서 일도 했다. 그는 프로젝트를 계획하고 작업을 하는 시간에 전부 참석하지 않았다. 그 전에 있었던 인터넷 회의와 영상 회의에서도 마찬가지였다. 우리가 이 모든 일을 수행하고 그는 우리만큼 참여하지도 않았는데 혜택을 볼 거라고 생각하니 화가 났다. 이것은 큰 프로젝트였고 한 학기 전체 학점을 좌우했다. 그러나 나는 아무 말도 하고 싶지 않았다. 누가 고자질쟁이나 우두머리 행세를 하고 싶겠는가? 그리고 과제 분담을 문제 삼는 것은 집중해야 할 과제에 몰두하지 못할 수 있었다.

지금은 그 당시 아무 말도 하지 않은 것을 다행스럽게 생각한다. 나중에 알았지만, 그의 아이가 매우 아팠고 혼자 가족을 부양하고 있어 일을 해야만 했다. 이 정보는 그 친구의 상황을 이해시켰다. 그의 처지는 젊은 독신이자 풀타임으로 일할 필요가 없는 나머지 학생들과는 매우 달랐다. 우리는 회의에 참석하지 않아도 되는 과제를 그에게 배정하려고 애썼다. 그에 관한 정보는 그의 입장에서 바라볼 기회를 줬고 일정에 따라 함께 일하기 어려운 그의 곤경을 문제 삼지 않게 됐다. 우리 팀은 프레젠테이션에서 좋은 점수를 받았다. 그 친구는 자신이 할 수 있는 일을 했고 친구들이 도와준 것에 고마워했다.

나는 이 팀 프로젝트로 다른 사람들의 행동(이 팀 프로젝트 경우에서는 행동의 부재)을 해석하기 전에 그들의 이야기를 들어야 한다는 것을 배웠다. 이것은 내가 속한 팀의 모든 구성원이 무임승차권을 얻는다는 뜻이 아니라, 사람들은 제각기 다른 능력과 환경을 갖고 있으며 다른 사람들에 대해서 더 공감적인 시각으로 바라볼 때 더 잘 협력할 수 있다는 점을 상기시킨다.

도덕성, 옳고 그름의 구별

사람들의 행동이 도덕적인지 질문할 때, 그것이 옳은지 그른지를 묻는다.[13] 우리는 다양한 방법으로 도덕을 배운다. 부모, 종교지도자, 법을 통해서도 배운다. 사회가 어떤 것을 불법으로 여긴다면, 아마 우리는 그것을 잘못된 것으로 볼 것이다. 물론 모든 사람이 옳은 것과 그른 것에 대한 해석이 똑같지 않다. 현대 사회에서 잘못된 것에 동의하는 주요 행위들이 있다. 가령 다른 사람을 죽이는 행동 말이다. 자기방어나 다른 국가와 전쟁하는 경우에는 살인이 분명히 잘못된 것은 아니다. 전쟁 중에 적을 죽이는 것은 정당화된다.

도덕성은 주관적이다. 상황이나 환경에 따라 다르다. 오늘의 적국이 내일의 동맹국이 될 수 있다. 그래서 행동 규범은 시간에 따라 바뀔 수 있다. 심리학자 마틴 호프먼Martin L. Hoffman은 공감과 공감 능력이 도덕성 발달에 미치는 영향에 대해 많은 글을 썼다.[14] 그는 대부분의 도덕성이 타인에 대한 고려라고 생각한다. 사람들이 자신만을 소중히 여겼다면 종으로서의 인류는 생존하지 못했을 것이다. 우리의 생존은 다른 사람과의 상호작용을 통해 확보된다. 도덕성은 이러한 사회적 상호작용을 감시하기 위해 만들어진 규범이다. 우리의 도덕 규범은 공감에 영향을 받는다.

호프먼은 자신의 책에서 공감을 통해 아이들에게 도덕규범을 가르치는 방법에 대해 글을 쓰고 있을 때 매우 놀라운 통찰을 보여준다. 아이들에게 자신의 행동이 현재와 미래의 타인들에게 어떤 영향을 미칠 것인지 물어보고 그들이 공감 능력을 발휘하여 자신의 행동이 옳은지 또는 그른지 생각하도록 가르친다. 아마 이것은 아이들에게 옳고 그름에 대해 가르치는 어른들이나 그런 가르침을 받는 아이들에게 익숙한 교육방법일 것이다. 더 나아가 그는 아이들에게 다른 사람에 대해 '다중 공감multiple empathizing'을 가르치라고 제안한다. 이것은 매우 가치가 있다. 다중 공감을 통해 우리는 마음을 바꿔 매우 소중하게 생각하는 어떤 사람을 다른 상황에 놓고 그 사람이 어떻게 느낄지 상상한다.

예컨대 당신이 거리를 걷다가 소지품을 가득 실은 카트를 밀고 가는 노숙자를 보았다고 상상해보자. 그 사람이 당신의 어머니, 누이, 또는 가장 친한 친구라면 당신은 어떨까? 다중 공감을 사용하면 우리가 느끼는 감정이 매우 다르고 강렬할 것이다. 당신이 뉴스에서 듣는 이슈에 이것을 적용한다면 사고 과정이 달라질 것이다. 이민에 대해 논의할 때, 나는 나의 할아버지들에 대해 생각한다. 어떤 분은 청년 시절에 미국에 왔고, 어떤 분은 부모와 함께 소년 시절에 왔다. 가족들이 구전으로 전하는 말은 합법적인 이민이 아니었다. 이민자로 미국에 온 나의 조상들이 아내와 아이들, 할머니들, 어머니, 아버지를 남겨두고 강제 추방당하기를 원했을까? 이런 생각으로 오늘날 이민자들의 이야기에 개인적 방식으로 나를 연결한다. 다중 공감의 과정은 낯선 사람이나 멀리 떨어진 사람들을 깊이 받아들이지 못하는 경향을 없애준다.

도덕성과 공감에 관한 이 글을 쓸 무렵, 도덕성과 공감의 붕괴를 분명히 보여주는 사례가 뉴스에서 보도됐다.[15] 2017년 2월 펜실베이니아 주립대의 남학생 사교클럽 회원들이 과실치사 혐의로 기소됐다. 그들은 신입생 중 한 사람에게 엄청난 양의 술을 먹도록 압박했고, 그가 계단에서 넘어져 머리를 부딪쳤을 때 적극적으로 의료 지원을 요청하지 않고 무시하여 사태를 악화시켰다. 12시간 동안 그의 의식이 오락가락하는 상태에서도 아무도 의료 지원을 요청하지 않았다. 간부들은 자신들의 사교클럽을 보호하려고 그가 다른 사람들로부터 어떤 도움도 받지 못하게 막은 것으로 알려졌다. 그 젊은 신입생은 19세로 합법적 음주 가능 연령이 아니었다. 911에 전화로 도움을 요청할 당시 그는 여러 시간 동안 바닥에 누워 있었고 저체온증으로 아무런 반응이 없었다. 당시의 상황을 찍은 보안 카메라는 많은 클럽 회원들이 정말로 아무런 도움을 요청하지 않았다는 증거를 분명하게 보여준다.

미국의 주요 대학에 다니는 20명의 청년이 어떻게 젊은 신입자를 돌봐야 한다는 공감적 추론에 모두 실패할 수 있단 말인가? 호프먼이 설명하는 다중 공감을 가로막는 수많은 경쟁하는 감정들이 있었을 것이다. 개인적 근거에서 내가 확신하는 것은 이 젊은이들이 대부분 또는 모두가 자신이 매우 소중히 여기는 사람에게 정서적 애착을 갖고 있었을 것이다. 그 신입생이 사교클럽 하우스에 있는 누군가의 진짜 형제였다면 어떻게 됐을까? 아니면 이 사건에 연루된 20명의 회원 중 한 사람이 잠깐만이라도 그 신입생이 형제나 가장 친한 친구, 또는 아버지라고 생각했다면 어떻게 됐을까? 누군가가 다중 공감을 했더라면 어떻게 됐을까? 그랬다면 도움을 요청했을까?

3장에서는 다른 사람이 우리 중 한 사람이 아니라는 의식을 포함하여 공감이 실패하는 많은 이유들에 대해 자세히 살펴볼 것이다. 아마 사교클럽의 정회원과 이제 가입하려는 신입회원 간의 거리가 공감적 연결을 방해할 정도로 멀었을지도 모른다. 클럽 회원들이 12시간 동안 무엇을 생각하고 경험했는지 모르지만 제 때에 도덕성과 공감 능력이 발휘되지 않았다는 것은 알 수 있다. 이 사례는 비극적이면서도 공감 부재가 얼마나 위험할 수 있는지 보여준다. 공감하지 못할 때 도덕성을 무시하거나 옳은 일을 간과할 가능성이 많다.

이와 달리 '다른 사람을 돕는 것이 옳은 일이기 때문에 그렇게 실천한 이야기들'을 구글에서 검색해보라. 사람들이 선을 행하도록 이끄는 수많은 공감 사례들을 확인할 것이다. 이런 이야기들은 반드시 저녁 뉴스로 보도되는 것은 아니다.[16] 이들 중 많은 내용이 그저 다른 사람을 동정하여 돕고 싶은 젊은 사람들의 이야기다.

거리에서 사는 노숙자에 관한 뉴스를 본 어린 소년이 부모에게 노숙자를 위해 담요 모으기를 요청하거나, 화재가 났을 때 연기탐지기가 없어 어머니와 딸이 사망한 이야기를 들은 어린이가 자신이 저축

한 돈을 사용해서 연기탐지기를 구입하고 소방서에 부탁해서 필요한 이웃 가정에 설치한 이야기를 생각해보라. 어린 소녀가 생일 때 선물을 거절하고 그 대신 생일에 사용할 돈으로 동물구호센터에 필요한 물품을 구입하는 이야기를 생각해보라. 이 모든 사례는 아이들에게 도덕성을 가르칠 때 공감이 얼마나 중요한 부분인지 보여준다.

공감 없는 선행

공감이 사회친화적 행동을 촉진하는 열쇠지만 사람들이 별로 공감하지 않거나 심지어 전혀 공감하지 않는데도 사회친화적으로 행동하는 경우가 있다. 공감 없이도 많은 이유로 다른 사람을 도울 수 있다. 다른 사람을 도와야겠다고 의무감을 느끼는 것은 부모나 종교 지도자들이 가르친 규범 때문일 수 있다. 아니면 좋은 행위를 교환적 차원으로 볼 수도 있다(내가 호의를 베풀면 상대방도 나중에 호의에 보답할 가능성이 더 높다고 느낀다).

선행을 하는 또 다른 이유는 이전에 받은 도움을 되갚아 빚진 부담감을 더는 것이다. 평판과 지위를 얻기 위해서 다른 사람에게 선한 일을 할 수도 있다. 대중의 인정과 사람들이 우리가 얼마나 관대하고 사려 깊은 사람인지 보고 있다는 생각이 선행을 하는 동기가 될 수 있다. 부분적으로 공감과 관련되지만, 다른 이유가 계기가 되어 복합적인 이유로 선행을 할 수도 있다.

공감이 사람들을 움직여 여러 방면으로 고통을 받는 타인을 돕지만 이런 행위가 직접적인 접촉을 필요로 할 때 사회적으로 더 호감이 가는 사람을 우선적으로 돕는 경향이 있다는 연구도 있다. 이 연구는 같은 질병을 가진 입원 환자가 나오는 두 가지 시나리오를 만들었다. 한 환자는 매우 슬프고 괴로워하고, 다른 환자는 투병생활에 대해 긍정적이고 장난도 잘 치는 것으로 묘사됐다. 참가자들은 슬픈 환자에게는 돈을 기부하는 것과 같은 간접적인 도움을 주고, 행복해 하는 환자에게는 직접적으로 도와주기를 선호할 가능성이 더 높았다.[17] 이 연구는 공감이 돌봄이나 관심에 대한 욕구를 선택하고 돕는 행위에 대해 기분 좋게 만드는 열쇠가 될 수 있지만 직접적인 지원을 제공해달라고 요청받는 경우 사회적으로 호감이 가는 동반자를 도와주고 싶은 경향이 있음을 보여준다.

이것은 전혀 놀라운 일이 아니다. 아픈 친구가 있어 차에 태워 병원에 데리고 가야한다면 괴로워하고 상황에 비관하는 사람보다 긍정적이고 병을 극복할 수 있다고 여기는 사람과 함께 타고 가는 것이 더 쉽다. 이것은 두 상황에 모두 공감할 수 없다는 말이 아니라 공감을 느끼고 선을 행하는 방식이 저마다 다를 수 있다는 뜻이다. 이런 점 때문에 공감적으로 반응하는 때와 방법을 이해하기란 더 복잡하다.

어떤 사람이 특이한 방식으로 행동하는 이유를 정확히 아는 것은 매우 어렵고 아마도 여러 이유와 관련이 있을 것이다. 이유 중 일부는 공감에 의해 촉발될 수 있고, 일부는 그렇지 않을 수도 있다. 공감

사회적 공감

으로 유발되어 돕는 행위는 상황이나 도움을 받는 사람의 성격에 따라 다르게 보일 수 있다. 따라서 모든 선행의 동기가 공감인 것은 아니지만 선행의 가능성은 공감 때문에 크게 늘어난다.

공감과 선행, 그리고 행복

앞에서 언급했듯이, 공감은 우리를 움직여 다른 사람을 돕는 선행을 하게 한다. 이것을 사회친화적 행동이라고 부르는 이유는 선행의 수혜자가 그 수고의 결과로 더 나아지기 때문이다. (여기서 주의할 점이 있다. 공감과 동정, 측은의 차이점을 기억하라. 누군가의 동정의 대상이 된다는 것은 도움을 받을 수 있지만 선행자가 너무 잘난체하는 것처럼 보일 수 있어 수혜자가 진정으로 소중하다는 느낌을 전혀 갖지 못할 수 있다.) 반가운 소식은 점점 더 많은 연구들이 수혜자와 더불어 공감하는 사람도 혜택을 받는다는 점을 보여준다는 것이다.

다른 사람에게 선행을 하면 행복해진다는 것은 놀라운 사실이 아니다. 하지만 우리 안에 깊이 새겨진 이런 연결이 인생 초기에 시작된다는 것은 놀라운 일이다. 선물을 나누는 실험에 참가한 유아들은 다른 사람에게 선물을 나눠줄 때 가장 행복해했고, 심지어 선물을 받을 때보다 더 행복해했다.[18] 연구자들은 어린 나이에 나눔을 선호하는 이유로 사회적 학습을 완전히 배제할 수는 없지만 사회친화적인 것을 성장할 때 배운 것이라기보다 더 깊은 곳에서 행복감을 느끼게 하는 것 같다고 말한다. 실험에 참가한 매우 어린 아이들이 선물을 나눠 주는 것은 자신이 선물을 갖는 것보다 다른 사람에게 나눠주는 것이 더 행복하기 때문이라는 것을 시사한다.

성년 초기가 되면 행복과 공감을 연결하고 이타주의가 잘 확립되는 시기인 듯하다.[19] 그러나 이것은 몇 가지 의문을 갖게 한다. 우선 이 관계의 방향성을 확실하게 알지 못한다. 공감이 선행으로 이어지고, 그것이 우리를 행복하게 한다는 말인가? 아니면 천성적으로 행복한 사람들이 더 공감적이고 그런 감정에 선한 일을 행한다는 것일까? 어느 것이 우선인지 정확히 알려면 더 많은 연구가 필요하다. 내 연구에 기초하면 선행이 행복감을 촉진하는 듯하다. 어떤 사람들은 자기 자신에게 너무 몰두하여 다른 사람의 필요를 무시하고도 행복해 할 수 있다. 그러나 타인의 필요를 느끼는 공감적인 사람은 반응 여부를 의식적으로 결정해야 한다.

시간이 흐르면서 사람들은 이전의 경험에서 다른 사람을 돕는 것이 어떤 느낌인지 배운다. 선행을 행복감과 연결하는 사람들이 이후 공감이 일어날 때 그렇게 할 가능성이 더 많을 것이다. 때로 공감적 반응이 어렵고 보람을 느끼지 못할 수도 있지만 어떤 식으로든 사람들은 그렇게 할 것이다. 따라서 다른 사람을 돕는 일이 반드시 그런 것은 아니지만 행복을 가져다준다. 한걸음 더 나아가, 나는 공감 능력을 더 넓은 사회적 차원으로 적용하는 사회적 공감이야말로 모두를 더 행복하게 만들 수 있다고 확신한다.

지난 몇 년 동안 매우 존경받는 독립 연구자 집단이 150개국에 사는 수천 명의 질의응답 내용을 이용해서 연차행복보고서를 만들었다. 건강과 경제적 만족, 사회적 지원을 포함하여 응답자의 현재 삶에 대한 평가지표를 기초로 각 국가를 비교했다.[20] 다른 많은 국가들에 비해 경제적 만족 수준이 높은 미국의 행복 척도가 더 높을 것이라고 예상했으나 결과는 빗나갔다. 소득과 국내총생산으로 측정한 국가적 부의 전반적인 성장에도 불구하고 미국인의 행복감은 지난 10년 동안 감소했다. 사회적 지원과 개인의 자유 축소, 더 강하게 인식된 정부와 기업의 부패가 원인이었는데, 이런 것은 사회적 질병이기도 하다.

이 연구의 공동 저자 중 한 사람인 제프리 삭스Jeffrey D. Sachs는 미국인의 행복을 개선하려면 사회적 자본을 강화하는 일에 집중할 필요가 있다고 결론을 내렸다. 이는 사회적 관계와 사회적 지원을 개선해야 한다는 뜻이다. 삭스는 미국에서 태어난 사람과 이민자 간의 더 나은 관계 구축과 상류층과 최하층의 소득 및 경제적 격차의 축소, 선거자금법 개혁으로 정부와 선출직 공무원에 대한 신뢰 회복, 수준 높은 보건과 교육에 더 많은 혜택을 제공하고 사회안전망을 개선할 것을 구체적으로 요구했다. 삭스 박사는 더 큰 사회문제를 해결하면 개인적 차원의 행복이 개선될 것이므로 사회적 변화와 개인의 행복을 연결시킨다.

이런 권고들이 놀라운 것이 아닐 수 있으나, 이런 노력들은 사회적 공감으로 더 많은 약속을 이끌어낼 수 있다. 사회적 공감은 주변과 집단 간의 차이를 더 잘 이해하도록 공감적인 통찰력을 활용하고 집단들의 역사적 경험에 더 많은 주의를 기울이게 한다. 이는 공감 능력을 다양하게 개발하도록 북돋운다. 통찰은 더 큰 사회적 문제에 사회친화적으로 행동하도록 공감적 자극을 촉발시킨다. 사회적 공감 렌즈로 사회적 관심사를 들여다본다는 것은 집단들이 사회적 지원의 부족으로 가장 많이 영향을 받는지 그들의 입장에서 살펴보고, 그런 통찰을 이용해서 변화를 이뤄내는 것을 뜻한다.

사회적 공감의 결여는 행복을 저하시키는가?

사회적 공감이 부족하면 다른 문화나 민족에 대한 통찰과 이해가 낮아진다. 이 간격이 의미하는 바는 사회적 지원 수준이 낮을수록 사회친화적 행동도 낮아지는 경향이 있다는 것이다. "무계획적 도움 행위"에 관한 아주 흥미로운 연구가 2001년과 2010년에 미국과 캐나다에서 시행됐다.[21] 이 연구에서는 아무런 인정이나 보상이 없는데도 낯선 사람을 돕는 사람들을 관찰했다. 이어서 이 연구는 '분실된 편지들'을 미리 선정한 인근에 전략적으로 놓아두고 그 편지를 갖고 가서 우편으로 부쳐주는 사람들의 비율을 비교했다. 모든 편지는 동일했고 우표가 붙어 있으며 공공장소에 놓았다.

 이 연구의 목적은 2001년과 2011년 사이에 편지 반환율이 어떻게 변하는지, 미국과 캐나다 간에 어떤 차이가 있는지 살펴보는 것이었다. 연구 결과는 매우 흥미로웠다. 미국에서만 편지 반환율이 감소했다. 모든 다른 변수를 면밀히 조사해 봤을 때 무계획적인 도움 행위가 두 국가 간에 차이가 나는 2001년 이후 가장 중요한 변화는 지역사회에 사는 비시민권자의 비율이 10년 동안 증가했다는 것이다. 캐나다는 미국에 비해 이민자에 대한 시각이 다른 듯했다. 2001년과 2010년 사이에 무계획적 도움 수준이 더 많은 지역사회에서 비시민권자가 캐나다보다 미국에서 더 많이 감소했다. 두 국가의 지역사회에 이민자가 늘어났지만 미국의 지역사회에서만 무계획적 도움이 감소한 것을 보여줬다.

연구자가 이런 현상에 제시한 한 가지 설명은 9·11테러 공격이 캐나다인보다는 미국인에게 더 큰 영향을 주었을 것이라는 점이다. 이 충격이 이민자 집단에 대한 경계심과 불신을 증가시켰을지도 모른다. 연구자는 미국 이민자에 대한 부정적인 정치적 언사와 가혹한 정책들이 다양한 이웃들의 신뢰 수준을 더 낮추고 지역사회의 결속과 무계획적 도움 참여를 위축시켰을 것이라는 결론을 내렸다. 캐나다에서는 반이민적 언사와 정책들이 미국 수준만큼은 일어나지 않았다.

캐나다와 미국의 사회적 지원 차이는 민족의 다양성과 이것이 이웃 간의 사회적 연결에 미친 영향을 살펴보면 일정 부분 설명될 수도 있다. 이 주제로 미국과 캐나다, 다른 서구 국가들을 분석한 90건이 넘는 연구에서도 흥미로운 차이점이 드러났다.[22] 지난 2년 동안 뉴스를 시청해온 사람들에게는 놀라운 일이 아니겠으나 다양성에 대한 미국인의 인식이 캐나다보다 훨씬 더 부정적이었다. 이 90건의 연구를 살펴본 뒤 연구자가 이런 차이점을 설명하면서 지적했던 한 가지

의견은 미국 역사가 캐나다를 비롯하여 다른 서구 국가들에 비해 독특하다는 점이다.[23] 캐나다가 그렇듯이 미국도 이민자의 국가이지만 아마도 노예제 유산과 수백 년 지속된 합법적인 인종 분리가 이런 차이점에 기여한 듯하다. 법으로 명시된 노예제와 인종을 분리하려는 시도들이 미국에서 다양한 인종 간의 연결을 훨씬 더 어렵게 만들었는지도 모른다.

미국의 다양성에 대한 역사적 맥락을 살펴보면, 미국인의 행복 수준의 저하를 막는데 필요한 사회적 관계와 사회적 지원의 구축에 문제가 있음을 보게 된다. 아프리카인들이 노예로 미국에 강제 이주된 것과 노예제에 대한 국가적 분열로 남북전쟁이 발생한 것, 노예 후손들의 교육과 기회를 박탈했던 이 모든 것들이 미국에서 인종차별적 경험을 늘리는 데 영향을 미쳤다. 이런 역사와 함께 공공정책으로 수천 명의 아메리카 원주민을 강제로 재배치하는 대변동으로 인종 분리를 한층 더 깊게 만들었다.

사실 많은 이민자 집단이 기존에 정착한 사람들로부터 따뜻한 환대를 받지 못했다. 하지만 초기 유럽 식민주의자들의 후손들과 아일랜드, 이탈리아, 폴란드 같은 국가에서 미국으로 온 이민자들보다 인종 간의 거리는 훨씬 더 멀다. 오늘날 다문화주의와 다양성을 살펴볼 때 간과될 수 없는 것은 미국에서 일어난 인종 분리의 역사적 맥락이다. 다양성에 관한 90건의 연구 리뷰에서 제시한 것을 보면 미국에는 수많은 다양성이 있으나, 이런 다양성들이 여전히 심각하게 분리돼 있다. 이는 여러 집단이 의미 있는 방식으로 상호 교류를 하지 않

사회적 공감

는 허울뿐인 다양성만 있을 뿐, 집단 간에 공감을 형성할 수 있는 깊이 있는 연결은 아니라는 것을 보여준다.

연차행복보고서의 내용으로 되돌아가 보자. 사람들이 자신의 행복을 평가하는데 가장 크게 영향을 미치는 핵심 요소는 소득이나 기대 수명의 증가보다 신뢰할 수 있고, 지원해주고, 정직하고, 관대한 사회적 토대의 구축이다. 공감 능력의 개발은 신뢰와 지원, 관대를 수반하는 사회적 연결에 강력한 도구가 될 수 있다. 지금은 어느 때보다 집단 간의 일상적인 분리를 해소하고 사회적 지원에 더 강력한 인식을 만들어낼 필요가 있다. 이런 노력이야말로 행복 수준을 더 높게 할 것이며, 공감이 이것을 도와줄 수 있다. 개인적 공감은 개인의 행복감을 유발하고, 사회적 공감은 사회적 연결에 도움이 된다. 이 모든 것이 다시 행복의 수준을 높일 것이다.

공감은 시민의식을 증진할 수 있을까?

2016년 대통령 선거와 이후 유권자들이 분열돼 있다는 분석이 나오면서 공감의 필요성에 대한 언급이 더 많아졌다. 그런 지적에 대해서는 전반적으로 반대하지 않는다. 공감의 개선이 왜 유익한 것인지에 대한 사회적 이유는 많다. 우리는 하나의 사회로 공감을 개선하기 위한 노력을 잘 진행하고 있을까? 좋은 소식과 나쁜 소식이 있다. 먼저 좋은 소식은 인류의 역사에서 공감은 인간을 파괴하고 폭력이 감소하도록 꾸준히 능력을 발휘해 왔다. 나쁜 소식은 미국 역사에서 공감의 부재를 보여주는 폭력 행위가 줄어들지 않고 있으며, 오늘날에도 타인의 인간성을 완전히 무시하는 행위들을 볼 수 있다.

제러미 리프킨Jeremy Rifkin은 《공감의 시대The Empathic Civilization》에서 광범위한 역사적 추적을 통해 사람들이 점점 함께 뭉쳐 조직화된 통치사회에서 살게 되었으며, 여기에 공감이 얼마나 핵심적인 역할을 했는지 보여준다.[24]

리프킨은 이 책에서 여러 사람이 공유하는 특징이 있으므로 공감을 활용한다면 서로 연결되고 전 세계의 공감 의식을 함양할 수 있다고 말한다. 그리고 시간이 지나면서 공감 의식을 확장시킨 변화를 지적한다. 이 책은 매우 포괄적이고 상세한 내용을 담고 있는 까닭에 공감이 어떻게 전 세계로 확장돼 핵심적인 원리가 됐는지에 대한 중심개념을 정리하는 데 어려움이 따른다. 하지만 리프킨이 제시한 몇몇 개념은 공감의 문명을 진화로 설명하는데 도움을 준다.

리프킨은 인간생활의 변화를 지적한다. 서로 거의 접촉이 없던 부족생활은 수십 세기에 걸쳐 더 다양한 범세계적 생활방식과 국가 및 도시생활로 변했다. 범세계적 생활방식은 다양한 사람과 문화를 더 많이 접촉하고 지역사회 간 경제적 연결의 확대를 의미한다. 이런 연결은 친숙함과 공동의 유대감을 창출한다. 더 많이 친숙해지면 공감의 가능성이 더 커진다.

이천 년 전 시작된 도시생활의 발달과정은 공감을 증진시키기 시작했다. 리프킨은 이렇게 설명한다.

인구가 밀집된 생활 형태는 문화 교류를 유발했고 범세계적인 생활방식이 시작됐다. 새로운 접촉은 종종 갈등을 일으켰지만, 전에는 낯설고 나와 다르다고 여겼던 사람들이 경험하는 문을 열어줬다. 공감 의식은 이전 역사에서는 소규모의 가까운 친척이나 집단에 한정되었지만 갑자기 새로운 기회와 도전을 맞게 됐다. 낯선 이방인에게서 유사한 것을 발견하면서 공감적 표현이 강화되고 깊어졌으며 처음으로 혈연관계를 넘어 보편화됐다. 25

물론 이 과정은 차질이 생기고 이탈이 있었다. 리프킨이 서술했듯이 지난 2천 년 동안 공감을 심화하는 문화 교류가 있었지만 공감의 부재를 보여주는 수많은 폭력과 파멸적인 교류도 있었다.

심리학자이자 언어학자인 스티븐 핑커Steven Pinker는《우리 본성의 선한 천사The Better Angels of Our Nature》에서 수천 년 동안 인간의 역사에 나타난 폭력을 포괄적으로 분석했다.26 그는 문명과 함께 공감이 확대해왔다는 리프킨의 시각을 그대로 보여준다. 사회적 진보가 전 세계의 모든 지역에서 같은 수준으로 일어난 것은 아니다. 하지만 일반적으로, 그리고 확실히 많은 지역에서 공감은 초기 문명에서 경험했던 것을 훨씬 넘어서 발전되고 있었으므로 평화로운 공존을 더 확대시켰다.

핑커는 또한 어떻게 부족과 친족의 생활방식에서 조직과 통치체제를 갖춘 수많은 부족과 친족집단 공동체인 도시국가로 발전했는지도 살펴본다. 도시국가에서는 다른 집단들과 함께 살면서 경제적 이득을 얻으려고 교류한다. 이런 교류는 폭력을 감소시켰다. 부족들이 생산하는 물품과 수량은 한계가 있었다. 한 부족이 다른 부족을 공격할 경우 그 부족을 패배시키고 재산을 탈취함으로써 단기적으로 더 많은 자원을 확보하지만 아무 것도 남지 않은 부족은 보복 공격을 계획했을 것이다. 이것은 폭력의 악순환을 불러오고 시간이 지나면서 아무 것도 얻지 못한다. 그 대신 부족들이 거래하고 협력할 경우 두 부족은 이득을 보게 된다. 핑커는 역사의 오랜 기간 전 세계에 폭력적 교류가 발생했으며, 어떻게 그런 폭력이 서서히 사라지고 협력과 공존으로 나아갔는지에 관한 방대한 기록을 남겼다.

수천 년 인류역사를 지나치게 단순화할 위험은 있으나 간단한 사례를 들어본다. 두 작은 집단을 상상해 보자. 하나는 농민 집단, 다른 하나는 유목민 집단이다. 농촌사회의 모든 사람이 다음 수확 시까지 먹을 수 있는 충분한 곡식이 있다면 농부들이 수확한 잉여 곡식은 그대로 썩을 것이다. 유목민들은 많이 늘어난 양을 유지하기 위해서는 더 많은 토지와 목동이 필요하다. 그들이 모든 양을 돌보지 못한다면 일부 양들은 이리저리 돌아다니고 잃어버릴 것이다. 목동들이 남는 양들과 농부들의 남는 곡식을 교환하면 두 집단은 교역을 하지 않을 때보다 더 많은 것을 얻게 된다. 그들은 자신의 잉여를 자신이 사용할 수 있는 새로운 자원으로 교환함으로써 이익을 얻는다. 이 교환 시스템은 사람들이 함께 모여 도시국가를 이뤄 살게 하고 집단 간 폭력적 교류를 줄어들게 했다.

인류가 다른 집단과 무역 교류를 시작하면서 교역 파트너를 이해하고 문화를 교류할 필요성이 대두됐다. 당신의 상품가격을 최고로 받거나 교환하려면 교역 파트너에게 어떤 것이 중요한지 알면 도움이 된다. 이것이 공감의 작업이다. 경제적 교류를 잘 수행하려면 시스템과 규칙이 필요하다. 자신의 지갑 안에 무엇이 들어 있는지 생각해보라. 대부분 상점에 들러 갖고 있는 플라스틱 카드를 이용해서 유형의 제품을 살 것이다. 어떻게 이런 일이 가능할까? 어떻게 작은 문자가 새겨진 플라스틱으로 카트에 식료품을 가득 채우거나 수많은 의류제품에서 내가 원하는 것을 선택할 수 있을까? 이제 우리는 국내와 국제적인 경계선을 가로지르는 수많은 생산자와 상인, 은행, 정부 간의 합의에 기초한 복잡한 시스템을 일상생활의 일부분으로 당연하게 여긴다. 이 시스템은 문명의 특징이자 우리의 삶의 방식에 유익하게 얽혀있다. 이런 교역과 문명의 다른 국면은 폭력과 공존할 수 없다. 시스템이 더 확장됨에 따라 개인들의 합의는 정부의 출현으로 확대됐다. 법률은 단순히 무엇인지 아닌지에 관한 결정을 반영하고자 제정됐다.

경제적 상업 시스템은 문해력으로 더욱 발전했다. 읽고 쓰는 능력은 사람들이 서로 소통하고 새로운 경제 시스템의 규칙을 기록하는 방법을 발전시켰다. 인쇄술의 발달로 의사소통은 상업분야를 넘어 문학으로 확장됐다. 핑커는 문학을 사람들이 어떤 다른 사람의 삶 속으로 들어가는 관점 수용을 활용하는 한 방식으로 간주한다. 오늘날 우리는 다양한 문화에 대해서 독서나 세계의 다른 지역의 삶을 묘사하는 영화를 보고 얼마나 많이 배우고 있는가? 독서를 통해 사람들은 온갖 경험과 공감 훈련을 늘리고 다른 사람의 관점을 수용한다.

개별적인 관점 수용을 이용하여 개인적 공감능력을 키우고 다른 집단과 이들의 역사적 진화를 이해하는 관점 수용을 활용함으로써 사회적 공감 능력을 키운다.

당신은 의아해할지 모르겠다. 문명이 이렇게 대단한 진보를 이뤘는데 홀로코스트나 더 최근에는 비행기를 이용하여 수천 명의 생명을 앗아간 세계무역센터 테러처럼, 유사 이래 자살 폭탄 같은 끔찍한 사건에 대해 어떻게 설명할 수 있단 말인가? 이것은 문명화를 통한 협력이라는 개념에 맞지 않는다. 핑커는 이런 사건들에 대한 심층 분석을 통해 문명이 모든 지역에서 같은 속도로 발전하지 않았고 다양한 사건의 개입이 사회적 공감과 문명의 궤도를 이탈시켰다고 설명한다.

핑커의 책은 ISIS 또는 ISIL으로 알려진 이슬람국가 등장 이전에 출간됐다. 그런데도 그는 공감의 부재로 문명의 붕괴를 유발하고 폭력으로 통치하는 집단들이 발생시키는 사건들을 서술하고 있다. 핑커는 집단의 불행과 혼란(가령, 전쟁의 충격)을 겪은 사람들이 완전한 세상을 약속하는 지도자의 이념과 규칙을 따를 가능성이 있다고 경고한다.

이들의 이념은 완전한 세상을 이룩하는 것이 유일하다. 이는 이념을 따르지 않는 사람은 완전한 세상을 가로막는 자들을 의미한다. 따라서 이들은 제지되거나 제거해야 하는 사람들이다. 취업이나 가족 부양의 기회가 거의 없는 경우, 특히 청년들에게 그런 집단에 가입하는 것은 솔깃한 대안이 되기도 한다. 자신의 종교만이 옳다는 신념인 종교적 근본주의는 다른 신념을 가진 타인들과 깊이 연결되는 것은 하나의 도전이 된다. 경쟁적인 종교적 신념과 공감 사이의 투쟁은 6장에서 다룬다.

공감은 문명의 일부로 불균등하게 발전해왔다. 사람들은 테러단체들이 지역과 사람들을 통제하기 위한 활동의 일환으로 참수 장면을 촬영하여 뉴스매체에 배포하는 것을 보고 충격을 받고 심란해한다. 그들이 서구인들에게 전달하는 메시지는 폭력적이고 명확하게 테러를 자행하겠다는 뜻이다. 그들의 방법은 야만적이지만 안타깝게도 새로운 것은 아니다.

약 15년 전, 피츠버그에 사는 친구를 방문한 적이 있다. 그녀가 관심이 있는 박물관에서 순회 전시를 하고 있었으며, 그녀는 내게 함께 갈 수 있는지 물었다. 그 전시는 미국의 린치 역사를 사진으로 보여줬다. 솔직히 나는 그 전시에 대해 거의 아는 바가 없었고 그 전시를 보고나면 심란할 것 같았다. 역사적 관점에서 린치 공포를 이해했지만 전시를 볼 준비가 되어 있지 않았다. 그때 내가 경험한 것을 이해하려면 웹사이트 www.withoutsanctuary.org를 방문하여 그날 전시된 80장의 사진을 보면 된다. 1877년부터 1950년까지 미국 전역에서 발생한 4천 건이 넘는 린치 사건이 저장돼 있다.[27]

린치 행위는 폭력적인 고문행위이며, 그중 많은 사건이 아이들을 포함하여 수백 명이 참석한 가운데 공개적으로 자행됐다. 대다수의 린치는 권력을 가진 백인들이 흑인을 위협하고 통제하기 위해 이뤄졌다. 그날 전시회에서 나에게 충격을 준 것 중 하나는 직업 사진사가 기념품으로 팔려고 그런 고문 행위(아프리카계 미국인 남자, 여자, 심지어 아동에 대한 신체 절단, 교수형, 화형을 포함)를 사진으로 찍어 연대기로 남겼다는 사실이었다. 그 사진들은 수 년 간 수천 명에게 팔렸다. 그 중 일부는 백인 성인과 아이가 마치 축하행사에 참여한 것처럼 시체 앞에서 포즈를 취하며 웃고 있는 사진도 있었다. 나는 이것을 역사에 어울리지 않는 이례적인 것으로 보고 싶었지만, 솔직히 말하면 그것은 순진하고 진실이 아니다.

테러를 대변하는 올가미의 힘은 지금도 여전히 강하고, 특히 아프리카계 미국인들을 위협하는 데 사용한다. 테일러 덤프슨Taylor Dumpson이 2017년 5월 1일 미국대학생회(American University Student Government)의 대표자로 취임하는 첫날 아침, 인종차별적인 메시지가 담긴 바나나들이 올가미에 매어 캠퍼스 곳곳에 달려 있었다. 덤프슨 여사는 미국대학생회의 대표자로 선출된 최초의 아프리카계 미국인이었다. 그 올가미가 의미하는 메시지는 분명했다. 그것은 린치 시대를 상기시키는 것이었다. 그런 행위를 한 사람이나 사람들이 그 올가미가 무슨 의미인지 알았어야 했다. 많은 수고를 들여 올가미를 만들어 캠퍼스에 매달았다. 그 이미지는 강력했고 분명히 의도된 것이었다. 그러나 덤프슨 여사는 용기를 내어 행동하는 대학사회에 매우 강력하고 탁월한 편지로 응답했다.[28]

자신과 다르다는 이유로 인간으로 여기지 않고 여러 집단에 가해진 폭력의 역사는 이게 전부가 아니다. 초기 유럽인이 아메리카 대륙에 도착할 때부터 아메리카 원주민들에 대한 그들의 시각은 좋게

사회적 공감

말하면 참아내야 할 대상이었으며, 나쁘게 말하면 파괴해야 할 야만인이었다. 이 땅에 대한 백인들의 특권 의식은 1814년 앤드루 잭슨Andrew Jackson 대통령의 발언에도 나타나 있다. 그는 질문했다. "어떤 선량한 사람이 도시와 마을, 그리고 부유한 농장이 자유와 문명, 종교의 모든 축복으로 가득한 드넓은 공화국보다 수천 명의 야만인들이 돌아다니는 숲으로 뒤덮인 나라를 더 좋아하겠는가?"[29]

잭슨 대통령이 공식 연설과 글에서 사용할 정도로 아메리카 원주민에게 '야만인'이라는 용어를 사용한 사례는 아주 흔한 일이었다. 잭슨이 직책의 힘으로 제출한 법안에는 1830년 인디언 이주법도 포함됐다. 이 법은 수천 명 아메리카 인디언들로부터 동쪽 땅을 빼앗고 보호구역으로 조성한 곳에 강제로 정착시키는 내용이었다. 이 법에 따라 체로키 인디언 부족 전체를 1838년과 1839년 가을과 겨울 동안 서쪽으로 걸어서 강제 이주시켰다. 그 결과 부족의 약 4분의 1인 4천 명의 체로키 인디언이 기아와 질병, 추위로 사망했다.[30] 이 강제 이주 행렬은 알려진 대로 대대적인 피해를 초래한 '눈물의 길'이었다.

이 같은 끔찍한 폭력 행위가 가능한 것은 타인을 자신과 같은 인간으로 보지 않기 때문이다. 때로 우리는 불평등한 법을 만든다. 미국에서 노예를 인간의 단지 5분의 3의 존재로 간주한 '법'이 있었는지 궁금해 한 적이 없는가? 이 내용은 미국 헌법 1조 2항에 나온다. 이 조항은 세금을 내지 않는 아메리카 인디언을 사람으로 취급조차 하지 않는다. 이들은 대부분 자기 땅에서 살았고 나중에는 보호구역에서 살았으므로 세금을 내지 않았다. 이 조항은 남북전쟁 이후 폐기됐지만 백 년 이상 지속된 미국의 법이었다. 이 땅의 최상위 법률로서 흑인을 온전한 한 인간으로 보지 않고 아메리카 인디언을 주변화시켰던 미국 헌법이야말로 매우 강력한 메시지를 전달한다.

죽음을 초래한 린치와 강제 이주는 살해당한 사람들 속에서 자신을 보았다면 쉽게 행할 수 없는 일이다. 만약 타인을 민족 밖에 있는 사람이나 인간에 속한 존재가 아니라고 본다면, 그들을 죽이는 것이 순수함을 위협하는 불결하고 비인간적인 미개인을 세상에서 제거하는데 도움이 될 것이다. 심지어 법이 바뀐다 해도 사람들이 타인에 대해 학습한 인식을 바꾸는 것은 그런 정책을 바꾸는 것보다 훨씬 더 어려울 수 있다.

이런 역사를 이해하는 것은 고통스런 깨달음이다. 당신은 내가 이런 사실을 이야기하는 것이나 복잡한 역사적 사건을 지나치게 단순화하는 것을 보고 화가 날지도 모른다. 아니면 이렇게 물을 수도 있다. 왜 수백 년 전에 일어났고, 이제 더 이상 살아 있지도 않은 사람들이 저지른 사건을 다시 들춰내는가? 미국 역사를 다시 언급해야 하는 중요한 이유가 있다. 첫째, 이것은 아메리카 인종의 맥락을 설명해준다. 둘째, 이런 지식은 인종에 대한 관점을 수용하는 데에 영향을 미친다. 이 두 가지 이유는 사회적 공감 요소를 활용하기 위한 토대이기도 하다. 당신이 나와 함께 끝까지 이런 탐구를 할 수 있기를 바란다.

3장에서 '타자성'의 힘과 타자성이 공감을 어떻게 가로막는지를 면밀히 살펴볼 것이다. 이것을 이해하기 힘든 이유는 미국의 역사 속에 '타자성'이 존재하기 때문이다. 그러나 여러 방법으로 이런 행동을 인식한다면 이로부터 배울 수 있다. 여기에 타자성을 자세히 언급하는 이유다. 이 책 말미에서 사회적 공감 능력을 함양하여 관계를 개선하고, 역사적 차이를 연결하고, 모든 이에게 건강하고 생산적인 문명을 만드는 방법들을 공유할 것을 약속한다.

역경은 우리를 더 공감적으로 만드는가?

살다보면 질병과 부상, 사랑하는 사람과의 이별, 폭력과 같은 큰 상처를 받을 수 있다. 이런 트라우마가 있을 때 타인을 향한 공감적 감정에 집중이 어려울 수 있다. 그러나 좋은 소식은 삶의 역경과 함께 공감 능력도 더 커진다는 점이다.[31] 하지만 시기가 중요하다. 자신이 힘들 때는 공감할 가능성이 적지만 한번 역경을 겪고 나면 관점을 수용하는 능력과 공감에 대한 관심이 더 강해질 수 있다. 사람마다 다를 수는 있으나 힘든 시간을 겪은 뒤 상황이 좋아지면 공감 능력이 개선될 수 있다.

어려운 상황에 있을 때 무의식적 생존 매커니즘이 작동한다. 다른 사람들이 당신에게 어떤 신호를 주거나 그들이 위협적이어서 자신을 방어할 필요가 있는 경우 주변과 다른 사람의 현재 상황을 과도하게 의식한다. 자신에게 몰두하는 것은 생존유지의 수단이 된다. 한번 어려운 상황을 성공적으로 극복하면 추가적인 경계심과 다른 사람을 읽는 능력 덕분에 보상을 받는다. 정서적 자극에 훨씬 더 예민해지고 자신과 타인에 대한 인식과 관점 수용을 도구로 삼아 슬픔이나 고통스러운 경험을 극복하는 법을 배우게 될 것이다. 이것이 공감의 핵심적 요소다.

직장 동료이자 공동 연구자인 신시아 리에츠Cynthia Lietz는 역경에 직면한 후 다시 회복하는 능력인 회복력을 주된 연구 분야로 삼고 있다. 수년 동안 그녀가 나의 공감 연구에 함께 참여한 이유는 부분적으로 공감과 회복력이 강하게 연결돼 있기 때문이다. 실제로 아동 연구에서는 타인의 감정을 이해하고 그들의 관점을 수용하는 사람들이 더 나은 회복력을 보여준다.[32] 신시아의 연구는 트라우마를 겪고 사회친화적 활동에 참여하는 가족에 초점을 맞췄다.[33] 그녀는 어려운 시기를 직접 겪은 뒤 다른 사람을 돕는 일을 하게 된 이유를 찾는 데 관심이 있었다.

신시아는 자신의 경험에 근거하여 회복력이 있는 가족이 다른 사람들이 겪고 있는 일에 대한 이해도가 높다는 연구 결과를 발표했다. 그들에게 회복력은 역경을 통해 개발된 중요한 능력이었다. 신시아의 연구는 어려운 시기를 경험하고 건강한 가족기능을 가지고 있는 가족들에 대한 보고서라는 점에 유의하기 바란다. 여전히 분투하느라 회복의 기미를 느끼지 못하는 가족들에 대해서는 연구하지 않았다. 회복력을 보여준 가족들은 자신들이 경험했던 일로 공감적 이해가 향상됐다고 느꼈다.

역경과 공감에 대해 마지막으로 한 가지 더 언급하고자 한다. 3장에서는 아웃사이더outsider가 된다는 것이 어떤 의미이며, 그것이 공감에 어떤 영향을 미치는지 살펴볼 것이다. 지배문화나 다수의 문화 밖에 존재하는 것과 공감 사이의 관계에 대한 짧은 설명에서 사람들은 주류가 아닐 때 타인과 자신의 차이를 더 많이 의식하게 된다는 것이다. 소수자나 아웃사이더의 지위가 모두 힘든 것은 아니지만, 보통은 그렇다. 소수파들은 다수파와 어울리거나 적어도 튀지 않기 위해서 다수파의 행동방식에 맞춘다. 타인을 읽는 것은 아웃사이더들에게 중요한 능력이 될 수 있다. 아웃사이더나 소수자가 되는 것과 같은 역경의 형태도 공감 능력을 향상시킬 수 있다.

과도한 공감이란 것이 가능한가?

그렇다. 복잡하지만, 새로운 연구에 따르면 과도한 공감이 가능하다. 양가 부모님들에게서 이해를 받지 못한다고 느끼는 커플들에 대한 연구에서 높은 수준의 공감 능력을 지닌 사람들은 이해받지 못해서 더 많은 스트레스와 실망을 느꼈다. 감정을 더 깊이 느끼는 능력의 결과일 수 있거나 매우 공감적인 탓에 감정적으로 과도한 민감성을 보여주는 것일 수 있다. 좋은 소식은 1년 뒤 추적 조사에서 스트레스와 실망이 그들의 관계에 부정적인 영향을 미치지 않았다는 것이다.[34]
　또 다른 최근 연구는 부모와 사춘기 아이들 사이의 공감이 가족 내에서 유익한지, 아니면 값비싼 대가를 요구하는지 검토했다.[35] 십대의 부모들은 아이들이 사춘기 발달 과정을 겪는 동안 스트레스를 받을 수 있다. 우리는 공감적인 부모가 되면 아이들을 진정시키고 강한 가족 관계를 만들 수 있을 것이라고 생각하고 싶었다. 연구자들은 실제로 부모의 공감이 사춘기 아이들에게 유익하다는 점을 발견했다. 부모가 공감적일수록 청소년들은 감정을 다루는 능력이 더 좋고 생리적 스트레스도 더 낮다는 점을 보여줬다. 공감적이고 청소년의 필요에 적절히 대응하는 부모가 스트레스가 적은 가정환경을 만들고 청소년들이 사춘기의 감정적 고조기를 잘 헤쳐 나가도록 도와줄 수 있다.

부모의 높은 공감 능력은 심리적 행복감과 관련되지만 더 높은 수준의 생리적 스트레스를 수반했다. 아이들과 공감하는 부모들이 행복을 느끼는 이유는 아이들과 더 잘 소통하고 지지와 이해 속에서 비롯된 긍정적인 감정을 느낄 수 있기 때문이다. 그러나 이러한 공감적인 연결은 신체적으로 부모에게 부담이 될 수도 있다. 사춘기 아이들에게 공감하는 일은 고단한 일이 될 수 있다. 다른 사람의 실제 삶에 개입하는 것은, 특히 자녀의 삶인 경우 공감적 통찰력으로 무언가를 발견하는 것에 익숙해지려면 상당한 감정 조절이 요구된다.

두 연구는(첫째는 사랑하는 커플, 둘째는 사춘기 아이들에 대한 연구) 공감이 매우 가까운 사람들과 강렬하다는 것을 보여준다. 이것이 과도한 공감이 존재할 수 있다는 뜻인가? 이는 양의 문제가 아니라 타인에게서 느끼는 감정을 처리하는 능력과 그런 감정의 처리과정에서 정서 조절에 좌우되는 공감의 일부분으로 느끼는 강도strength의 문제다. 사실

사회적 공감

공감의 구성요소를 이해하면 가장 가까운 가족 구성원에 대한 강한 정서적·감정적 느낌을 그대로 표출하기 쉽다는 것 정도는 미리 알 수 있다. 이런 감정의 공유로 다른 사람의 관점을 수용하고 이해하는 데 도움을 받을 수 있다. 그러나 반드시 자신의 감정에 주의해야 하며, 그런 강렬한 감정에 대처하는 능력을 개발해야 한다.

공감이 결여된 사람들이 공감을 더 중요하게 만든다

공감은 개인의 삶과 문명에 매우 중요하다. 마지막으로 한 가지 이유가 있다. 공감이 선행에 도움이 된다는 사실을 아는 것만큼 중요한 점은 공감의 부재가 무엇을 의미하는지 아는 것이다. 한 연구가 공감의 부재와 배우자 폭행[36]·괴롭힘[37]·성폭행[38]과 일반적인 정신질환[39]과 같은 많은 부정적 행동과 연관시켰다. 사회적 차원에서 공감의 부재는 집단학살genocide과 인종청소ethnic cleansing와 관련된다.[40] 이런 것들이 사회의 바람직한 행동이 아니라는 것은 말할 필요도 없다.

정신질환은 반사회적 행동으로 정의된다. 이 질환은 지배의식, 겁 없음, 다른 사람을 거의 고려하지 않고 이기심만 채우는 것으로 나타나는 냉담과 감정을 통제하지 못하는 충동[41]이 결합해서 나타나는 수많은 행동들을 수반한다. 정신질환 성향을 지닌 사람들이 공감 능력이 거의 없음을 보여주는 연구사례는 없다. 하지만 이 질환의 특징들은 공감에 필요한 것들과는 정반대다. 겁 없음은 두려움을 무시하는 것을 뜻한다.

이미 지적했듯이 두려움은 애착을 형성하고 다른 사람의 도움을 제공받을 필요성을 느끼게 하는 핵심 요소다. 타인을 고려하지 않는 이기심은 자신과 타인에 대한 인식과 관점 수용이라는 중요한 공감 요소를 방해한다. 게다가 충동은 감정을 조절하지 못한다는 것을 보여준다. 정신질환이 공감을 가로막는 병이거나 공감의 미발달이 정신질환 발생에 영향을 미치는지 알기는 어렵다. 정신질환이 있는 경우 공감 능력이 거의 없다는 것은 이미 알려져 있는 사실이다. 따라서 인간이 어떻게 비공감적인 상태가 되는지 이해하는 것은 사회적으로 중요하다. 3장에서 공감이 부재한 이유를 더 깊이 살펴본다.

공감은 이타주의와 관대함, 애착, 협력, 정서적 행복을 수반하며 사회친화적으로 행동한다. 사회는 공감적인 시민들로부터 유익함을 얻는다. 동시에 사회적 질병은 공감의 결여를 반영하는 경우가 많다. 이것이 공감을 가르치고 배우는 일을 촉진해야 하는 강력한 이유들이다.

3장   아주 중요한 공감이
왜 그렇게 어려울까?

두려움을 느끼는 순간 당신의 첫 반응은 무의식적일 것이다. 그리고 원초적 생존 모드로 바뀔 것이다. 당신의 몸은 생각할 겨를도 없이 반응할 것이다. 아드레날린과 같은 호르몬을 분비하여 즉시 에너지를 공급하고, 심호흡을 하고, 심장박동을 증가시켜 혈액에 더 많은 산소를 보내고, 더 많은 에너지를 제공한다. 이것은 모두 나를 보호하려면 어떻게 해야 할까라는 무의식적 질문에 대한 반응이다.

어떤 사람은 싸울 수도 있고 어떤 사람은 도망칠 지도 모른다(또는 저항하지 않을 수 있다). 어떤 이들은 다른 사람과 함께 연대해서 집단적으로 자신을 보호할 수도 있다. 이럴 때 당신은 공감을 느끼지 못할 가능성이 있다. 그러나 두려움의 이유를 조금만 생각할 수 있다면 본능은 물러가고 인지과정이 시작된다. 다시 말해서 당신은 처한 상황에 대해 생각하게 된다. 이런 잠깐 동안의 생각은 이전에 다른 사람과 자신에 대해 배웠던 것을 이용할 수 있는 시간을 준다. 이렇게 되면 우리는 공감을 느낄 수 있다.

현대 생활에서 생존 감각은 조상 때와는 다른 방식으로 촉발될 수 있다. 어떤 사람과 감정적이고 비논리적인 논쟁을 벌였던 때를 생각해보라. 아마 한 친구가 당신이 입고 있는 옷에 대해 비난했을 수도 있고, 부모가 당신을 비판하거나 동료 직원이 다른 사람들 앞에서 당신을 놀렸을 수도 있다. 당신이 감정적으로 얽힌 시각이 아니라 제삼자의 시각에서 그 상황을 돌아보고 분석할 수 있다면 사려 깊고 신중하게 생각하지 못하고 자신이 공격받았다고 느끼고 즉각적으로 반응했다는 것을 알 수 있을 것이다. 자신을 보호하려는 당신의 충동이 작동했던 것이다.

안타깝게도 우리의 몸은 말words의 공격과 물리적인 위험한 공격의 차이를 식별하지 못한다(똑같은 위협이다). 위협받았다고 느끼면 몸은 스스로를 보호하려고 반응한다. 즉각 반응하지 않고 상황을 처리하려면 정서 조절을 포함한 많은 작업이 필요하다.

당신의 옷에 대해 비난했던 친구는 자신의 모습에 자신감이 없어 당신을 깎아내려 기분을 더 좋게 하려고 했을지도 모른다. 당신의 아버지나 어머니는 당신이 특별한 사람이 되기를 너무나 간절히 원하고 당신이 더 많은 것을 하길 바라는 입장에서 그런 비판을 했을 수도 있다. 다른 사람들 앞에서 당신을 깎아내렸던 동료 직원은 당신의 능력을 질투한 나머지 자신을 더 돋보이려고 당신을 폄하했는지도 모른다. 이런 일들은 모두 흔히 볼 수 있는 행동이다. 사람들은 때로 자신의 불안이나 근심 때문에 다른 사람을 '공격'한다. 다양한 형태로 촉발되는 원초적 두려움은 이런 이유 때문에 공감하기를 매우 어렵게 만든다. 이 장은 두려움이 공감을 가로막는 다양한 형태를 탐색한다.

사회적 공감

생존 욕구가 어떻게 공감을 가로막는가?

다른 종들과 마찬가지로 인간에게도 강한 생존의식이 내재돼 있다. 생존은 사람들을 읽어내는 능력으로 확보될 수 있다. 이런 능력은 다른 사람에 대한 애착과 함께 위험을 인식하여 다른 사람과 협력하게 한다. 이것들은 모두 중요한 생존 기술이다. 또한 어린 시절의 생존은 다른 사람의 돌봄과 지원에 의존한다. 미러링과 정서적 반응으로 자신의 필요를 전달하고, 다른 사람들로부터 배우고, 반대로 상대방 역시 미러링과 정서적 반응으로 연결에 화답한다. 이것은 생존을 도울 뿐만 아니라 사람들을 함께 끌어들여 공감의 토대가 된다.

그러나 연구자들은 다른 사람들과의 이런 연결에 한계가 있다는 사실을 발견했다. 생존에 방해가 되는 어떤 대상이나 사람이 문제다. 인간은 생존이 가령 위험한 야생동물과 같이 다른 동물로부터 위협을 당할 때 함께 뭉쳐 자신을 보호한다. 개인으로서의 인간은 혼자서 오랫동안 생존할 수 없지만 집단을 이루면 생존 능력이 크게 향상된다. 그래서 집단생활은 수천 년 동안 인간의 생활방식이 됐다. 이것은 인류의 진화를 설명하는 간단한 방법이다.

하지만 우리가 다른 인류로부터 생존에 위협을 받는다는 것을 지각할 때 어떤 일이 일어나는가? 다른 사람들이 생존을 위협하므로 그들을 우리와 다른 존재로 봐야 하는가? 아니면 다른 사람들이 우리와 다르기 때문에 그들을 위험한 존재로 봐야 하는가? 그리고 인류라는 부족 안에 인간은 상당히 서로 유사하므로 서로를 보호하고 지원하는 동기를 갖게 된 것일까? 아니면 우리가 같은 종이기 때문에 자신과 똑같다고 보고 자신의 생존을 위해 자신과 비슷한 사람들을 지원할 필요가 있었던 것일까? 이 질문에 대한 대답은 다르다고 인식되는 타인들에게 공감하는 것이 얼마나 어려운지 이해할 수 있는 핵심이다.

인간은 여러 측면에서 다르다. 성별, 연령, 인종, 민족, 계급, 젠더 정체성, 종교, 신체 능력이나 사람들이 조직하는 수많은 다른 범주에 따라 다르다. 일반적인 공감 연구의 한 가지 공통점은 타인을 다르다고 볼 때 공감적 연결이 더 약화될 가능성이 높다는 것이다.[1] 그리고 다른 사람을 생존의 위험 요소로 볼 경우 공감적 연결을 느낄 가능성은 훨씬 더 낮다.[2] 부족 차원에서 부족에 위협이 있는 경우 자원과 방어력을 동원하여 부족원의 안전과 생존을 확보하려고 대응한다.

그러나 부족 밖의 사람들, 즉 아웃사이더는 사회적인 산물이다. 인간이 다른 인간을 설명하거나 범주화하기 위해 만든 인식 또는 신념이다. 이런 산물은 지리적으로(남부인 대 북부인을 생각해보라), 사회적으로(원주민 대 이주민), 경제적으로(부자 대 빈자), 또는 정치적으로(민주당원 대 공화당원) 점차 진화할지도 모른다. 어떤 집단의 정체성은 스포츠 팀의 팬들처럼 오락이거나 학생 신분처럼 일시적일 수 있다. 다양한 집단의 구성원이 되는 것은 인간 존재의 일부다. 그렇다면 우리는 타자성을 어떻게, 왜 인식하고 만들어낼까? 그것은 어떻게 공감을 방해할까?

사회적 공감

'타자성'은 무엇이며 어떻게 공감을 가로막을까?

공감 연구에서는 '내집단ingroup'과 '외집단outgroup'이란 용어를 흔히 사용한다. 이 용어는 사람들이 어떻게 자신을 우리와 같은 사람('내집단' 구성원)과 우리와 다른 사람('외집단' 구성원)으로 나누는지 설명할 때 사용한다. 수십 년 전 연구자들은 자신과 같아 보이는 사람과 다르게 보이는 사람을 구분하는 이런 성향에 대해 기록을 남겼다.[3]

예컨대, 색깔 기준으로 임의로 집단을 나누었을 때조차도(초등학교나 여름 캠프에서 청팀과 백팀으로 나눈 것을 생각해보라), 구성원들은 다른 팀에 적대적인 편견을 갖고 자기 팀원들에게는 우호적이다.[4] 집단 구성원이 함께 성장한 경우와 출생 때부터 종교 집단의 구성원이 된 경우나 평생 같은 동네에 거주한 경우와 같이, 오랜 세월 지속된 유사성을 가진 집단 구성원일수록 유사성으로 인한 유대감이 강하다. 내집단 구성원은 이런 유사성으로 유대감이 강한 사람들일수록 서로 공감하는 능력도 강해진다. 그러나 다른 사람들과 교류할 때 공감 능력은 어떻게 될까?

신경과학이 뇌 영상을 이용하여 신경 활동을 관찰하기 시작하면서 과학자들은 사람들이 자신과 같은 사람에게 반응할 때와 다른 사람에게 반응할 때를 비교하여 서로 다르게 공감한다는 사실을 밝혀냈다. 수많은 실험은 인간의 뇌가 다른 사람보다는 자신과 같은 사람의 경험에 더 유사하게 반응한다는 사실을 보여줬다.[5] 일부 사례에서는 사람들이 외집단 구성원에 대해서도 공감을 나타내지만 내집단 구성원에 대한 감정을 처리할 때와 다른 뇌 영역을 사용한다는 사실을 설명한다. 인간은 내면적으로 자신의 집단 구성원을 특별한 개인으로 취급하는 반면, 외집단 구성원은 전체의 일부로 취급하는 듯하다.[6]

이것은 무엇을 말해주는 걸까? 인간은 고통과 같은 타인의 경험을 자신과 같은 사람의 경우에는 직접적으로 처리하고, 다른 사람인 경우에는 간접적으로 처리될 수 있다는 것이다.[7] 이 연구들은 외집단 구성원에 대해서도 공감이 가능하다는 것을 보여주지만, 그것은 다른 사람이 느끼는 것을 느끼려고 간접적인 뇌 매커니즘을 이용한 학습행동일 수 있다는 것을 시사한다. 반면 내집단 구성원들의 경험을 보면 무의식적으로 미러링을 하거나 직접적으로 경험한다. 이것은 많은 의미를 갖는다. 인간은 자신과 같은 다른 사람에게서 자신을 볼 수 있고, 그 결과 공감의 의식적·무의식적 부분이 매끄럽게 연결되어 공감을 느낀다.

그러나 다른 집단에 속한 사람, 즉 외집단의 구성원을 볼 때는 내집단 구성원과 같은 방식으로 미러링을 경험하지 못한다. 또 집단 정체성이 매우 강하면 구성원의 개인적 자아와 사회적 자아(집단 구성원으로서의 자신) 사이의 경계가 약해질 수 있다. 이 경우 정체성에 혼란이 일어난다.[8] 이것은 한편으로 집단에 대한 엄청난 헌신을 만들어내지만, 다른 한편으로 개성과 자아성찰이 무시될 수 있다. 자아성찰이 없다면 자신과 타인에 대한 인식이 불가능하고, 그에 따라 관점 수용도 제한된다. 이런 것들이 모두 공감하기를 매우 어렵게 만든다.

인종은 강한 '타자성'이다

인종은 오늘날 미국에서 경험하는 가장 큰 '타자성'일 것이다. 인종은 금방 눈에 띄는 차이다(우리는 즉시 그것을 볼 수 있다). 인종은 미국의 대부분 역사에서 '우리와 그들'을 구분하는 방법으로 사용됐다. 오늘날 인종적 타자성은 미국의 현대 역사에 깊이 각인돼 있다. 인종에 기초한 노예제는 150년 전 미국에서 불법이 됐지만, 인종 분리는 그 이후 100년 동안 합법적으로 계속 남아 있었다. 미국에서 합법적인 노예제와 인종 분리의 경험은 수백 년 동안 지속됐고 인종 간의 타자성에 대한 강력한 이미지를 남겼다.

이런 타자성의 영향은 최근 들어 경찰의 흑인청년 총격사건과 〈흑인 생명도 중요하다Black Lives Matter〉 운동에 대한 백인과 흑인의 반응에서 볼 수 있다. 자신의 땅을 지키려는 스탠딩 록 수Standing Rock Sioux 부족의 아메리카 원주민들과 다코타 액세스 파이프라인Dakota Access Pipeline 건설자들 사이의 교착상태는 힘을 가진 사람들이 피지배 인종집단에 시행한 수백 년 간의 정책을 보여줬다. 힘을 가진 사람들은 피지배 집단의 인권과 중요한 관심사를 무시하고 그들을 타자로 대했다.

인종이 미치는 영향에 대한 인식은 상당히 다르다. 퓨 리서치 센터(Pew Research Center)에 따르면, 흑인의 3분의 2가 미국에서 흑인이 백인보다 살기가 훨씬 더 어렵다고 말하는 반면, 백인의 약 4분의 1만이 그렇게 말한다. 흑인의 84%가 경찰로부터 백인보다 불공정한 대우를

받고 있다고 말하는 반면, 백인의 약 절반이 이런 견해에 동의한다.[9]

만약 당신이 부유하고, 재능이 뛰어나고, 유명하고, 미국에서 아주 대단한 성취를 이뤘다고 할지라도, 인종차별주의는 여전히 당신을 따라다닐 것이다. 르브론 제임스LeBron James는 NBA에서 선수로 활약하는 최고의 프로농구 선수지만 그의 성공도 인종 때문에 '타자'로 폄훼되는 것을 막지 못한다. 2017년 5월 그가 NBA 챔피언 결승전을 뛰고 있을 때 로스엔젤리스에 있는 그의 집 정문에 인종을 비하하는 내용의 스프레이 페인팅 문자 공격을 받았다. 르브론 제임스는 그 사건이 자신에게 무슨 의미이며, 미국의 타자성에 대해 무엇을 말해주는지 공개적으로 말했다.

돈이 얼마나 많든 간에, 얼마나 유명하든 간에, 얼마나 많은 사람이 당신에게 감탄하든 간에 미국에서 흑인이 된다는 것은 힘들다. 하나의 사회로서 우리, 아프리카계 미국인들로서의 우리가 미국에서 평등하다고 느끼려면 아직 갈 길이 멀다.[10]

이 사건을 상대팀의 최고 선수를 공격하는 극성팬의 행동으로 보고 싶은 생각이 든다면, 왜 스프레이 페인팅에 경멸적인 인종차별적 용어가 포함됐는지 물어야 한다. 그런 공격이 백인 선수에게 일어날까? 만약 그랬어도, 그의 인종에 대한 경멸적인 용어가 스프레이 페인팅에 상세히 언급됐을까? 사회적 공감 차원에서 다른 사람의 입장에 서서 행동하는 것은 다른 사람의 상황에 처할 경우 어떤 느낌일지, 그런 상황에 어떤 역사적 맥락이 있었는지를 숙고해야 한다.

미셸 알렉산더Michelle Alexander는 시민권과 형사사법제도를 탁월하게 분석한 《뉴 짐 크로The New Jim Crow》에서 인종 및 인종적 불평등은 미국인의 삶에서 앞으로도 오랫동안 지속될 것이라고 본다.[11] 그녀는 인종에 따라 사람을 타자화하는 행동의 악영향을 주목하면서 색맹이 되려고 노력할 경우 사회구조로 고착된 인종 간 차이의 역사를 보지 못하게 될까봐 우려한다. 그녀는 인종을 구분하여 보는 것 자체는 문제가 아니라고 주장한다.

> 문제는 타인이 겪는 고통과 불의에 눈감는 것이다. 우리가 보는 사람들을 돌보기를 거부하는 것이 문제다. 인종의 의미가 시간에 따라 발전할 수도, 또는 그 의미의 중요성이 상당 부분 사라질 수도 있다는 사실이 우리가 색맹이 될 만한 이유는 아닐 것이다. 색맹 사회가 되기를 바라는 것이 아닌 서로를 온전히 바라보고, 서로에게서 배우고, 서로에게 사랑으로 반응하기 위해 우리가 할 수 있는 것을 할 수 있는 세상을 바란다. 우리 각자를 있는 그대로 사랑으로 볼 수 있는 사회는 마틴 루터 킹 목사의 꿈이었다. 이것은 싸워볼만한 가치가 있는 목표다.[12]

알렉산더는 미국의 역사적 인종 경험을 숙고해야 하는 까닭에 인종 차이를 무시하거나 완전히 없앨 수 없다고 주장한다. 역사적 상황 속에서 다른 사람에 대한 관점을 이해하는 것이 사회적 공감이다. 그녀의 조언에 따라 서로를 제대로 보고 인종 간에 사회적으로 공감하려면 공감과 인종에 대한 연구내용을 이해할 필요가 있다.

공감과 인종

신경계 연구는 우리가 같은 집단에 속한 사람의 고통을 볼 때와 다른 집단에 속한 사람의 고통을 볼 때, 특히 인종과 관련될 때 뇌 활동이 다르다는 것을 알아냈다.[13] 뇌 활동을 비교한 한 연구에서 백인과 흑인 참가자들에게 바늘에 찔린 세 가지 종류의 손(하얀 손, 검은 손, 보라색 손)을 보여줬다.[14] 보라색 손은 연구자들이 인종적 편견을 통제하는 수단으로 사용하고자 했다. 연구자들은 사람들이 자신과 같은 손과 다른 손, 그리고 보라색 손처럼 이전에 전혀 경험하지 못한 손의 고통을 정서적으로 공유하는지 보고자 했다.

연구 결과 참가자들은 모든 종류의 손의 고통을 정서적으로 공유한다는 것을 보여주었지만, 공유의 강도는 비슷한 손(내집단의 손)이 가장 강하고, 중립적인 손(보라색 손)은 더 약하고, 다른 색 손(외집단의 손)은 가장 약했다. 또 정신적으로 고통을 공유하는데 걸리는 시간은 내집단의 손을 보는 경우보다 외집단 구성원의 손을 보는 경우가 더 오래 걸렸다. 이것은 다른 인종 사람들에게 덜 공감할 뿐만 아니라 뇌의 처리과정도 다르다는 것을 시사한다.

또 다른 연구는 참가자들이 슬퍼하는 사람의 영상을 시청할 때 그들의 뇌 활동이 그들과 인종적으로 다른 사람들의 슬픔보다 비슷한

사회적 공감

사람들(내집단 구성원)의 슬픔을 더 강하게 공유한다는 사실을 보여줬다.[15] 흥미로운 추가 연구에서는 이미 인종적으로 차별 받는 사람이 다른 인종에 덜 공감하는지 조사했다. 심리학 수업의 일환으로 모든 참가자들이 실험에 앞서 인종차별 점수를 평가했다. 이 점수를 다른 사람의 슬픔을 공유하는 정도와 비교해 보니 인종차별 점수가 높을수록 외집단 구성원과 슬픔을 공유하는 수준이 더 낮았다. 연구자들은 사람들이 외집단 구성원으로 여기는 사람들의 감정을 공유할 가능성은 낮지만 그 사람이 편견을 갖고 있다면 그 가능성이 훨씬 더 낮다고 결론 내렸다.

추가 연구에서 연구결과를 뒷받침하고 있듯이, 공감에도 인종적 편견이 존재한다. 하지만 이는 교육과 문화로 전달된 듯하다.[16] 이전의 정체성과 연관되지 않도록 집단 정체성을 조작한 다른 실험에서도 집단 정체성의 유동적 속성이 나타난다. 이 과정은 색깔이나 다른 임의적인 분할로 집단 내 사람들을 분리시키는 것과 같이 사람들을 '새로운 집단'에 소속시킬 때 인간 행동의 변화를 관찰한다. 새로운 집단은 이전의 사회화된 의미는 갖고 있지 않다. 하지만 새로운 집단에 소속된다는 것은 오래된 집단 정체성보다 훨씬 더 중요할 수 있다. 한 집단과의 일체성은 너무나 강력하기 때문에 경쟁 게임에서 청팀의 일원이 되는 것처럼 새롭고 전혀 무해한 정체성이 다른 인종 집단이나 사회 집단에 소속된 구성원(이들은 다른 배경에서는 '우리 대 그들'이라는 의식을 갖는다)들을 서로 연결할 수 있다.[17]

이처럼 인종은 일반적으로 집단을 구별하는 핵심적 표지로 생각됨에 따라 타인에 대한 공감 수준이 달라진다. 하지만 이것도 상당히 가변적인 듯하다. 나이, 젠더, 연합적인 동맹 성향이 친구나 적을 결정하듯이, 세 가지 집단 특징이 인간의 생존에 필수요소로 새겨져 있는 듯하다. 이것은 수천 년 인간의 생존에 비춰 볼 때 타당하다. 출산과 부족의 평화에 가장 필요한 것은 누가 적절한 배우자인지(따라서 나이와 젠더를 확인할 필요가 있다), 그리고 부족의 생존을 보장받기 위해 누구를 의지해야 하는지, 반대로 누가 부족의 생존에 위협이 되는지 판단하는 것이었다.

집단 차이의 표지로서 인종은 인류 역사에서 비교적 새로운 것이다. 사냥과 채집생활을 하던 부족들은 짧은 거리만 여행할 수 있었으므로 다른 부족들과 관계를 맺고 모습도 비슷한 사람들만 접촉할 가능성이 있었다. 그러므로 부족들이 만나는 순간에 고려해야 할 가장 중요한 요소는 그들이 친구인지, 아니면 적인지를 판단하는 것이었다. 연구는 동맹 가능성을 평가하는 것이 핵심임을 보여줬다. 집단 타자성의 범주로서 인종은 사회적으로 구성된 것이므로 변화시킬 수 있다.[18]

사람들은 무슨 일이 일어날 것처럼 인종을 친구나 적을 판단하는 기준이자 집단의 정체성으로 삼는 경우가 많다. 그리고 다른 집단의 인종을 지지하고 함께 일할 집단인지, 아니면 위협이 되는 집단인지를 판단하는 대리 지표로 인식한다. 연구에 따르면, 이것은 인지적 학습 과정으로 쉽게 조작될 수 있다(오늘날의 정치적 수사를 생각해보라). 성별이나 나이에 따른 집단은 그렇지 않다. 이것은 인종적 편견을 없앨 수 있고, 이에 따라 인종 간의 공감적 공유가 개선될 수 있다는 의미이므로 좋은 소식이다.

사회적 오명

안타깝게도, 인종은 내집단이든 외집단이든 간에 공감을 가로막는 유일한 장애물이 아니다. 노숙자나 마약중독자 같은 외집단 구성원처럼 단순히 누군가를 인식하는 것만으로도 공감의 공유가 저하될 수 있다. 심지어 한 개인의 외적 지위를 둘러싼 환경도 타인의 공감 수준에 영향을 미칠 수 있다.

뇌 영상 연구는 참가자들이 후천성면역결핍증후군(AIDS)에 걸린 사람들과 고통을 공유하는 정도를 측정했다. 다른 두 집단이 제시됐다. 한 집단은 수혈로 AIDS에 감염되었고, 다른 한 집단은 마약을 정맥에 불법으로 주사하다가 주사바늘로 AIDS에 감염됐다.[19] 참가자들은 불법 마약 정맥주사로 감염된 사람들보다 혈액 수혈로 AIDS에 감염된 사람의 고통에 더 많이 공감했다. 추가적인 측정에서 연구자들은 참가자들이 AIDS 감염자가 그 질병에 더 많은 책임 있다고 생각할수록 그 사람에게 덜 공감한다는 사실을 알아냈다.

이처럼 타자성은 수많은 차원에서 공감을 저해할 수 있다(인종은 명백한 차이나 삶의 태도와 방식도 사람들을 분리시킬 수 있다). 어떤 사람이 생활방식에서 비도덕적이거나 다른 사람을 위태롭게 한다면 공감 차원에서도 타인들과 서로 연결될 가능성은 낮아질 것이다.

실제로 AIDS에 감염자를 바라보는 방식의 차이는 공공정책에서도 나타난다. AIDS가 1980년대 중반부터 중요한 공중보건 문제로 주목을 받았는데도 연방정부의 대응은 느렸다. 레이건 행정부는 사실 AIDS 문제에 대해서 언급하지 않기로 조용히 방침을 세웠다. 이 질병에 가장 많이 걸린 집단이 남성 동성애자와 정맥 마약주사 사용자인 까닭에 사람들이 그다지 공감하지 않는 집단이었기 때문이다.[20] 그때 마침 인디애나에 사는 혈우병에 걸린 소년이 수혈 과정에서 AIDS에 걸렸다는 이야기가 전해졌다. 라이언 화이트Ryan White는 AIDS를 다른 아이들에게 전파할까봐 학교 등교를 금지 당했다.

이 사실은 이 질병에 대한 엄청난 관심을 불러일으켰고, 더 나은 정책으로 하루빨리 실행되도록 사람들의 인식을 바꿔 놨다. 자신의 잘못이 없었는데도 AIDS에 걸린 소년이 이전의 AIDS 환자들(주로 오명을 갖고 있는 것으로 여겨지는 사람들, 즉 남성 동성애자와 정맥 마약주사 사용자)보다 훨씬 더 큰 관심을 받았던 것이다. 1990년 연방정부는 라이언 화이트 포괄적 AIDS 응급자원법(Ryan White Comprehensive AIDS Resources Emergency Act, CARE)을 통과시켰다. 이 법은 AIDS와, 이와 관련된 건강문제를 가진 사람들을 지원하는 최초이자 지금까지도 유일한 연방공공정책이다.

내집단과 외집단 구성원 간의 연결

집단 간의 거리는 매우 쉽게 확대될 수 있다. 최근에 한 연구는 집단 속에 있는 외집단 구성원의 존재가 집단 내 관찰 대상자의 흥미와 의욕을 떨어지게 함으로써 신경을 약화시키는 효과가 있음을 알아냈다.[21] 이는 모든 공동체 집단들이 조직화할 때 넘어서야 할 과제다. 단순히 외집단 구성원으로 보이는 사람이 존재한다는 것만으로도 신경활동이 제한된다면 공감 역시 저해될 가능성은 커진다. 다른 사람들과 다르다는 느낌이 해소되지 않는 한, 집단 간에 경험을 공유하고 공감을 만들어낼 희망은 거의 없을 것이다.

연구들은 사람들이 서로를 알아가고 이해하는 방법을 발견하는 것이 공감을 교환하는 중요한 첫 단계라고 말한다. 내집단과 외집단 구성원이 서로 다르다는 인식은 공감을 제한할 만큼 강력하다. 하지만 외집단 구성원을 만날 때 비슷한 개인적 특징을 볼 수만 있다면 공감적으로 행동할 가능성은 더 높아질 것이다.[22] 이것은 무슨 의미일까? 우리가 매우 다르거나 낯선 사람과 만날 때 공유하는 부분을 기초로 연결된다면 서로 공감을 불러일으킬 수 있다는 뜻이다. 나는 자랄 때 아버지에게 들은 이야기로 인간의 능력에 대해 간접적으로 배웠다. 평생 수없이 들었지만 이 장을 쓰는 동안 비로소 그 이야기에 공감했다.

아버지는 2차 세계대전 당시 미군이었다. 군 입대에서부터 미국 전역에서 받은 훈련, 아이슬란드와 잉글랜드로의 이동, 노르망디 해변

상륙, 프랑스와 벨기에서의 전투, 독일군에게 포로로 붙잡혔다가 마침내 풀려난 일까지 이야기로 많은 경험을 공유했다. 당신이 상상하듯이, 이 모든 경험이 아버지에게 영향을 준만큼 그 이야기를 들으면서 성장한 나에게도 많은 영향을 끼쳤다. 그 중 한 이야기는 아버지의 생명을 구해줄 만큼 강력하고 타인을 인간적으로 대우함으로써 내집단과 외집단 거리를 잇는 힘을 보여주는 강한 사례였다.

전쟁이 끝날 무렵, 아버지와 동료 포로들은 전방에서 멀리 떨어진 곳으로 이동했고 밤에는 들판에서 잤다. 포로들에게 주는 음식은 과거 어느 때보다 부족했고 굶주림은 아버지의 생존에 직접적인 위협이 됐다. 가끔 포로들은 현지 농장에 배정되어 하찮은 일을 했다. 어느 날 아버지는 한 농장의 일손을 도와주라는 지시를 받았다. 한창 일하고 있을 때 아버지는 부엌에서 나는 요리 냄새와 함께 한 여성(아마도 농부의 아내)이 감자 팬케이크를 만들고 있는 것을 보게 됐다. 그녀는 주방문을 열어놓았고, 아버지는 옆을 지나가며 서투른 독일어로 할머니가 함부르크(독일의 주요 도시)에 잠시 머문 적이 있으며 감자 팬케이크를 만들곤 했다고 말했다. 그 여성은 그를 보더니(아마도 연결의 관점에서) 아버지가 독일 출신의 가족이 있고 할머니를 그리워한다고 여겼는지 만들고 있던 감자 팬케이크 하나를 아버지에게 줬다. 농부가 돌아와서 상황을 알고 격노했다. 포로들을 돕는 행위는 가족을 위태롭게 할 수 있었기 때문이다. 아버지 입장에서는 감자 팬케이크가 몇 주간 버티며 살 수 있는 영양분을 공급했다고 말할 수 있다.

아버지의 이야기는 그의 생존 본능이 자신과 타인에 대한 인식 및 관점 수용과 결합하여 그와 독일 여성을 연결하고, 그녀가 그의 굶주림을 느끼게 하는 개인적인 방법을 찾아냈다는 것을 내게 가르쳐줬다. 이 이야기에서 더욱 믿기 어려운 점은 아버지의 서투른 독일어가 유대인으로 성장하면서 독일어에 영향을 받은 이디시어Yiddish를 배운 덕분이었다는 것이다. 유대계 전쟁포로가 2차 세계대전 중 독일 시민과 개인적인 관계를 맺었다는 이 이야기에는 다른 교훈들도 많다. 아버지의 독일어는 초보적이었으나 그의 할머니가 함부르크에 실제로 **살았던** 것이 아니라 머문 적이 있었다고 말했던 것이 분명하다고 했다. 함부르크는 1800년대 동유럽 출신 이민자였던 그녀가 미국으로 가는 동안 체류했던 많은 장소 중 한 곳이었다. 그녀는 실제로 감자 팬케이크를 만들었다. 아버지는 당시 독일 여성과 나눴던 말이 전혀 거짓이 아니었다고 매우 자랑스러워했다.

나는 아버지가 그 이야기를 수십 번 말하는 것을 들었다. 이제야 아버지가 서로 간의 차이가 엄청나고 위험스러울 정도일 때도 사람들을 개인적 차원에서 연결하는 방법을 말했다는 것을 알았다. 아버지가 실제 사실보다 분명히 더 강한 인상을 주려고 노력했지만 조금의 거짓도 없이 그렇게 했다는 점은 칭찬할 만하다. 이 얼마나 교훈적인가! 내가 공감을 연구하면서 알게 된 것은 아버지가 생존하려고 발휘한 직관이 내집단과 외집단 구성원 간의 공감적 연결을 확대시킬 수 있는 능숙한 사회적 능력이었다는 사실이다. 이것은 내가 성장하면서 지켜보았던 능력이다.

아버지는 다양한 부류의 사람들과 이야기를 나눌 수 있는 달인이었다. 그에게 이것은 진짜 관심사였다. 아버지가 모든 언어의 문장 하나만 알고 있는 것을 놀리곤 했다. 수십 년 동안 아버지는 다양한 문화권 사람들을 만날 때면 무언가를 가르쳐 달라고 요청했기 때문이다. 어린 시절 나는 아버지가 음식 주문을 받기 위해서 바쁜 웨이트리스에게 '안녕하세요?'를 폴란드어, 스웨덴어, 이탈리아어로 어떻게 말하는지 물을 때 자주 당황스러웠다. 그러나 이제는 그 당시 다름을 잇고 다른 집단 사람들을 연결하는 방법은 물론 그런 능력이 얼마나 소중한지 보고 있었다는 사실을 깨닫는다.

공감이 사라질 때: 집단 학살, 아파르트헤이트(Apartheid), 노예제

사람들 간의 거리가 아주 멀어 공감은커녕 서로에게 끔찍한 일을 자행한다면 어떻게 될까? 인간에게는 공감을 만들어내는 생물학적 영역이 있지만 공감에서 멀어지게 하는 생물학적 충동도 있다는 것이 가장 절망적인 공감의 일면이기도 하다. 또 공감을 배울 수 있는 내적 능력이 있으나 공감을 막는 편견과 같은 내적 장애물도 있다. 이것은 중요한 투쟁이며, 인간으로서 우리가 다른 종들보다 더 깊이 경험한다. 가장 나쁜 점은 유사 이래 타자에게 극단적인 공포심을 느끼고 앞선 정교한 계획으로 다른 사람을 제거한다는 것이다.

역사적 사례로는 집단 학살이 있으며, 너무나 많은 문화전쟁에 대

사회적 공감

해서 스티브 핑커는 《우리 본성의 선한 천사》에서 약 8백 페이지에 걸쳐 인류 역사에 나타난 이런 행위들을 서술했다.[23]

만일 다른 사람을 비인간적으로 대하고 그 사람을 인류에게서 개인으로 완전히 분리시킨다면, 우리는 모든 연결을 단절해야 할 것이다.[24] 이것은 노예제와 집단학살 같은 잔혹행위가 어떻게 가해자와 피해자 사이에 아무런 공감 없이 일어날 수 있는지 설명해준다. 만약 노예나 적을 인간 이하로 간주한다면 공감적 연결은 가로막힐 수 밖에 없으며 다른 사람이 당하는 모든 고통이나 굴욕도 느껴지지 않을 것이다.

사회심리학자 피터 글릭Peter Glick은 집단학살로 이어진 사회적 붕괴 현상을 폭넓게 연구해왔다.[25] 그는 사람들이 사회적·정치적·경제적 조건에 문제가 있고 이해하기 어려울 때 자신이 이해할 수 있는 해답을 찾으려 한다고 말한다. 이해할 수 있는 설명을 찾으려는 욕구가 그 문제에서 다른 사람들, 이른바 '이념적 희생양'을 비난하려는 마음에 사로잡히게 한다. 이런 비난과 고정관념은 다른 집단에 대한 오랜 불신과 부정적 신념이 있을 경우 쉽게 해결할 방법을 찾는다.

홀로코스트는 이런 현상의 분명한 사례다. 1차 세계대전에서 벗어난 독일은 경제적으로 힘든 시기를 보내면서 선두 국가로서의 지위를 되찾는 데 어려움을 겪고 있었다. 동시에 독일인들은 그들의 국가나 가치관을 충실히 따르지 않는 유대인을 아웃사이더로 보는 오래된 암묵적인 시각을 유럽인들과 공유했다.

이런 상황들은 심리학자 어빈 스토브Ervin Staub가 지적하듯이 안정과 안전을 추구하고 세상에 대한 이해라는 사람들의 심리적 필요에 영향을 미쳤다.[26] 이런 욕구가 충족되지 않을 때 자신의 집단에 더 강하게 집착하여 위안을 얻고 문제해결을 약속한다. 집단의 정체성이 강할수록 내집단의 일부라는 느낌은 더 강해지고 외집단과의 차이도 더 뚜렷해진다.

모든 사회가 복잡한 사회적·경제적 문제를 다른 사람들에 대한 고정관념과 비인간화로 해결하지 않는다. 그러나 이민자들이 일자리를 차지하여 경제적 문제를 야기한다고 하거나, 비종교인들이 동성 간의 결합을 지지하여 결혼의 가치를 존중하지 않는다고 특정 집단을 비난하는 변이들을 볼 수 있다. 이 장의 마지막 부문에서는 이처럼 커지는 집단 차이와 그것이 우리의 미래에 어떤 의미를 갖는지 살펴볼 것이다.

집단 편견의 극복

모든 사회문제를 이데올로기적 고정관념으로 바라보는 것은 잘못이다. 타자에게 필요로 하는 공감이 미국 내 많은 집단들 사이에서도 발견된다. 공감은 안전과 안정, 필요와 이해의 충족 없이도 일어날 수 있다. 신경과학 연구와 역사 분석은 자신과 같은 내집단 구성원에게 공감하는 것은 타고난 생물학적 부분에 더 좌우될 수 있음을 시사한다. 하지만 다른 사람과 공감하기 위해서는 학습된 행동(인지과정)을

사회적 공감

이용하거나 타인들과 다양한 방식으로 상호 교류를 해야 한다.[27] 이것이 사실이라면 집단 내부와 집단들 사이에서 공감을 키우는 방법에 대해 많은 것을 말해줄 것이다. 각각의 경우 서로 다른 신경 메커니즘이 필요하기 때문이다.

예컨대, 좋아하는 사람과 좋아하지 않는 사람을 만날 때 공감의 느낌을 처리하는 인간의 신경활동은 서로 다를 수 있다. 유대인 남성을 대상으로 한 연구에서 유대인에게 호감을 가질만한 사람과 반유대주의 사람들처럼 이들에게 적대적인 사람이 비디오 스토리로 유대인 남성 참가자에게 각각 소개됐다. 이들은 피실험자의 고통스러운 경험(피실험자들이 손바닥에 주사를 맞는 모습을 보여줬다)을 보는 방식에서 신경에 상당한 차이가 있었다.[28]

참가자들은 두 집단의 고통에 미러링을 했지만 그 강도가 적대적인 집단에 더 컸고 감정을 조절하는 뇌 활동 역시 더 컸다. 보상을 느끼는 뇌 영역에도 활동의 증거가 나타났다. 참가자들이 두 집단의 고통을 느꼈으나 적대적 집단에게는 마땅히 치러야 할 대가를 받는다는 만족감도 느끼는 듯하다. 혼합된 정서는 감정을 조절할 필요성을 야기한다. 이런 이유로 호감 가는 사람의 고통과 적대적인 사람들의 고통을 관찰할 때 뇌 활동이 각각 달랐던 것이다.

공감의 구성요소 측면에서 생각해 보면, 이것은 자신과 비슷한 사람에 대한 공감이 정서적인 미러링 반응을 더 많이 이용하므로 더 쉽게 느낄 수 있고 다른 사람의 입장에 설 수 있다는 뜻이다. 그러나 다른 사람에 대한 공감은 학습 사고를 담당하는 뇌 영역과, 자신과 타인에 대한 인식, 미시적·거시적인 관점의 수용, 정서 조절, 맥락에 대한 이해에 좌우될 수 있다.

공감하지 않게 된다면?

사람들의 잔혹행위, 특히 홀로코스트를 어떻게, 왜 저지르게 되는지를 연구하면서 매혹적이나 어두운 로이 바우마이스터Roy F. Baumeister 의 책에 수록된 악과 인간의 폭력에 대한 흥미로운 연구를 접하게 됐다.[29]

　독일 나치의 통치하에서 자행된 잔학 행위 중 하나는 유대인을 체포하여 큰 구덩이를 파고 옷을 벗게 한 뒤 구덩이 가장자리에 세워 총살하는 것이었다. 시신이 구덩이 안으로 떨어지지 않으면 병사들이 시신을 구덩이 안으로 옮겨야 했다. 바우마이스터가 인간의 폭력과 잔학성을 분석하며 묘사했듯이, 이것은 전투를 하는 것도 자신의 목숨이 위협당하는 것도 아니었으므로 병사들에게 '쉬운 일'이었을 것이다. 하지만 그 일에 가담한 병사들은 대개 불안과 우울, 수면 장애를 겪은 것으로 보고됐다. 그리 놀라운 일은 아니나, 살인을 명령한 사람들은 그 일에서 빠져나갈 방도를 찾았다. 많은 사람이 그런 일을 자행했음에도 용케도 빠져 나갈 방법을 찾아냈다.

　연쇄살인범 같은 폭력 가해자에 대한 연구에서 발견되는 더욱 보편적인 현상은 가해자들이 초기에 상당한 신체적 반응(문자 그대로 복통

사회적 공감

을 포함하여)을 경험한다는 것이다. 바우마이스터는 자신이 수행한 연구에서 다른 사람에게 심각한 상해를 가하면 가해자가 심리적으로 괴롭고 신체적으로 불안정해진다고 말했다. 물론 이런 상태는 반복적으로 이루어질수록 약화되기는 한다. "상해나 살인행위와 관련된 고통은 예상되는 도덕적 혐오나 영적인 혐오와는 다른 듯하다. 일부 사람들이 실제로 그런 혐오에 직면할 수도 있지만 자신의 원칙이 침해당했다고는 느끼지 않는다. 오히려 그것은 직감적인 반응에 가까운 듯하다."[30]

인간은 신체적, 정서적, 그리고 심리적으로 살인에 반대하는 천성을 갖고 있는 듯하다. 데이브 그로스먼Dave Grossman 중령은 병사들이 살인에 대한 저항감을 극복하게 하는 훈련 방법을 알기 위해서 수년 동안 전투 중에 일어난 살인행위를 연구했다.[31] 그는 오랜 역사 동안 병사들이 전투 중 살인을 회피하는 방법을 찾아냈음을 보여주는데, 이처럼 살인에 대한 혐오감은 인간의 영혼에 깊이 자리 잡고 있는 듯하다. 인간은 살인을 혐오하는 방식으로 타인 속에 있는 자신을 인식하게 된 것이다.

그러나 수많은 사례에서 알 수 있듯이 사람들은 이런 저항감을 극복할 방법을 찾아낸다. 먼저 물리적인 거리두기다. 장거리포나 공중 폭탄투하 같이 접촉이 멀어질수록 살인이 더 쉬워진다. 목표물이지 인간이 아니라는 것이다. 권위에 대한 복종도 사람들이 살인하도록 압박한다. '난 명령에 따랐을 뿐입니다.' 이런 심리적 거리두기를 허용하여 개인적 책임을 면하게 한다. 다른 연구는 소속 집단에 대한 충성으로 살인이 정당화될 수 있음을 보여준다. 우리가 그들을 죽이지 않는다면 그들이 우리를 죽일 것이다. 근접 살인의 가장 효과적인 방법은 감정적으로 거리를 두거나 다른 사람을 인간이 아닌 것으로 묘사하는 것이다. 그로스먼은 이 과정을 다음과 같이 요약한다.

상대방을 자신과 확실히 다르다고 여기면 살인이 훨씬 더 쉬워진다. 선전 매체를 이용해 병사들에게 적대자들이 인간이 아니라 '열등한 생명체'라고 확신시킬 수 있다면, 같은 생물종을 죽이는 것에 대한 천성적인 저항감이 감소될 것이다. 흔히 적들은 '국'(gook, 동남아인을 비하하는 말), '크라우트'(Kraut, 독일인을 비하하는 말), '닙'(Nip, 일본인을 비하하는 말), 또는 '레그헤드'(raghead, 중동인을 비하하는 말)로 지칭되어 그들의 인간성이 부정된다. 베트남에서 이 과정은 '전사자 수'라는 사고방식으로 뒷받침됐다. 우리는 적을 숫자로 생각하고 불렀다. 한 베트남전 참전용사는 이런 사고방식이 월맹군 병사를 죽이는 것을 '개미를 밟아 죽이는 것' 같이 생각하도록 만들었다고 나에게 말했다.[32]

나는 독일 군인에 관한 바우마이스터의 이야기와 학습된 살인 능력 분석에 대한 그로스먼의 분석을 읽으면서 살인에 관한 교육이 이루어질 때 공감에 어떤 일이 일어날 수 있는지에 대해서 관심을 갖게 됐다. 타자를 비인간화하면 노예로 대우하거나 고문이나 다른 형태의 폭력을 사용하기가 더 쉬워질 뿐만 아니라 살인도 더 쉬워진다는 것은 모두가 아는 사실이다. 타자를 우리와 다르고 인간이 아닌 존재로

사회적 공감

구성하는 것은 인지적 과정이며, 이것은 교육될 수 있다.

두려움과 생존 위협은 '그들이 우리를 파괴하도록 내버려둘 수 없다.' 라는 관점에서 타자성을 강화시킨다. 쉽게 바뀌지 않는 것은 미러링이나 정서적 반응 같은 무의식적인 신체적 반응이다. 인간의 잔학행위 역사에서 보여주는 것은 사람들이 타자와 싸우고 죽이도록 만들기 위해서 적을 비인간화하는 사회적 구성이다.

그러나 고통스러운 질병 증상과 같은 원치 않은 신체 반응이 일어난다. 미러링은 다른 사람에게 고통을 가하면 신체적으로 똑같이 고통을 겪을 수 있음을 뜻한다. 이런 신체 반응은 반복될수록 점점 더 다루기 쉬워진다. 타자를 비인간적인 말로 부르는 것이나 해를 끼치려는 의도로 '증거'를 제시하는 것처럼, 타자에 대한 강력한 정신적 타자성 이미지는 타자를 비인간화하고 그들에게 더 쉽게 폭력을 행사하게 만든다. 우리는 타자를 비인간화하는 정신적 이미지와 함께 이런 타자들의 내집단 생존을 위협하는 모든 방법을 결합하여 가해자가 신체의 무의식적인 정서적 반응을 억제하는 법을 배우는데 필요한 모든 요소를 갖춰야 한다.

타자의 인간성을 무감각하게 만든 대가는 엄청나다. 그로스먼은 이런 종류의 인종적·민족적·문화적 증오가 전시에 확산되면 수십년 동안 원래 상태로 되돌리기 어렵고 심지어 몇 세기 동안 지속된다고 경고한다. 베트남전 양측 군인들이 입은 외상후스트레스(트라우마, PTSD)로 높은 개인적·사회적 비용을 지불한 것은 최근 사례다. 5장에서는 이런 스트레스가 공감을 어떻게 저해하고 없애는지, 또 타자성을 촉발시킨 오랜 기간의 불행한 영향을 살펴볼 것이다.

하지만 비인간화 의식은 되돌릴 수 있다. 실제적인 적(이스라엘의 유대인과 팔레스타인인)에 관한 연구에서 사람들이 자신의 집단이 다른 집단에 도움을 제공했다는 말을 들었을 때 외집단의 인간성을 인정하는 수준이 더 나아졌다.[33] 내집단 구성원이 외집단 구성원을 도와줬는 이야기를 들려주면 집단 간에 공감이라는 감정이 생길 수 있다. 공감의 모든 구성요소에 대해 알고 있는 지식을 동원하여 폭력을 해결하고 공감을 개선하는 핵심적인 방법은 아마도 타자를 비인간화하는 노력을 중단하는 것일 것이다. 여기에는 개인 간 괴롭힘이나 편견, 사회적 차원에서 특정 집단을 악마화하고 서로 싸우게 만드는(예를 들면, 이민자 대 원주민, 이성애자 대 동성애자, 또는 이슬람교인 대 기독교인) 공공정책이 포함될 것이다.

인간성을 다시 회복하면 '우리 대 그들'에서 '우리는 비슷하고 함께 살 수 있다'로 바뀐다. 이것은 모든 사람이 공감능력을 지닐 수 있다는 뜻이다. 하지만 자신과 다르다고 생각하는 사람들에게 공감 능력을 발휘하려면 많은 노력이 필요하다. 만일 내집단과 외집단 정체성으로부터 자신을 분리시켜 바라보고 더 글로벌한 '우리'라는 정체성을 만들어낸다면, 가령 특정 국가나 민족 집단의 분리된 시민이 아니라 세계 인류의 일부가 된다면, 타자에게 공감하는 것을 가로막는 장애물은 줄어들 것이다. 내가 보기에 공감이라는 감정이 가변적일 수 있다는 깨달음은 모든 지역사회와 국가, 세계의 사회적·경제적·문화적 차이를 아우르는 사회적 공감과 관점 수용을 더 깊고 더 넓게

사회적 공감

수용할 필요성을 강화한다.

공감이 타자성을 해소시킨다

다른 사람들이 우리의 안전에 끼치는 위험을 인식하는 생물학적, 역사적, 그리고 인간적인 방식이 아주 많지만 강한 공감 능력을 발전시키면 다른 사람과 집단을 보는 방식이 바뀌고 나아가 서로 교류하는 방식도 바꿀 수 있다. 간단히 말해, 공감은 타자성을 해소시킨다. 공감은 편견과 차별, 억압을 극복하는 해결책이다. 공감이 편견과 차별, 억압이라는 타자성을 극복하는 방법이라면, 자신과 다른 사람들을 만날 때 어떤 일이 일어나고 자신과 다르지만 그 만남이 지구적 공간을 공유하는 더 큰 규모의 공동체와 문화에 어떤 의미인지 이해하는 데 더 유용할 것이다.

미국은 현재 중대한 사회적 변화를 겪으면서 안정과 안전, 믿음의 요구가 늘고 있다. 이런 변화는 두려움이 일부 사람들에게 이용될 가능성을 높인다. 뉴스에서는 집단 차이를 말하고, 라디오 토크쇼는 충성스러운 청취자를 만들기 위해 '우리 대 그들'이라는 사고방식을 강조한다. 정치는 정파 간에 극단적인 분열을 만들어낸다. 우리가 해야 할 일은 이런 변화를 이해하고 놀란 사람들에게 안전하다는 인식을 갖게 해서 다른 집단 간에 거리가 더 멀어지지 않도록 하는 것이다.

인구변화와 생존이 공감을 가로막는 이유

2016년 대통령 선거는 사람들을 양극단으로 갈라지게 하는 많은 이 슈를 제기했다. '우리 대 그들' 정서가 이민자 대 원주민, 흑인 청년 에 대한 경찰 총격으로 〈흑인의 생명도 소중하다〉 운동을 촉발시킨 인종 차별과 상류층과 빈곤층 간 계층 격차에 대한 묘사로 나타났다. 시청하던 텔레비전에 도널드 트럼프의 선거유세에 나온 청중들이 직 접 만든 표지판에는 다음과 같은 내용이 적혀 있었다.

"장벽을 건설하라"
"우리나라를 되찾자"
"그들을 보내라"

이것을 보고 내가 처음 들었던 생각은 복잡한 이민 문제가 내집단 대 외집단 문제로 변형됐다는 점이다. 관점을 수용하는 능력을 최대 한 활용해서 2016년 대통령 선거에서 이민 문제에 대한 양측의 입장 을 이해하려고 노력했다. 하지만 미국과 멕시코 사이에 장벽을 건설 하겠다는 공약은 내집단과 외집단을 분리하는 분명한 사례였다.

이미 장벽의 일부는 건설됐다. 직접 장벽에 가보니 따뜻하거나 공 감적인 인상을 주는 모습은 아니다. 장벽은 안전한 이미지를 준다고 해도 물리적인 장애물일 뿐이다. 이는 타자성을 강화하는 물리적 분 리를 낳는다. 장벽은 우리와 다른 사람들은 멀리 떨어져야 한다는 강

〈그림 3.1〉'장벽'. 미국과 멕시코 국경선

한 메시지를 던져준다. 〈그림 3.1〉은 캘리포니아 샌디에이고와 멕시코 티후아나 사이에 건설된 장벽 사진이다(장벽 건설이 선거 공약이 되기 전인 2013년 촬영했다). 장벽은 교도소 담장처럼 보인다. 하지만 캐나다와의 국경선에는 이런 장벽이 없다.

심지어 〈그림 3.2〉의 표지판은 미국 쪽에 설치되어 있는데도 영어가 아닌 스페인어로만 쓰여 있다(우리는 이것이 누구를 위한 것인지 알고 있다).

타자성에 대한 언급은 자기 집단을 결속시키는 수단이다. 일반적으로 이런 타자성에는 외부 집단에 대한 악마화를 수반한다. '우리 대 그들' 사고방식을 만들고, 생존은 단결하여 외부 집단과 싸워 물리치는 것에 달렸다고 암시한다. 외부인을 범죄자나 강간범처럼 부르는 것은 외부인과 내부인을 구분하고 그들을 인간이 아닌 우리와 완전히 다른 존재로 만든다.

도널드 트럼프가 타자에 대한 깊은 두려움을 이용한 최초의 정치인이나 지도자는 아니었다. 생물학적 생존의 일부분은 타인이 안전

〈그림 3.2〉 '경고—상급 보안구역—가시철조망—통과 금지'

한지, 해를 끼치지 않는지 확실히 알 때까지 그에 대한 경계와 주의
하는 태도에 달렸다. '타자성'에 대한 감각이 우리 안에 존재하고 있

는 것이다. 잠깐, '그렇다면 당신이 온 곳으로 돌아가라'고 서로에게 소리치는 사람들은 생물학적 요인 때문에 그렇게 하는 걸까? 어느 정도는 그렇다고 하자. 하지만 타자성에 기초하여 공격적이거나 폭력적인 행동이 타자에 대한 두려움에서 촉발됐다고 할지라도, 특히 현대사회에서는 학습된 행동일 가능성이 더 크다. 다른 사람이 미칠 피해를 걱정하는 사람들 대다수는 아마도 실제로는 그들이 두려워하는 사람들과는 직접적으로 접촉한 경험이 없을 것이다.

이것은 학습된 반응으로 안전한 생존지역을 위태롭게 하는 두려움과 공포에서 비롯됐다. 무엇이 이런 두려움을 유발할까? 당신의 안정과 당신이 옳다고 알고 있는 것, 당신의 안전을 위협할 것처럼 느끼게 만든 것은 변화다. 오늘날 타자성에 대한 두려움은 미국의 경우 수백 년 동안 인구가 구조적으로 변화됐음에도 지난 50년에 걸친 상당한 변화에 근원을 두고 있다. 현재의 상태를 뒤엎는 사회변화와 인구변화가 일부분 빠르게 진행된 것은 지난 10~20년 동안이다.

급변하는 사회와 정치

미국의 다양한 집단 비율은 2백 년 동안 비교적 일정했다. 실제로 미국 인구조사국은 1970년까지 혼혈 인종이나 히스패닉 같은 범주를 조사하지도 않았다. 다양한 인종과 민족, 문화가 없었다는 말이 아니다. 이보다는 사회 전체로 볼 때 대수롭지 않은 것으로 간주됐다. 인

	백인(%)	흑인(%)	기타/혼혈 인종(%)	히스패닉 또는 남미계(%)
1940	89.8	9.8		
1950	89.5	10.0		
1960	88.6	10.5		
1970	87.5	11.1	1.4	4.5
1980	83.0	11.7	5.3	6.4
1990	80.3	12.1	7.6	9.0
2000	75.1	12.3	12.6	12.5
2010	72.4	12.6	15.0	16.3

〈표 3.1〉 미국 인구조사국이 발표한 1940-2010년 인구 분포

종과 계층 분리는 사람들이 다른 인종에 속한 사람과 중요한 교류가 없이 평생을 살 수 있었다는 뜻이다.

텔레비전과 대중매체가 등장하기 이전, 사람들은 자신의 경험 속에서 살았다. 시민권 운동이 일어나고 1964년 민권법이 통과될 때까지 집단 간의 분리는 사회적 규범이었고 온전히 영향을 미치고 있었다. 따라서 도널드 트럼프의 정치적 부상을 유발한 인구학적·사회적 변화는 부분적으로 지난 50년 동안 미국 역사의 급격한 사회변화에 기초한다. 이 변화는 1600년대부터 시작된 사회적 지형을 바꿔 놨다. 비정파적인 공공종교연구소(Public Religion Research Institute)의 로버트 존스Robert P. Jones는 《백인 기독교인이 주도하는 미국의 종말The End of White Christian America》에서 이런 변화의 역사를 기록했다.[34] 이런 변화에 중대하게 기여한 두 가지 주요 추세는 인구 구성의 변화와 종교와 무관한 정체성을 가진 사람들의 증가다.

1980년대까지 백인의 인구 비율은 절대 다수로 약 90%였다. 1980

사회적 공감

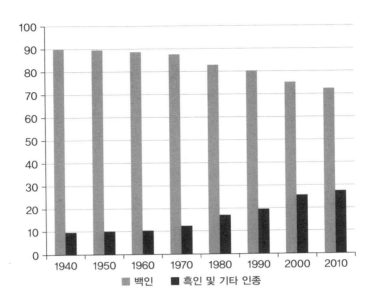

<그림 3.3> 1940-2010년 미국 인구 변화

년대부터 2010년까지 공식적인 인구조사에 따르면(많은 사람이 소수 집단이 더 자주 이동하는 탓에 소재 파악이 더 힘들고 정부에 대한 불신으로 인한 응답 가능성이 낮기 때문에 그들의 인구수가 과소평가됐다고 주장한다), 미국의 백인 인구 비율이 약 13% 감소한 반면 흑인 혼혈 인종이나 기타 인종들은 60% 이상 증가했다(<표 3.1>과 <그림 3.3>을 보라).[35] 백인이나 흑인일 수 있는 남미계 인구도 150% 이상 증가했다. 2010년을 살펴보면 미국 인구의 4분의 1 이상이 유색 인종이었다. 인구조사국은 과거 50년의 변화에 기초하여 2060년까지 미국 인구의 3분의 1이 유색인종이 될 것이며 약 30%가 히스패닉일 것이라고 추정한다.

1931 – 1940	121,000
1941 – 1950	754,000
1951 – 1960	2,090,000
1961 – 1970	2,422,000
1971 – 1980	3,223,000
1981 – 1990	5,655,000
1991 – 2000	6,743,000
2001 – 2010	7,396,000

〈표 3.2〉 순이민자 수

만일 이런 실제적 인구수 변화와 함께 대중매체의 증가, 스포츠 팀과 같은 대중적인 여가활동에서 인종의 혼합 비율이 증가하고 다양한 인종과 민족과의 접촉 빈도가 바뀐다면 그 영향은 훨씬 더 커질 것이다. 다른 인구 변화는 추가적인 변화를 가져온다. 외국에서 태어나 미국으로 이주한 사람들의 숫자가 1980년~2010년까지 두 배 이상 증가했다〈표 3.2〉와 〈그림 3.4〉를 보라). 전체 이민자 수는 1970년대 이후 꾸준히 증가했다.

또한 미국인 60% 이상이 동성 결혼을 지지하는 상황이 보여주듯이 가치관도 바뀌었다.[36] 전반적으로 이런 인구학적·사회적 가치관의 변화는 의미 있는 인구 비율을 말해주나 지리적으로 균등하게 바뀌지는 않았다. 인구 변화의 많은 부분이 도시 지역에서 발생했고, 동성 결혼 같은 가치관의 변화와 수용 여부는 지리적으로 갈리며 정당에 따라 나뉜다.[37] 동성 결혼을 가장 지지하는 주들(워싱턴, 오레곤, 콜로라도, 버몬트, 뉴햄프셔, 뉴욕, 코네티컷, 매사추세츠, 로드아일랜드, 뉴저지, 델라웨어)과 동성결혼을 가장 지지하지 않는 주들(미시시피, 앨라배마, 테네시, 아칸소, 사우

사회적 공감

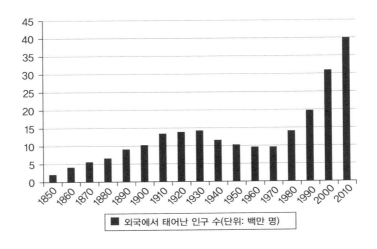

<그림 3.4> 외국에서 출생한 인구(단위: 백만 명)

스다코타, 루이지애나, 유타, 노스다코타)간의 정치적 분리를 생각해보라. 높은 지지를 보이는 모든 주들은 2012년 대통령선거에서 민주당 후보 버락 오바마에게 찬성표를 던졌고, 가장 지지하지 않는 모든 주들은 공화당 후보 밋 롬니에게 찬성표를 던졌다.[38]

최근 미국의 변화와 불안에 기여했을 것으로 보이는 또 다른 인구 변화의 분야는 여성 영역이다. 여성들은 1950년 3분의 1이 민간 노동시장에 참여했다. 반면 남성은 약 90%가 참여했다. 2010년에는 여성 비율이 두 배로 증가해서 여성의 60%가 민간 노동시장에 적극 참여했다. 반면 남성의 비율은 70% 수준으로 떨어졌다. 전체적으로 보면 1950~2010년까지 남성의 비율은 60년 동안 약 18% 감소했고 여성의 비율은 약 73% 증가했다. 종교적인 정체성의 변화도 인구 구조와

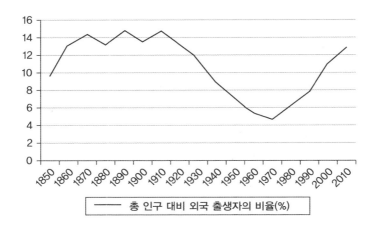

〈그림 3.5〉 총인구 대비 외국 출생자 비율

가치관의 변화와 맞물렸다. 지난 수십 년간 실시된 갤럽 여론조사에 따르면, 기독교인은 1950년 91%에서 2015년 72%로 감소했다.[40]

이런 변화를 아마 가장 분명하게 보여주는 통계는 퓨 연구소(Pew Research)에서 나온 또 다른 조사다.[41] 이 조사는 "50년 전과 비교할 때 오늘날 당신과 비슷한 사람들의 삶이 더 좋아졌는가, 더 나빠졌는가, 똑같은가?"라고 물었다. 트럼프 지지자 81%가 나빠졌다고 응답한 반면, 클린턴 지지자 19%만이 더 나빠졌다고 각각 응답했다. 더 나아졌다는 응답은 트럼프 지지자가 11%인 반면, 클린턴 지지자는 59%였다. 지난 50년 동안 미국의 변화 양상이 이런 변화를 더 나아진 것으로 느끼는 사람과 더 나빠진 것으로 느끼는 사람으로 갈라놓았던 것이다. 이런 수치는 변화에 대한 두려움이 특정 정당의 후보자와 연결됐음을 보여준다.

144

사회적 공감

외집단 구성원이 치러야 할 대가

이 모든 변화는 무슨 의미일까? 다른 인종과 민족, 종교, 또는 성 정체성이 다른 집단과 함께 살아가고 일하면서 사회생활을 하는 데 익숙하지 않은 사람들에게는 안전한 그들의 내집단 지배력이 도전받고 있다는 의미다. 지배집단의 일원은 이런 방식으로 도전을 받아본 적이 없다. 소수 집단으로 외부에 있다는 것은 사회적·경제적 분리를 넘나들 수 있어야 한다는 뜻이다. 피지배집단에 소속된 사람들은 지배문화에 소속된 사람들에 비해 더 공감적인 경향이 있다. 이들은 자신의 문화와 주류문화 모두를 이해해야 하기 때문이다.[42]

정서적으로, 인지적으로 자신의 문화와 다른 문화를 모두 이해하는 능력은 흔히 '문화간 공감' 또는 '민족문화간 공감'이라고 한다. 예컨대, 당신이 유색 인종 사회에서 가난하게 성장했고 대학에 가길 원한다면 지배문화로 나갈 방법을 배워야 할 것이다. 나는 처음 가르쳤던 학생 한 명으로부터 이 교훈을 얻었다. 나의 첫 강의는 대학원에 다니면서 입문과정으로 시작했다. 처음 교단에 서는 대부분 교수들과 마찬가지로 매우 긴장했고 수업을 잘 진행하고 싶었다. 내 수업에는 다양한 학생들이 있었다. 사실 내가 그 대학을 좋아한 이유는 특히 내가 다닌 소규모 문과대학에 비해 매우 많은 다양성을 발견할 수 있었기 때문이다.

내가 강의한 그 대학은 다양한 인종 및 민족 출신의 수천 명 학생들이 다니는 도심지역에 위치한 공립종합대학이었다. 강의 시간에 수업 과제물을 돌려주는 중에 젊은 아프리카계 미국인 여학생이 뒷자리에 앉아 있는 것이 눈에 띄었다. 나는 그녀가 수업 중에 아무 말도 하지 않아 걱정됐다. 때로 그녀는 지루해하는 것 같았고, 때로는 짜증이 난 것 같았다. 나는 그녀에게 어떻게 접근해야 할지 확신이 서지 않았고, 또 학생들을 가르쳐 본 경험이 매우 짧아서 더 불안했다. 그래서 앞으로 어떻게 해야 할지 조언을 구하기로 했다.

그 주에 정기 통학열차를 타고 학교에 가다가 환승역에서 그녀를 만났다. 나는 인사말을 하고 어떻게 지내는지 물었다. 그녀는 어깨를 으쓱하더니 내 수업을 이해하지 못하겠다는 말을 했다. 나는 재빨리 조용히 이야기할 수 있는 내 연구실로 가자고 제안했다. 고맙게도 그녀가 내 제안을 받아들였다. 우리는 강의 자료를 다시 검토하기 시작했고, 그녀는 자신이 대학에 오게 된 경위를 말했다. 그녀는 학생이 모두 흑인인 지역 대학에서 전 과목 A학점을 받았다. 가족 중 대학에 진학한 유일한 사람이었던 그녀는 종합대학으로 전학했고, 이번이 첫 학기였다.

여러 차례 그녀와 만나는 과정에서 그녀에 대해 많은 것을 알게 됐다. 그녀는 우리 대학이 그녀가 다녔던 교육기관 중 백인 비율이 가장 높았으므로 불편함을 느끼고 있었다. 그녀를 가르치는 교수는 지역대학과 달리 모두 백인이었다. 그녀는 교수들에게 다가가는 것이 불편했고, 그들도 그녀에게 다가가지 않았다. 우리 대학의 다양성이 매우 높다고 생각했기 때문에 그것은 나에게 놀라운 일이었다. 그녀는 큰 도서관을 본 적이 없었고 도서관을 이용하는 법도 몰랐다. 지역 대학의 모든 강사들은 학생들에게 보고서를 손으로 직접 쓰게 했으나, 여기서는 타자기로 친 과제물을 제출해야 했다. 그녀는 타자기가 없었다.(그 당시는 개인용 컴퓨터가 나오기 수년 전이었다).

나는 도시에 있는 이 공립대학에서 그녀의 삶이 내가 상상했던 것과 얼마나 다른지를 알고 놀랐다. 이 경험은 나를 겸손하게 만들었다. 우리는 함께 도서관에 갔으며, 그녀는 그곳에서 수업에 필요한 자료를 조사하는 법을 배웠다. 그녀는 아주 잘했다. 그녀는 매우 똑똑한 여학생이었다. 내가 원했던 것은 행복한 결말이었다. 그녀는 수업이 끝난 뒤 정기적으로 내게 들러 새로운 소식을 전해줬다. 그녀는 다른 교수들과는 관계를 맺지 못했다(안타깝게도 나는 교수가 아니라 유일한 대학원생이었다). 그들의 강의는 어려웠다. 그녀는 그 이전에 실험실에 들어가 본 적이 없었으므로 생물학은 최악이었다.

그녀의 방문은 점점 뜸해졌고 몇 주가 지나도 아무 소식이 없었다. 교무 담당자에게 그녀에 대해서 물었다. 그녀가 휴학 중이라는 말을 들었다. 그녀는 복학하지 않았다. 그녀는 새롭고 낯선 문화 안에서 생활방식을 배우기 시작했지만 무리였다. 대학은 그녀와 같은 학생을 지원할 시스템이 없었다. 나는 그녀의 경험에서 많은 것을 배웠고, 지배문화와 피지배문화 사이의 거대한 분리와 대학 세계에서 아웃사이더가 치러야 할 대가를 이해하는 데 도움이 됐다. 개인적 차원에서도 별로 할 일이 없다는 것을 알았다. 그래서 나는 사회적 기반 위에서 할 수 있는 일을 알아봤다. 이것이 나를 사회적 공감으로 이끈 또 다른 경험이었다.

분리된 타자성은 연결할 수 있을까?

이 장을 쓰면서, 나는 미국의 다른 도시와 농촌에 사는 사람들 간에 서로 교류하는 방식이 매우 다르다는 사실에 흥미를 느꼈다. 이를 테면, 인종과 민족, 계층이 다르면 다른 문화에 대한 공감을 보여주는 방식도 달랐다. 대부분 도시지역에서는 인종과 민족, 계층이 분리되어 있다고 해도 서로 간 교류가 많아 사람들이 이른바 '새로운 작은 집단'과 섞일 가능성이 높다. 이 새로운 집단들의 의미 있는 차이는 공유하지 않고 임시로 모인 사람들이라는 것을 기억하기 바란다.

새로운 집단의 피상성에도 불구하고 사람들은 이전의 내집단과 외집단의 정체성에 바탕을 둔 편견을 무시하고 프로젝트를 수행하거나 보라팀 대 노란팀으로 나뉘어 게임을 하면서 각 개인의 개별적인 인종과 민족, 계층 정체성의 편견을 넘어서는 단일한 정체성을 만들 수 있다. 혼합된 정체성을 지닌 새로운 작은 집단에 가입하고 탈퇴할 수 있는 지역사회의 삶이 다른 사람에 대해서 더 관용적이고 더 깊이 이해할 수 있지 않을까?

수년 동안 나는 다문화 도시에서 공공교통을 타고 통근했던 시절이 있었다. 가끔 이상한 일들이 일어났는데, 가령 열차가 갑자기 정차한다거나 열차 운전수가 아무도 이해할 수 없는 안내방송을 했다. 이때 사람들은 순간적으로 잠시 하나가 됐다. 모두 너나할 것 없이 서로에게 상황이 어찌되는지 물어보거나 갑작스런 정차에 놀란 마음을 공유했다. 이 순간 지하철 승객이라는 새로운 작은 집단이 만들어진다. 다양한 도시지역에서의 삶은 다양한 동료와 다양한 장소에서 일하고 식료품 쇼핑과 같은 일상적인 일을 하는 다른 배경을 가진 사람들과 교류하며 여러 새로운 작은 집단들과 만날 가능성이 높다는 의미다.

일상적인 차원의 다양한 지역사회에서의 삶은 새로운 작은 집단의 일원으로서 다양한 배경을 가진 사람들을 만나는 순간이 반복된다는 뜻이다. 여행이나 큰 대학에 다니는 것과 같은 다른 경험들은 다양한 사람들이 함께 있는 새로운 작은 집단에 참여하는 길을 열어준다. 이 것은 매일 수차례씩 자신의 주된 집단 정체성이 새로운 집단 정체성에 넘어가는 순간을 맞이할 수 있다는 뜻이기도 하다. 이런 경험은 시간이 지나면서 결국에는 다른 사람의 마음을 더 정서적이고 인지적으로 읽고 수용하는 신경 경로를 바꿀 수 있다.

다른 한편으로, 다양성을 수반하지 않는 동질적인 지역사회에서의 삶은 새로운 작은 집단들로 하여금 다른 문화 간의 공감 능력을 발전시키기 어렵게 하고 그럴 가능성도 더 낮다. 왜 이런 경험이 농촌지역보다 도시지역이 다른 정치적 학습 경향이 있는지 설명하는데 유용할까? 선거구에 대한 세밀한 관찰로 2012년 선거지형을 살펴보면 선거 투표에서 훨씬 더 집중적인 차이가 드러난다. 하나의 주 전체가 '빨간색'(공화당지지자) 또는 '파란색'(민주당지지자)이라고 생각할 수 있지만, 〈그림 3.6〉의 지도에서 분명히 볼 수 있는 것은 도시지역이 파란색일 가능성이 훨씬 더 높은 반면, 농촌지역은 빨간색이 가능성이 훨씬 더 높다.[43]

도시와 농촌의 분리는 2016년 다시 분명히 나타났다. 미국 인구가 가장 많은 25개 도시 중 22개 도시가 2016년 대통령선거에서 민주당 후보자를 선택했다. 22개 도시 중 절반 이상(12개 도시)이 공화당 지지자가 다수인 주였다. 여기에는 모두 공화당 지지가 탄탄한 휴스턴, 인디애나폴리스, 멤피스, 샬럿, 댈러스, 내슈빌 같은 주가 위치해 있다.

이것은 무엇을 말해주는가? 첫째, 도시지역의 투표성향은 비도시지역과 다르다. 둘째, 다양성은 도시지역이 더 일반적인 반면, 동질성은 농촌지역이 더 일반적이다. 이런 지리적 영역은 다른 경험과 가치관, 신념을 반영하며, 차이는 집단 간의 공감적 이해를 어렵게 만든다. 모든 집단 간에 공감을 촉진하고 싶다면 내집단의 편견을 극복할 방법을 찾아야 한다. 연구에 따르면 이것은 내집단 지배패턴을 재사고하는 인지 훈련을 통해 가능하다. 다른 집단 구성원과 경험을 공유하는 것이 타자성과 집단 차이를 바라보는 시각을 바꾸고 신경 경로의 발달을 도와주는 유일한 방법이다. 과제는 지리적·문화적 거리를 넘어서는 의미 있는 방식으로 다른 집단들을 연결하는 방법을 찾는 것이다.

내집단과 외집단 구성원을 연결하는 데는 두 가지 어려움이 있다. 한 가지 확실한 것은 지리적으로 멀리 떨어져 있는 사람들을 연결하는 일이다. 다른 하나는 다른 집단 구성원이 함께 있을 때 느끼는 불편함과 불안의 존재다. 특히 주류문화 바깥에 존재하면서 압박감을 느끼고 있는 피지배집단에 속한 사람의 경우가 그렇다.[44] 이 두 가지 이슈에 대응하는 한 가지 권고할 만한 접근은 이른바 "접촉 확장"이

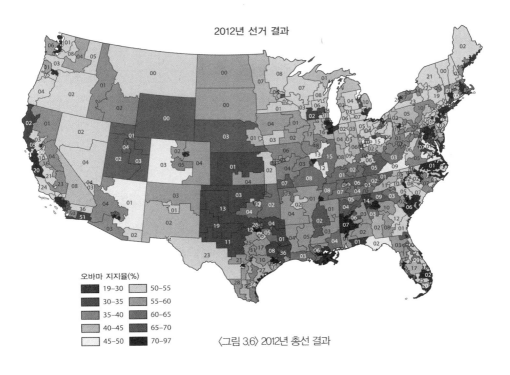

2012년 선거 결과

오바마 지지율(%)

■ 19–30	☐ 50–55		
30–35	55–60		
35–40	60–65		
40–45	65–70		
45–50	■ 70–97		

〈그림 3.6〉 2012년 총선 결과

있다.[45] 이 방법은 다른 집단들과의 간접 경험에 좌우되며, 주로 당사자들의 친구가 다른 집단과의 접촉으로 성사된다.

학령기 아동 연구에서 주류문화에 속한 아동과 소수문화에 속한 아동 모두가 외집단과의 확장된 접촉을 경험한 경우일수록 집단 간의 공감이 개선됐다. 외집단 구성원에 대해서도 긍정적인 태도를 보일수록 고정관념이 감소했다.[46] 다시 말하자면 다양한 친구가 있는 사람들과 친구가 되는 것이 우정으로 소수 집단에 대한 공감과 이해를 확장한다. 연구자들은 접촉의 확장이 집단 간 경험을 직접적으로 대체한다고 생각하지 않으나 편견을 줄이고 미래의 집단 간 관계를 준비하는 유용한 방법이라고 생각한다.

타자성의 연결과 그 필요성

내가 이 책의 초고 집필을 마친 며칠 뒤 백인우월주의자들이 2017년 8월 버지니아 주 샬러츠빌에 있는 버지니아 대학에서 행진했다.[47] 금요일 밤 텔레비전을 보는데 뉴스에서 수백 명의 백인들이 행진하는 모습이 보였다. 대부분 젊은 남자인 그들은 타오르는 횃불을 들고 나치당 슬로건을 외쳤다. 그 장면을 보고 생각한 난 것은 흐릿한 흑백 영화에서 보았던 두 가지 이미지였다.

1938년 밤 나치당원들이 독일과 오스트리아 전역에서 불타오르는 횃불을 이용하여 유대인 상점과 회당을 약탈하고 파괴한 크리스탈나흐트Kristallnacht[48]와 수십 년 전 두건을 쓴 KKK단원들이 말을 탄 채 불타는 횃불을 들고 아프리카계 미국인 집을 돌면서 가족들을 끌어내 린치를 가하는 장면이었다. 그 이미지들은 행진자들(적어도 그 행진을 계획했던 사람들)이 나에게 보여주려는 메시지였다. 수백 개의 횃불은 잘 조직된 메시지였다. 아마 많은 행진자들이 크리스탈나흐트라는 역사적 사실이나 뿌리 깊은 린치 유산에 대해서는 몰랐을 것이다. 하지만 횃불을 든다는 것이 그들의 증오 대상이 된 사람들을 두렵게 한다는 사실은 알고 있었던 듯하다.

나와 함께 다른 많은 사람들이 그날 밤과 다음 날 느꼈던 본능적인

　　　　　　　　　　　　　　　　　　　사회적 공감

두려움은 타자성을 노골적으로 이용하여 의도적으로 다른 사람을 위협하고 통제한 사례였다. 이것이 보여준 것은 다른 사람을 읽고 있었다는 점이다. 하지만 다른 사람의 입장에 서지는 않았다. 행진자들은 그들 자신이나 사랑하는 사람들이 대신 겁에 질린다는 것은 상상도 하지 못했고 증오대상자들이 자신과 같은 인간이라고 생각하지 못한 듯하다.

내가 너무 거칠거나 지나치게 일반화하고 있지는 않은가? 행진자들 중에는 자신의 행동의 의미를 충분히 이해하지 못한 채 참여한 사람도 있을 것이다. 하지만 그들이 보여준 행동은 자신과 다른 사람을 타자로, 즉 그들이 관계를 맺을 수 없거나 이들과 비슷한 사람들로 여긴다는 것을 보여준다. 어떻게 그것을 알 수 있을까? 그들이 외친 슬로건과 그들이 들고 다닌 상징물, 그들이 추구했던 목표, 궁극적으로는 그날 그들이 표출한 증오에 반대하려고 나온 어떤 사람을 의도적으로 살해한 것을 통해 알 수 있다.

안타깝게도 타자에 대한 증오에 초점을 맞추고 정체성을 획득하는 무리에 휘말리는 것은 쉬울 수 있다. 소속기준에 선택적임을 주장하면 한 집단의 일부가 되게 하는 강력한 효과를 발휘한다(당신은 우리와 같고 우리가 아닌 다른 모든 사람들과는 같을 필요가 없다). 이것은 선택됐고 연결됐다는 느낌을 주기 때문에 솔깃해진다. 그렇지만 다른 사람의 인간성을 무시하면서 자신들만 선택되고 연결됐다고 생각하는 것은 가장 나쁜 형태의 부족주의(tribalism, 전통과 조상이 동일하고 같은 이해관계를 가진 집단이 자치와 결속을 강화하려는 운동-옮긴이)다. 그래서 우리는 부족주의가 무엇을 의미하는지, 마치 우리가 다른 사람들의 삶을 살았던 것처럼 그런 사람이 된다는 것이 어떤 것인지, 모든 집단의 역사적 경험이 무엇인지에 대해서 애써 이해해야 한다.

4장

권력과 정치는 공감의
장애물인가?

권력은 많은 분야와 관계에서 발견할 수 있으며, 특히 정치에서 항상 볼 수 있다. 나는 워싱턴DC에서 일 년 동안 연구원으로 일하면서 몸소 정치를 체험하고 배웠다. 박사학위 연구 주제는 공공정책이며, 구체적으로는 사회보장법에 관한 것이었다. 나는 항상 내 연구가 공공정책 수립에 실제로 기여하는 데에 관심을 가졌다. 그리고 내 연구를 실질적인 정책 수립에 적용하는 한 방법으로 시 정부의 인턴직을 수행하는 것이 좋겠다고 생각했다. 그러나 내 조언자는 현명하게도 내가 학위과정 동안 인턴직을 하는 것에 반대했다. 내가 옆길로 빠져 내 연구를 끝내지 못할까봐 염려했던 것이다. 그래서 학위를 마치고 훈련의 일환으로 대학에서 강의를 시작했다. 학생들을 가르칠 때는 매우 행복했지만 연구보다 정책을 실질적으로 '실천'해보고 싶다는 마음이 점점 더 강해졌다. 2년 동안 강의를 한 뒤 운이 좋게도 미 의회 연구원으로 일할 수 있는 기회를 얻었다.

일 년 동안 워싱턴 미 상원의원 사무실에서 일하기도 했고, 일리노이주 의회 의원들이 지원하는 사무실에서 법률 분석가로도 일했다. 수많은 권력자들을 보고 함께 일하는 것이 매우 흥미로웠다. 가장 확실한 권력은 공적인 법률 제정에서 나왔다. 여러 연방기관들과 정당에 소속된 많은 직원들로부터 지원을 받는 의회와 대통령은 우리의 삶 전반을 다스리는 법률과 규정을 제정하는 사람들이었다. 내가 있는 곳은 미국 법률이 만들어지는 과정을 지켜보는 놀라운 자리였다! 그러나 그것은 공식적인 권력이었다. 나의 관심을 끈 것은 매우 많은 다양한 차원에서 사람들이 행사하는 또 다른 권력이었다.

정치권력

상원의원 사무실에서 일할 때 내가 일하는 직장에 대해 언급만 해도 (비록 임시 연구직이었지만) 사람들은 내 전화에 응답했고 나를 만나고 싶어 했다. 내가 원하는 모든 보고서나 자료도 받아볼 수 있었다. 나는 연구자의 천국에 있었다. 그렇지만 상원의원 사무실에서 아웃사이더로서의 지위에 대해 끊임없이 상기했으며, 워싱턴의 상황이 생각한 것과 다르고 대학교수의 삶도 좋아하지 않는다고 말하게 됐다.

내가 처음 작성한 메모는 상원의원 사무실에서만 읽는 내부 회람 문서였다. (나의 상사인) 법안 책임자가 그것을 일곱 번이나 수정을 한 후 내게 돌려줬다(그 메모의 길이는 다섯 문장이었다). 그는 자주 나를 '상아탑' 학자이자 아웃사이더라고 놀렸다. 그는 내 위치를 분명히 알려주기 위해 6개월 동안 세 번이나 나의 책상을 옮겼는데, 내게는 어떠한 사전 통보도 하지 않았다. 그런 일은 개인적인 것으로 받아들일 수 있었지만(그래, 내가 한 일은 별로 없잖아), 그곳에서는 항상 그렇게 일을 처

사회적 공감

리했다. 다음 날 중요한 입법 문제를 브리핑하는 어느 날, 나보다 높은 지위에 있는 직원이 하인처럼 대우받는 것에 불평하는 것을 지켜봤다(그는 한마디 말도 못한 채 상원의원의 코트와 서류가방을 들어야 했다). 어떤 때에는 중요한 존재지만, 또 다른 때에는 가장 보잘것없는 아웃사이더가 되는 거친 롤러코스터 같았다.

주 의회 사무실에서 일할 때는 전화 응답을 받지 못했고 당연히 받기로 한 보고서도 받지 못했다. 워싱턴의 위계상 서열이 낮은 기관이었던 것이다. 상원의원 사무실은 물리적으로 더 높은 캐피털 힐Capitol Hill지역에 위치해 있을 뿐만 아니라 더 높은 권력과 서열에 있었다. 내가 있었던 주 의회 사무실은 멀리 있지는 않았지만 미 의회 의사당에서 지적인 가장 좋은 요지와는 거리가 있었다. 일리노이주 의회 의원 한 사람이 방문했을 때는 모두가 그 선출직 공무원의 모든 요구사항을 제공하려고 대기했다. 그곳 직원들이 워싱턴의 선출직 공무원들에게 존중받지 못한다며 불평하는 것을 몇 차례 우연히 들었다. 사무실의 책임자는 주의 선출직 공무원이 이곳 워싱턴에서 중요한 존재감을 갖게 만들어주는 것이 우리의 일이라고 솔직하게 말했다. 워싱턴의 서열 위계상 주 의원은 고향에서만큼 중요하지 않기 때문이다.

이런 권력 서열은 내가 일한 모든 곳에 존재했다. 대학의 정치도 권력의 힘에서 자유롭지 않았다. 대학에서도 분명히 권력은 존재한다. 그러나 워싱턴에서 나를 놀라게 했던 것은 위아래 할 것이 모든 차원에서 권력의 힘이 작동한다는 점이었다. 이것은 개인적이기보다는 관습적이었다. 당신이 무엇을 할 수 있는지, 또 누구에게 영향력을 미칠 수 있는지에 따라 당신의 정체성이 결정된다. 그것이 바로 권력의 기초였다.

권력은 다른 사람의 삶에 영향력과 통제력을 갖는다.[1] 권력은 소수가 다수의 사람들에 대해 자신의 선택이나 의지를 강요할 수 있는 수단을 갖는다.[2] 대부분의 시스템에서 권력의 특성은 피라미드 형태를 띤다. 많은 사람들이 피라미드 아래쪽에 있고 권력을 가진 소수의 사람은 시스템 위에 위치해 있다. 대부분의 기업에서 관리자는 상급자에게 보고하고, 상급자는 최종적으로 기업 소유주나 최고경영자에게 보고한다. 학교에서 교사는 교장에게 보고하고, 교장은 장학사에게 보고한다. 학교와 같은 시스템에서는 지도자에게 책임을 묻는 외부 이사가 있다.

하지만 일상적인 권력은 명령체계의 맨 위에 있는 소수의 손에 주어진다. 더 큰 많은 시스템들은 영향력과 통제력의 사다리를 타고 올라갈수록 역시 좁아지는 여러 피라미드로 이루어진다. 예를 들어, 지방 정부는 주 정부에 보고하고 주 정부는 연방 정부에 보고한다. 권력은 일상적 삶의 결과에 중요하게 영향을 미친다. 매우 공적인 정치 분야가 특히 더 그렇다. 그래서 많은 사람들이 정치 권력자들을 지켜보고 분석한다.

2012년 전미성취자대회(National Achievers Conference)에서 도널드 트럼프는 이렇게 말했다. "당신이 성공을 위해 할 일들 중 하나는 누군가 당신을 친다면 당신은 상대방이 이제껏 생각한 것보다 5배 더 세게 쳐야 한다는 것이다. 당신은 되갚아줘야 한다.[3] 똑같이 되돌려줘야 한

사회적 공감

다." 이것이 권력을 가진 사람이 말하는 강력한 말이다. 그 당시 그는 억만장자였다. 그는 부와 명성, 지위라는 힘을 갖고 있었고 4년 뒤 추가로 미국에서 가장 높은 정치적 지위인 미국 대통령으로 선출됐다. 이런 종류의 권력이 있는 사람은 공적인 모든 부분에 영향을 미칠 수 있다. 되갚아준다는 것은 다른 사람보다 더 큰 힘을 사용할 수 있다는 뜻이다.

공감의 필요성이나 여지는 그다지 많지 않다. 여러분이 목표를 설정하고 그것을 추구해 나간다면 모든 것이 개인의 통제 아래에 있는 것처럼 보일 것이다. 지금까지 말해온 공감이 타인을 지배하는 권력과 상반된다고 보는가? 사람들은 권력을 갖고서도 여전히 타자의 입장과 필요를 고려할 수 있는가?

많은 정부 관계자들은 공감과 권력이 관련성이 없다고 생각한다. 2014년 애리조나주 상원 의장인 앤디 빅스Andy Biggs는 주 상원 의사당에서 주 정부가 교육과 사회 서비스 예산을 감축하는 이유를 설명하면서 이 질문에 대답을 제시했다. "정부는 노골적인 권력입니다. 정부는 연민이나 공감을 갖고 있지 않습니다."⁴ 그렇게 말한 지 2년 뒤 빅스는 미 의회 의원으로 선출되어 지금 하원에서 일하고 있다. 유권자들이 그에게 더 나은 직책을 주었기 때문에 그는 분명히 자신의 권력을 성공적으로 사용했다. 마찬가지로 분명한 것은 그가 정부를 공감이 부재한 장소로 본 것이다. 그 사람만이 그런 생각을 가진 것은 아니다.

오바마 대통령은 대법원 판사를 선택할 때 공감의 가치를 언급하며 이렇게 말했다. "나는 공감의 질이 사람들의 희망과 분투를 이해하고, 동질감을 느끼는 자질이 공정한 결정과 결과에 도달하는 데 필수적인 요소라고 봅니다." 그는 심각한 저항에 직면했다.[5] 사법행동 그룹(Judicial Action Group)의 임원인 제임스 크리스토퍼슨James Christophersen 은 2013년 〈내셔널 리뷰National Review〉의 한 기사에서 "판사 선택의 일차적인 기준으로 '공감'의 가치는 완전히 근절되어야 한다. 보통 기본 자질과 기준보다 인종과 성적 취향, 젠더, 정치적 소속을 더 강조한다는 의미인 그 가치의 실제적인 적용도 마찬가지"라고 썼는데, 오바마가 공감을 대법관 선택의 기준으로 다시 사용할 것이라고 과도하게 우려한 모양이다.[6] 그는 계속해서 이른바 '체제 전복적인 사조'라고 말했다. 크리스토퍼슨에게 공감이란 단순히 특정 집단의 일원이라는 이유로 자격이 없는 사람들에게 무언가를 주는 것을 의미한다.

권력을 가진 사람들의 공감에 대한 저항은 보수와 진보 사이를 갈라놓는 경향이 있다. 왜 그럴까? 공감은 자질과 기준을 무시하는 부드럽고 자유로운 사고방식인가? 빅스와 크리스토퍼슨의 평가로 보면 그런 것처럼 보인다. 실제로 퓨 리서치 센터가 시행한 조사에서 사람들의 정치적 이념과 아이들 교육에서 무엇이 중요한지에 대한 신념에 대해 물었다.[7] 3천 명이 넘는 성인들에게 12개 성격상의 특성 목록을 주고 아이들을 가르치는데 가장 중요하게 생각하는 자질 세 가지를 선택하게 했다. 또 자신의 정치적 이념이 무엇인지 말해달라고 요청했다. 〈표 4.1〉는 응답 분포를 보여준다.

한편으로는 상당한 공통점이 나타났다. 모든 집단이 아이들에게

일관되게 진보적	대체로 진보적	중도적
책임감: 47%	책임감: 55%	책임감: 56%
타인에 대한 공감: 34%	성실한 노동: 42%	성실한 노동: 46%
타인을 위한 도움: 28%	타인을 위한 도움: 26%	종교적 신념: 29%
성실한 노동: 26%	훌륭한 태도: 24%	훌륭한 태도: 26%
호기심: 23%	종교적 신념: 23%	타인을 위한 도움: 24%

대체로 보수적	일관되게 보수적
책임감: 57%	책임감: 61%
종교적 신념: 44%	종교적 신념: 59%
성실한 노동: 43%	성실한 노동: 44%
훌륭한 태도: 21%	훌륭한 태도: 17%
독립성: 16%	복종: 15%

〈표 4.1〉 아동에게 가르쳐야 할 가장 중요한 상위 세 가지 자질

가르쳐야 할 상위 3개 자질 가운데 '책임감'이 중요하다는 데 동의했다. 정도 차이는 있으나 5개 범주 모두가 상위 선택 항목으로 '성실한 노동'을 꼽았다. 그렇지만 유일하게 한 집단만이 '공감'을 아이들에게 가르쳐야 할 가장 중요한 자질로 선택했다(자신을 일관되게 진보적이라고 밝힌 집단이었다). '타자를 돕는' 특성은 일관되고 대체로 진보적인 사람들이 뽑은 최고의 자질이었다. '종교적 신념'은 대체로 보수적인 사람과 보수적인 집단에서 일관되게 매우 중요했고, 대체로 진보적이거나 중도적인 사람에게는 덜 중요했으며 일관되게 진보적인 사람들에게는 상위 항목에 들지 못했다(6장에서 종교와 공감을 다룰 때 이 항목을 다시 살펴볼 것이다).

'복종'은 일관되게 보수적인 사람들에게만 중요하게 나타났다. 진보에서 보수에 이르는 정치적 스펙트럼에 대해 우리가 알고 있는 내용을 고려할 때 이 표의 많은 내용이 놀라운 것은 아니다. 하지만 아

이들에게 공감을 가르치는 것이 가장 진보적인 이념을 가진 사람들에게만 중요한 것으로 간주됐는데, 이런 이념적 분리에 대해 뭐라고 말할 수 있을까? 공감은 진보적인 관점인가? 그럴지도 모른다.

진보적인 사람들과 보수적인 사람들은 신경학적 뇌 활동이 실제로 다르다. 진보적인 사람들은 사회적 신호와 상황을 더 잘 받아들이는 경향이 있으며, 반면 보수적인 사람들은 개인에게 더 초점을 맞춘다.[8] 다른 신경학 연구는 진보적인 사람들이 복잡하고 모순적인 정보를 처리하는 신경학적 활동에 전념하는 반면, 보수적인 사람은 습관적인 패턴을 유지하는 것과 관련된다고 밝혔다.[9] 유전도 어느 정도 역할을 할지도 모른다. 연구자들은 쌍둥이의 자료에 대한 행동유전학적 분석을 이용하여 삶의 경험이나 환경보다 유전학이 정치적 태도에 영향을 미친다는 사실을 발견했다.[10] 이런 유전적 영향은 우리가 어린 시절부터 어떻게 정치적 성향을 발전시키는지 설명해줄 수 있다.

취학 전 아동을 20년 이상 추적한 연구는 20년 뒤 정치적으로 보수주의가 된 취학 전 아동들이 공유하는 특징과 20년 뒤 정치적으로 진보주의자가 된 취학 전 아동이 공유하는 특징이 다르다는 것을 찾아냈다.[11] 나중에 보수주의자가 된 취학 전 아동의 특성에는 불확실성에 대한 불편함과 압박 상태에서 엄격함과 함께 지시를 준수했다. 반면 나중에 진보주의자가 된 취학 전 아동의 특성은 자율성과 표현력, 다른 사람에게 제약당하지 않으려는 성향을 보인다. 여러 국가에서 진행된 80건 이상의 연구를 종합적으로 검토한 결과는 다음과 같은 연구를 뒷받침했다. 정치적 보수 이데올로기의 심리학적 토대는

사회적 공감

불확실성과 두려움에 대한 우려에 바탕을 두고 있다. 보수주의자들은 전반적으로 변화에 저항하는 반응을 보인다.[12]

최근 연구에서 사회적 이슈와 사회변화에 대한 저항감에서 보수적 입장을 선도하는 것이 두려움으로 확인됐다.[13] 참여자의 절반에게 먼저 날 수 있는 강력한 힘을 갖고 있다고 상상하라고 했을 때, 사회적 태도 조사에 대한 그들의 반응은 예상한 것과 같았다. 공화당을 지지하는 참가자들은 비교적 보수적이었으며, 민주당을 지지하는 참가자들은 비교적 진보적이었다.

하지만 참가자의 또 다른 절반에게 그들이 완전히 안전하고 어떤 피해도 당하지 않을 수 있는 강력한 힘을 갖고 있다고 상상하라고 했을 때, 공화당 지지자인 참가자들이 사회적 태도에서 비교적 진보적이었고 민주당을 지지하는 참가자들과 비슷했다. 연구자들이 안전과 생존에 관한 근본적인 우려를 해결하자, 공화당 지지자들은 사회적 시각을 더 진보적으로 바꾸었다. 이것이 특히 흥미로운 점은 안전과 생존에 관한 두려움과 우려가 공감을 가로막을 수 있다는 것을 알려주기 때문이다.

이런 연구는 본질적으로 진보적인 사람들이 공감의 요소들을 더 많이 갖고 있을 수 있다는 것을 시사한다(이들이 상황에 더 잘 대응하고 이들의 뇌 활동이 복잡하고 모순된 정보를 잘 처리한다는 것을 보여준다). 이것은 다른 사람의 입장에 서서 자신과 타인에 대한 인식과 정서 조절을 유지해 나가는 데 필요한 인지 활동과 비슷하다. 다른 한편으로 앞에서 살펴봤듯이 불확실성에 대한 우려와 두려움, 변화에 대한 저항감이 공감의 장애물로 작용할 수 있다는 것이다. 진보주의자들이 공감적이고 보수주의자는 그렇지 않다고 말하는 것이 아니다. 이보다는 일반적으로 정체성에 수반되는 특징들이 공감을 촉진하거나 가로막을 수 있다는 뜻이다.

공감과 사회적 위계

정치적 정체성이 공감에 영향을 미칠 수 있는 유일한 이데올로기는 아니다. 사회적 위계나 집단의 지위 질서라는 가장 구조화된 사회에 대한 사람들의 신념과 가치관도 공감에 영향을 미칠 수 있다. 다양한 조건이 있으나 가장 기본적이고 경쟁적인 두 가지 구조는 사회적 지배를 강조하는 시각(사람들은 다른 사람들을 지배하는 자신의 집단을 선호한다)과 집단성과 평등주의를 강조하는 시각(사람들은 위계질서를 없애고 평등을 촉진하는 관행과 정책을 선호한다)이 있다.

이 두 가지 시각은 흔히 보수적인 정치이념과 진보적인 정치이념과 관련된다. 보수의 정치사상은 사회를 위계적으로 보고 집단을 평등하지 않은 것으로 보는 경향이 있다. 진보의 정치사상은 사회가 더 평등하고 집단의 위계질서가 없는 더 평등한 관계를 원하는 경향이 있다.

뇌 활동을 측정하는 연구자들은 평등주의보다 사회의 서열체제를 선호하는 사람들이 정서의 공유 능력과 우려나 다른 사람에 대한 우

사회적 공감

려감을 느끼는 능력을 가장 중요하게 관장하는 뇌 영역의 신경 활동이 더 적다는 사실을 알아냈다.[14] 정서 공유가 저조한 뇌 활동은 사람들이 타자를 읽는 능력에도 영향을 주는 것으로 나타났다. 또 사회적 위계가 좋은 것이고 사회적 불평등이 정상적인 것이라고 믿는 사람은 공감의 치밀함이 더 떨어진다.[15] 같은 연구자들은 사람들이 권력이 없다고 느낄 때에도 사회적 불평등이 자연 질서의 일부라는 신념을 가진 경우 공감 능력이 더 낮아지는 것과 관련됐다고 밝혔다.

이것은 가장 중요한 질문을 제기한다. 사회적 불평등이 정상적인 사회의 일부분이라는 신념이 사람들로 하여금 덜 공감적이게 하고, 그 결과로 타인을 지배하는 권력을 추구하게 만드는 것일까? 아니면 사회적 위계를 가장 중요한 시각으로 보는 낮은 공감 능력이 권력 획득을 촉진한 것일까? 이를테면 낮은 공감 능력은 징계나 해고 같은 부하직원에 대해 냉정한 결정을 더 쉽게 하도록 만들 수 있다. 공감 능력이 부족한 사람은 악역을 받아들일 수 있고 부하 직원과의 위계적 관계를 편안하게 여길 수 있다. 이는 사회적 지배성향을 가진 사람들의 낮은 공감에 영향을 미칠 수 있다고 해도 그런 시각이 사회적 지배에 대한 선호를 억누르기보다 공감을 더 약화시키는 듯하다.[16]

다른 연구도 이것을 뒷받침하는 듯하다. 이 연구는 공동체 성향의 학생들과 이기적인 성향(개인이 다른 사람들보다 더 중요하다고 여기는 사회지배 형태)의 학생들을 비교했다. 선택 권한이 주어졌을 때 공동체 성향을 가진 사람들은 타인을 고려하여 자신의 시간이 더 많이 소요되는 방식을 선택하고 사회적 책임이라는 과제를 완수했다. 반면 이기적인 성향의 사람들은 자신의 이익을 가장 우선시하며 과제를 더 빠르게 끝냈다.[17] 모든 학생들이 과제를 완수하는 방법에 대한 권한과 선택권을 제공받았다. 그들이 과제를 완수하는 방식의 차이는 그들의 사회적 성향이 반영됐다. 사회적 책임을 신념으로 가진 학생들은 자신의 권한을 타인을 위해서 사용했고, 자신의 필요와 이익에 초점을 맞춘 학생들은 자신을 위해서 권한을 사용했다.

공감에 미치는 권력의 영향

권력과 신념에 관한 연구는 사회를 생각하는 방식이 수직적인 위계질서나 수평적인 평등 형태로 구조화되고 그것이 공감 수준에 영향을 미친다는 것을 시사한다. 이 차이는 몇 가지 이유가 있다. 위계적인 사회에서 최상층에 있는 권력자는 타인에게 주목하거나 사회적 상황을 의식할 필요가 없을지도 모른다. 자신의 삶에 영향을 미치는 권력자의 결정에 따라 힘없이 살아가는 사람들과는 달리, 권력을 가진 사람들은 권력이 없는 사람에게 그다지 주목할 필요가 없는 것이다.

권력이 없다는 것은 권력자의 인생에 영향을 주지 않는다는 뜻이다. 또한 권력을 가진 사람은 위계에서 맡은 역할 때문에 더 많은 주목을 요구받는다. 이들은 아랫사람을 움질일 수 있는 무언가를 가지고 있어야 한다. 더 많은 주목의 대상이므로 고정관념으로 이용될 가능성이 비교적 높기 때문이다. 고정관념은 사람을 판단하는 가장 빠

사회적 공감

른 방법이며, 타자를 이해하는 지름길이기도 하다.

심리학자 수잔 피스케Susan Fiske는 이것을 가장 잘 표현하고 있다. "어떤 사람이 **힘이 없다**는 것은 상세히 정확하게 알 필요도 없고, 알 수도 없고, 알기 원하지도 않기 때문에 고정관념의 대상이 된다. **권력을 가졌다**는 것은 부하들로 하여금 권력자의 인상을 자세히 살피게 하고, 살필 수 있고, 살피길 원하기 때문에 고정관념의 대상이 될 가능성이 아주 낮다.[18] 힘이 없다는 것은 가능한 자신의 운명을 바꾸고 예측하기 위해 노력할 필요가 있다." 힘이 없는 사람이 힘이 더 많은 사람에게 더 많은 관심을 갖는 까닭에 관심은 한 방향으로만 흐르는 듯하다.[19]

높은 지위에 있는 권력자들은 타인들의 독특함을 이해하려는 관심이 적고 연민이나 공감 능력도 더 낮다.[20] 그들의 마음이 냉담하기 때문이 아니라 자신들의 관심을 선택적으로 사용하기 때문일 것이다. 높은 지위와 권력을 가진 개인은 사회적 환경이나 상황에 주의를 덜 기울인다. 이를 통해 그들은 주의가 산만해지는 것을 막고 업무에 더 집중할 수 있게 된다. 힘이 없는 약자들이 주변적인 정보에서 더 많은 것을 얻을 수 있는 반면, 힘을 가진 권력자들은 눈앞에 놓인 과제에만 집중하고 있는 것이다. 이는 힘을 가진 개인들이 정보를 처리하는 방식과 관련된다. 힘을 가진 사람은 관련이 없는 정보를 무시하고 과제에 더 깊이 집중하며, 상황이나 '지엽적인 정보'에 주의를 기울이지 않는 까닭에 목표를 더 잘 추구한다.[21] 다른 한편으로 힘이 없는 약자들은 온갖 정보를 받아들이고 사람과 상황으로 더 복잡한 그림을 그린다. 실제로 이들은 계획과 조직화, 주변 환경을 이해하는 데 도움이 되는 정신적 인지능력에서 높은 실행력을 갖고 있다.[22]

권력자들은 사회적 상황에 대한 관심 부족과 함께 또 다른 핵심적 공감 능력인 관점 수용을 상실한 경우가 많다. 권력은 실제로 관점 수용을 방해한다는 연구가 있다.[23] 권력자에게 관점을 수용하는 능력이 부족한 이유는 두 가지로 볼 수 있을 것이다.[24]

첫째는 '소심함을 덜어주는' 권력의 효과로 나온 결과일 수 있다. 권력자들은 자신의 필요나 욕구를 만족시키기 위해서 더 자유롭게 행동할 수 있다고 생각한다. 얼굴에 직접 바람을 보내는 성가신 선풍기를 끄는 것[25]에서부터 간통 행위에 이르기까지 권력자들이 힘이 없는 약자들보다 어디서나 이런 일을 할 가능성은 더 많다.[26] 실제로 상류층 사람들이 하류층 사람들보다 사기, 절도, 거짓말을 포함한 비윤리적인 행위를 할 가능성이 더 높았다.[27] 일반적으로 이런 행동들은 사회규범에 의해 나쁜 행동으로 규정되나 권력 의식을 가질 경우 다른 사람들이 생각하는 것에 개의치 않고 자신의 충동에 따라 더 자유롭게 행동한다.

권력자들이 관점을 수용하는 능력이 낮은 두 번째 이유는 자신에게만 집중하기 때문이다. 권력과 영감inspiration을 조사하는 연구에서 참가자들에게 자신이 영감을 받았다고 느끼는 이벤트에 대해 말하거나 글로 써보라고 요청했을 때, 힘의 평가에서 더 높은 점수를 받은 사람들일수록 더 적게 평가된 사람들보다 영감을 얻는 이벤트에서 자신에게 집중해서 언급할 가능성이 높았다. 연구자들은 다음과 같

사회적 공감

은 결론을 내렸다. "힘을 가진 권력자들은 타인의 경험이나 생각보다 자신의 경험과 생각에 집중하는 것을 더 좋아한다. 그들은 다른 사람보다 자신의 내적 상태에서 더 영감을 얻기 때문이다."[28]

행동 면에서 권력자와 권력이 없는 사람 간의 차이는 단순한 감정이나 욕구 이상이다. 실제로 권력을 가진 개인과 그렇지 않은 개인 간의 차이를 그들의 뇌 패턴에서 발견할 수 있다. 힘을 가진 것을 느끼는 사람들의 뇌 활성화 영역은 힘이 없다고 느끼는 사람들과 달랐다.[29] EEG 뇌 스캔(뇌파검사)을 이용하여 참가자가 다른 사람이 힘을 가진 상황에 대해 글을 쓸 때와, 어떤 사람이 참가자들을 지배하는 힘을 가진 상황에 대해 글을 쓸 때의 신경 활동을 비교해 봤더니 상이한 뇌 활동이 나타났다.

권력 집단에 속한 사람들은 소심함을 덜어주는 접근 성향과 목적 달성을 자극하는 뇌 시스템을 사용했다. 반면 권력이 없는 집단 구성원들은 외부 사건에 반응하는 뇌 영역을 사용했다. 연구자들은 이런 반응이 논리적으로 타당하다고 결론을 내렸다. 권력자들은 환경이나 다른 사람의 제약을 덜 받고 자신의 목표와 욕망에 따라 행동한다. 반면 힘이 없는 약자들은 권력이 없는 불안정한 상황 때문에 예기치 못한 모든 변화를 주시하면서 주변 환경에 관심을 갖게 된다. 이들은 자원이나 통제 권한도 적어 본질적으로 타인들에게 더 의지해야 하므로 공동체를 더 많이 지향하는 경향이 있다.[30]

이와 같이 권력은 관점을 수용하는 능력을 최소화하고 자신을 가장 중요하게 여기게 하므로 (자신과 타인에 대한 인식을 무시함으로써) 사회적 맥락과도 거리를 두게 한다. 이런 경향에서 권력은 개인적·사회적 공감을 지향하는 것과는 거리가 있다. 권력을 가진 사람들이 공감 능력을 가질 가능성이 낮다는 전망에 침통함을 느낄 수 있으나, 이 모두가 나쁜 것만은 아니다.

공감과 권력의 장점

권력자의 집중은 긍정의 결과를 가져올 수도 있다. 권력은 지체를 줄이면서 집중과 우선순위를 촉진하고 인내와 유연성, 대응·태세를 향상시킨다. 이런 능력이나 행동들이 합쳐지면 목적 지향적 행동을 촉진한다.[31] 중요한 프로젝트를 맡아서 마감시한을 지켜야 할 때 이런 능력은 가치를 발휘한다. 그러나 권력이 결과를 개선한다고 해도 힘이 없는 약자들의 감정에 공감하지 못하면 대가를 치르게 된다. 나는 공감과 권력의 이런 측면을 연구하고 있었으므로 15년 전 교수생활을 할 때 일어난 한 사건에 대해서 마침내 분명히 깨달았다.

여러 해 전 내가 소속된 대학의 지도층에 큰 변화가 있었다. 고위층이 새로 임명되면서 새로운 방향을 제시했는데 흥미진진하면서도 섬뜩한 내용이었다. 한 가지 변화는 우리 학과가 본관에서 다른 곳으로 이전해야 할 몇몇 학과 중 하나가 됐다는 것이었다. 우리 학과는 처음 개설된 30년 전부터 그 캠퍼스에 있었는데, 약 32km 서쪽 도심 지역에 지어질 캠퍼스로 이전할 예정이었다. 그 당시 그곳은 거의 아무엇도 없었고 재개발이 필요한 지역이었다. 학과 교직원 중 특히 행정직원은 그 지역에 거의 살지 않았다. 대부분의 교직원은 학교 근처로 집을 옮겼는데, 이제는 학교가 이동하게 됐던 것이다. 이것은 매우 혼란스럽고 불안감을 유발하는 경험이었다.

신임 대학 총장은 공개회의를 개최해서 여러 가지 질문에 대답했다. 회의에 많은 사람이 참석했으며, 그들 중 다수는 비서나 사무직원 같은 현장 직원이었다. 이들 중 일부의 임금은 빈곤 수준에 가까웠다. 총장이 계획을 발표한 뒤, 첫 번째 질문은 주차에 관한 것이었다. 새로운 캠퍼스 근처에 적절하게 이용할 수 있는 안전한 주차장이 있습니까? 이 질문은 총장의 심기를 건드렸다. 총장은 더 많은 학생들을 유치하고 새로운 캠퍼스를 개발하는 대규모 발전계획을 발표하는 자리에서 그런 사소한 사항에 관해 걱정하는 속 좁은 사람들이라고 질책했다.

이것은 사실이었지만, 그는 이런 발전계획을 수립할 때 이 과업에 영향을 받는 사람들의 우려를 완전히 간과했다. 학생과 직원, 교수 대다수는 적절하게 이용할 수 있는 안전한 주차장이 있는지도 알지 못한 채 미개발 도시지역(밤에는 사람이 없어 텅 비었다)에서 일하는 것에 불안해하는 여성들이었다. 직장인 학교 주변에서 생활했는데 이제 오랫동안 살던 곳에서 어쩔 수 없이 떠나야만 했다. 게다가 우리는 지엽적인 문제에 초점을 맞추고 더 크고 원대한 그림을 제대로 보지 못한다며 질책을 받았다.

그날 나는 공감과 권력에 대해서 많은 것을 배웠다. 하지만 당시에는 지금처럼 무슨 일이 벌어진 것인지 이해할 만한 심층적 연구에 기초한 지식이 없었다. 이 사례는 야심차고 자신의 비전에 완전히 헌신하는 권력자가 변화를 추구하지 않고 현재의 구조에 매우 만족하는 사람보다 약자들의 생각을 읽지 못했음을 보여준다.

사실 많은 사람들이 여러 해 동안 일하면서 형성된 인맥과 많은 친구들을 직장인 학교 부근에 두고 있었는데, 이런 것들은 일하는 곳과 분리될 수 없는 것들이었다. 이동은 이 모든 것을 바꿔 놓는다. 이 큰 비전은 고위층의 지시사항이었기 때문에 주인의식이나 소속감은 없었다. 변화에 대한 두려움이 있었고 정말 중요한 삶의 문제들이 있었다. 최고위층 사람들은 그 어떤 감정도 받아들이지 않았다. 그 당시 총장이 내가 지금 공감과 권력에 대해 아는 것을 알고 있고 직원들의 요구를 들어주었다면, 이런 새로운 시도를 생활 속에 신속하게 그리고 효과적으로 가져올 수는 없었을 것이다.

빠르고 극적인 변화를 일으키려면 사람들의 감정은 최소화해야 한다. 공감은 실제로 전면적인 변화를 가로막는 장애물일 수 있다. 그 이유는 만약 당신이 변화를 책임지고 있다면 이런 변화에 영향을 받는 사람들의 모든 우려를 들어주는 일은 거의 불가능할 것이기 때문이다. 그러나 소통하지 못하면 대가를 치른다. 사람들은 당신이 자신들의 목소리를 들어주지 않고 소외시켰다고 느끼며, 당신이 원하는 것을 할 수는 있으나 사명감과 비전 또는 지도자인 당신과 연결됐다고 느끼지는 않을 것이다.

그러므로 타인에게 얼마나 많은 관심을 갖길 원하는지, 그리고 어

사회적 공감

떤 것을 성취하고 싶은지는 선택해야 한다. 나는 이 두 가지를 동시에 수행하는 것이 불가능하다고 생각하지 않으나 두 가지를 신속하게 수행할 수 없다는 것은 분명하다. 사람의 감정을 다루는 일은 시간이 걸린다. 공감적 통찰을 하려면 시간이 걸린다. 이것은 주차장을 걱정하는 사람의 이면에 어떤 감정이 있는지 이해하는 것을 뜻한다. 이 과정은 큰 과업의 속도를 늦출 수 있다. 이것은 우선순위의 문제다.

당신은 서로 보살피고 연결된 공동체를 만들기 원하는가? 아니면 건물과 프로그램, 구체적인 결과물을 효율적으로 제때에 만들어내길 원하는가? 어떤 사람은 나중에 사람들이 그가 그들을 중요하게 여기며 마음을 썼다고 기억해주길 바라고, 어떤 사람은 나중에 사람들이 그가 창조한 것과 건설한 것을 기억해주길 바란다. 때로 당신은 사람들의 삶에 개인적인 방식으로 직접 공감하면서 구체적인 결과물을 만든다. 공감하는 것이 당신에게 중요하다면, 둘 다 하는 것은 지금까지 익숙했던 것과는 달라 보일 것이다.

공감이 집단생활과 노동의 일부분이라면 중요할 수 있지만 의도하지 않은 뜻밖의 결과가 나올 수 있다. 이 말은 무슨 뜻일까? 또 다른 사례를 들어보자. 대학 교수 1년차에 있을 때, 나는 지역사회 활동에 관한 수업을 가르쳐달라는 요청을 받았다. 많은 신임 교수들이 흔히 경험하듯이 자기 분야가 아닌 수업을 맡으라는 요구를 받는데, 그 수업을 가르칠 전문지식이 없을 수 있다. 나의 경우가 그랬다.

나는 최대한 성실하게 독서 자료를 준비하고 지역사회 프로젝트를 요구하는 이전 강사의 과제물도 포함시켰다. 내가 구상 중인 구체적인 프로젝트는 없었다. 나는 그 지역사회에 처음 왔고 지역사회 활동을 경험했다고 해도 그것은 수년 전의 일이었고 나의 전문 교육분야도 아니었다. 나는 잘 모르는 분야의 전문가가 되려고 노력하는 대신 학생들에게 지역사회에 관한 주제를 선택하여 조사를 수행하고 그 주제와 관련하여 취할 수 있는 행동을 계획해보라고 말했다.

내가 맡은 학급은 소규모였으며, 학생들은 연구하고 싶은 분야를 놓고 토론을 시작했다. 그들은 노숙자 문제에 초점을 맞추기 시작했다. 나는 노숙자와 관련된 많은 문제를 안고 있는 시카고에서 막 이사를 와 농촌 지역에 있는 이 작은 대학 타운에서 가르치고 있었다. 내가 처음 생각하고 심지어 학생들에게 큰소리로 말한 것은 여기 같은 작은 대학 타운에서 노숙자 문제는 시카고처럼 실질적인 문제가 아니다라는 내용이었다. 학생들은 조용했다. 그들은 예의를 갖춰 나와 논쟁을 하지 않았지만 자신들의 아이디어에 대한 나의 판단 때문에 의기소침해진 것 같았다.

다행히 나는 신임 교수로서 그들이 내 수업을 정말 좋아하기를 바랐기 때문에 학생들과 소통하려고 했고 그들이 무엇을 느끼는지 알고 싶었다. 그들은 자신들이 좋은 아이디어를 갖고 있다고 생각했으며, 나는 이들의 생각이 바보 같은 아이디어라고 생각했다. 나는 말을 하지 않기로 결심하고 그들을 현장으로 보내 지역사회 조사를 시작하고 다음 주에 돌아와서 그 내용을 발표하도록 했다. 나는 실제로 내 판단을 확신했기 때문에 그들이 돌아오면 다른 주제를 다시 제안해야 할 것이라고 생각했다. 한 주를 그냥 날리고 내가 계획한 모든

사회적 공감

계획을 다시 조정해야 할까봐 걱정도 됐다. 결과는 내가 틀렸다. 아주 빗나갔다.

학기 과정 중에 학생들은 아주 놀라운 연구 프로젝트를 만들었고, 처음으로 농촌의 작은 소도시의 드러나지 않은 광범위한 노숙자 문제를 입증했다. 이 프로젝트는 많은 지역 언론에 보도됐고, 학생들은 그 지역사회의 주 의원과 만나서 연구내용을 공유하자는 요청도 받았다. 아주 놀라운 일이었다. 그들의 관심사를 수행하지 못하도록 의기소침하게 만든 내 판단은 완전히 틀렸다. 내가 만일 그들의 느낌을 감지하지 못했다면 대단한 기회를 잃었을 것이다. 실행자들이 과제를 제시하지만 감정을 흔쾌히 소통하지 않거나 불편하다는 이유로 얼마나 많은 아이디어가 사장되는가?

절충점을 찾아내다: 권력과 공감의 조화

권력에 수반되는 동기와 행동이 권력을 가진 사람들로 하여금 개인적·사회적 공감 요소들을 활용하지 못하게 할 가능성이 있다. 활용되지 못할 위험이 가장 큰 능력은 관점 수용과 자신과 타인에 대한 인식, 그리고 사회적 맥락에 대한 주목이다. 권력자가 사회생활을 규정하는 법과 규정을 만드는 사람이라면 심각한 문제가 발생할 수 있다. 이런 문제를 입증하는 많은 정책과 조치는 이미 언급했다(1장에서 언급한 복지개혁과 1년에 추가소득 78달러가 얼마나 적은 돈인지 깨닫지 못하는 하원 의장의 트위터 이야기를 기억하라).

권력자들은 권력이 없는 삶을 사는 것이 어떤 것인지 알지 못한다. 권력자들은 자신만을 생각하고 아무런 제약 없이 행동할 수밖에 없는 운명인가? 좋은 소식은 권력이 있는 모든 사람이 그렇게 행동하지 않는다는 것이다. 권력이 필연적인 공감 결핍을 유발하지 않는 이유를 보여주는 단서들이 있다. 다행스럽게도 권력자들이 권력을 얻을 때 타자를 고려하고 자신에게만 집중하지 않기로 결단하는 좋은 사례들이 있다.

앞서 버락 오바마 전 대통령이 대법관을 선택할 때 공감을 사용할 것을 요청한 내용을 언급했다. 오바마는 미국 대통령이 되기 전 그가 쓴 《담대한 희망The Audacity of Hope》에서 공감이 올바른 결정을 내리는 데 중요하다는 신념을 피력했으며, 공감 의식이 "나의 도덕 코드의 핵심"이라고 말했다. 그는 공감을 연민이나 자선행위 이상이라고 썼으며, "다른 사람의 입장에 서서 그들의 입장에서 보라는 요청"이라고 설명했다.[32] 이전 정치인들은 그런 입장에서 타자를 이해하는 의미 있는 지속적인 사회정책을 만들었다.

1852년 해리엇 비처 스토Harriet Beecher Stowe는 《톰 아저씨의 오두막 Uncle Tom's Cabin》을 출간했다. 이 책은 노예들의 삶의 고통과 비극을 공감 있게 전달했고, 수백만부가 팔렸다. 도덕성과 심리발달 전문가인 심리학자 마틴 호프먼Martin L. Hoffman은 이렇게 썼다. 사람들이 노예제를 폐지하는 도덕적 선택을 확신하는데 "이 책은 그 어떤 책보다 많은 기여를 했을 것이다." 실제로 에이브러햄 링컨 대통령은 이 책

사회적 공감

의 노예제 반대 메시지의 영향을 인정한 발언으로 유명하다. 그는 스토를 만났을 때 이렇게 인사했다. "이 큰 전쟁을 시작한 어린 숙녀군요."33

1930년대 대공황은 수많은 사람들에게 육체적·정신적 고통을 줬다. 프랭클린 루스벨트Franklin D. Roosevelt 대통령은 수많은 사람들과의 공감을 통해 파괴적인 경제적 대격변에 대응할 뉴딜정책을 시행했다. 그는 최초로 프란시스 퍼킨스Frances Perkins라는 여성을 노동부장관에 임명해 내각에 참여시켰다.34 퍼킨스는 뉴잉글랜드 특권층 가정에서 성장한 덕분에 마운트 홀리오크 칼리지(Mount Holyoke College)에 다닐 수 있는 기회를 누렸다. 그 당시의 많은 여성들과 마찬가지로 그녀의 계획은 교사가 되는 것이었다. 마지막 학년 때 그녀는 경제학 수업을 들었는데, 다른 수업과 달리 지역공장을 방문해서 일하는 여성과 아동의 노동조건을 직접 목격했다.

이 경험을 통해 그녀는 처음으로 노동에 공감적인 시각을 갖게 됐으며, 수업이 끝난 다음 이민자와 아프리카계 미국 소녀들이 직장을 찾는 일을 도와줬다. 그녀는 사회복지사가 되려고 정치학을 공부하기로 결정했고, 뉴욕시청에서 일하면서 상급 학위과정을 마쳤다. 1911년 뉴욕 역사상 최악의 공장화재 사건이었던 트라이앵글 셔츠 웨이스트 공장(Triangle Shirtwaist Factory) 화재를 직접 목격하기도 했다. 이 화재의 피해 규모가 컸던 이유는 최소한의 비용으로 많은 일을 하도록 작업 중 휴식을 막으려고 계단 통로를 잠그고 공장 안에서 너무 많은 사람들이 일하고 있었기 때문이다. 그곳에는 일하던 많은 여성과 아이들이 건물 안에 갇혀 있었다.

프란시스 퍼킨스를 포함한 목격자들은 여성들이 화염을 피하려고 창문으로 뛰어내려 죽는 모습을 보고 공포에 떨었다. 이 화재의 목격은 프란시스 퍼킨스에게 지울 수 없는 상처를 남겼다. 그녀는 노동조건의 개선을 위한 규제 법안의 통과를 위해 주 정부와 연방 정부에서 일했다. 처음에는 루스벨트 주지사가 임명한 내각의 일원이었고, 나중에는 루스벨트 대통령의 내각의 일원이 된 프란시스 퍼킨스는 많은 노동개혁을 이끌었다. 그녀의 가장 중요한 업적은 1935년 사회보장법을 심혈을 기울여 만들었고 1938년 아동노동 금지조항이 포함된 공정근로기준법을 통과시킨 위원회 의장을 맡은 일이었다.

그 당시 정책 입안에 공감을 이용한 사람은 퍼킨스만이 아니었다. 미 의회에서 그녀와 함께 일하면서 사회보장법을 지원한 두 사람이 있었는데, 한 사람은 상원의원이고 다른 한 사람은 하원의원이었다. 그들은 가난을 직접 경험한 사람들이었다. 뉴딜시대의 존경받는 역사가 프랭크 로이히텐부르크Frank Leuchtenburg는 이렇게 썼다. "사회적 불안의 의미를 날카롭게 느낀 두 사람이 행정부의 법안을 상원과 하원에 제출했다. 사회보장정책이 상원을 통과하도록 조율한 로버트 와그너Robert Wagner는 경비원의 아들이었다. 그는 소년시절에 이민 와서 뉴욕 거리에서 신문을 팔았다. 같은 법안이 하원에서 통과되도록 주도한 데이비드 루이스David Lewis는 아홉 살 때 석탄 탄광에서 일했다. 16세 때 문맹이던 그는 독학으로 영어, 프랑스어, 독어를 배웠다."[35] 이들은 프란시스 퍼킨스와 함께 경제적 불안과 실업에 대한

사회적 공감

개인적 통찰을 통해서 그 문제를 해결할 법안을 주창했다. 오늘날 미국의 사회보장은 가장 강력한 사회복지정책이며 수백만 명의 퇴직자들을 빈곤에서 벗어나게 해준다. 이 법에는 건강보험(메디케어Medicare와 메디케이드Medicaid), 장애보험, 실업보험 프로그램이 포함된다.

마틴 루터 킹 주니어Martin Luther King Jr.는 비록 선출직 공무원이 아니었지만 사회변화를 위한 자신의 노력을 알리기 위해 인생 경험을 활용한 가장 감동적인 사례일 것이다. 그의 가슴 뭉클한 인생 이야기는 권력과 인정으로 얻을 수 있는 기회는 물론 편견과 차별로 인한 여러 제약을 직접 경험한 한 사람을 묘사한다.[36] 그는 자신의 경험과 친구들, 가족 그리고 목회와 여행에서 만난 많은 사람들의 경험을 결코 잊지 않았으며, 이 경험들을 토대로 자신의 주장을 펼쳤다.

1963년 8월 워싱턴 링컨기념관 앞에서 행한 유명한 연설 "나는 꿈이 있습니다"에서 그를 인정했던 사람들과의 생생한 경험을 언급하고 그들과 자신의 가족을 연결하면서 그의 인맥이 생생하게 드러났다.

나는 여기에 참석한 어떤 이들이 시련과 고난을 겪다가 여기에 왔다는 사실을 모르지 않습니다. 비좁은 감방을 나온 지 얼마 안 되는 사람들도 있습니다. 어떤 사람들은 자유를 추구하다가 박해라는 폭풍에 시달리고 경찰의 야만스런 폭력이란 강풍이 몰아치는 땅에서 왔습니다. 여러분들은 모두 새롭게 다가오는 온갖 고통을 겪는 일에 달인입니다. 오늘 여러분에게 말씀드릴 것이 있습니다. 나의 벗들이여, 비록 오늘과 내일 우리가 고난과 마주할지라도 나는 아직 꿈이 있습니다. 나에게는 꿈이 있습니다. 나의 네 아이들이 피부색이 아니라 인격에 따라 평가받는 그런 나라에 살게 되는 날이 오리라는 꿈입니다.[37]

개인적인 경험에서 나온 이 강력한 연설은 타자의 관점과 그들이 살았던 사회적 맥락을 이해하는 그의 능력을 보여줬다.

프란시스 퍼킨스의 사례처럼 공감 능력을 가진 모든 강력한 정치가들이 불우한 상황에서 성장한 것은 아니었다. 어린시절 특권적 생활을 누린 권력자들도 나중에 공감적 시각을 배우고 이런 시각이 반영된 공공정책을 주장했다.

로버트 케네디Robert Kennedy는 가장 유력하고 특권을 누리는 가문에서 태어나 정치계에 입문했다. 1967년 빈곤과의 전쟁을 유발한 기아와 경제적 박탈에 대한 대중들의 인식이 고조되자 로버트 케네디는 미국 남부의 가장 빈곤한 지역을 방문했다. 그와 함께 간 사람들은 미시시피의 매우 가난한 지역에 사는 가정들을 방문한 뒤 그가 눈물을 쏟았다고 전했다. 엄청난 부와 특권을 가진 케네디는 워싱턴으로 돌아와 궁핍한 사람들에게 더 좋은 음식을 제공하기 위해 식권지급 프로그램(Food Stamp Program)을 확대하라고 의회를 압박했다. 케네디는 빈곤 상황을 직접 돌아본 경험이 극빈자에게 음식을 공급하는 프로그램을 만들자고 주장한 동기였다고 말했다.[38]

이는 공감이 권력자에게 영향을 미쳐 자신을 비롯한 많은 이들에게 유익한 정책을 시행하도록 만들 수 있음을 보여주는 몇몇 사례일

사회적 공감

뿐이다. 아마 더 많은 사례가 있겠지만 안타깝게도 일반적이지 않다. 사실 많은 정치가들이 사람을 읽는 훌륭한 능력을 갖고 있으나 그렇다고 그것이 반드시 공감 능력으로 바뀌지 않는다.

공감이 없는 관점 수용은 가능한가?

우리는 종종 일부 사람들이 타인을 읽는 능력이 탁월하지만 공감은 없고 오히려 그런 능력으로 다른 사람을 조종하는 것을 보게 된다. 사람들의 마음을 읽고 그들이 원하는 것에 반응하는 것과 공감하는 것은 다르다.

　다양한 기업과 기관의 상급자들과 그들에게 보고하는 사람들을 상대로 한 실험에서 각 개인이 타인의 감정을 얼마나 잘 평가할 수 있는지 조사했다.[39] 그 결과, 상급자들이 다른 사람들의 감정을 읽는 정확도가 더 높았다. 새삼스런 일은 아니다. 지도층 위치에 있는 경우 리더가 자신을 위해 일하는 사람이나 더 넓은 차원에서 고객과 사업 파트너, 공급자, 유권자 등 교류할 가능성이 있는 모든 사람들의 감정을 읽는 능력은 매우 유용하다.

　따라서 사람들은 권력자 위치에 있는 사람들이 다른 사람의 감정을 읽을 수 있어도 그러한 감정 읽기가 그들에게 갖는 의미와 그런 지식을 이용하고 그들이 하는 일이 공감과 거리가 멀 수 있다는 것도 알고 있다. 사람 읽기는 타인의 입장에 서는 것과는 다르다. 그들의 입장에 선다는 것이 진정으로 어떤 것인지 상상하고 그들의 삶의 맥락을 이해하고 아는 것은 많은 시간을 필요로 하지 않는다.

다른 사람이 무슨 생각을 하고 무엇을 느끼는지 아는 놀라운 능력을 가진 사람이 개인적·사회적 공감 능력이 없다면 어떤 모습일까? 개인적 관계에서 명백한 사례는 사기꾼(당신이 원하거나 느끼는 것에 호소하지만 당신의 행복에는 전혀 관심이 없는 사람)이며, 최악의 시나리오는 소시오패스(다른 사람들을 잘 읽지만 그들의 약점을 이용해서 해를 끼치는 사람)다. 이런 것은 극단적인 사례들이다. 권력을 가진 다른 사람들도 비록 비도덕적인 목적을 위해서는 아니지만 이런 능력을 이용할 수 있다. 정치인들은 항상 이런 능력을 이용한다. 어떤 사람은 이것을 '대중의 인기를 노리는 것'이라고 하거나 사람들이 듣고 싶은 것을 말해서 자신이 그들과 연결됐고 그들 중 한 사람이라고 느끼게 만드는 것이라고 말할 수도 있다. 이 능력은 선거에서 승리하는 데 도움이 된다.

최근의 도널드 트럼프를 비롯해 많은 정치인들이 선거에서 이기려고 사람들이 듣고 싶어 하는 말하는 전술을 사용했다. 트럼프는 대통령 선거에서 '오물을 청소하는 것'과 같은 공약을 제시한 것으로 유명했다. 그는 선거운동 자금을 모금할 때 큰 손 기부자들과 거리를 두고 정부에서 기득권을 가진 내부자를 제거하겠다고 말했다. 그는 월스트리트, 특히 투자기업인 골드만삭스와 가까운 상대 후보를 비판했다.

하지만 이 약속은 실제로 지켜지지 않았고 다른 몇 가지 약속도 마찬가지였다.[40] 트럼프 행정부 내 핵심 직책에는 내부자로 채워졌다.

사회적 공감

예를 들어 공화당 전국위원회 전 의장과 골드만삭스의 사장을 포함한 임원들이 백악관 국가경제위원회를 이끌 위원으로 임명됐다. 그의 내각 직책 중 약 3분의 1이 수백만 달러를 선거운동에 제공한 최고 기부자들에게 돌아갔다. 그는 또한 힐러리 클린턴이 기자회견을 하지 않는다고 불평하면서 그녀의 부정직한 행위와 그 행위에 관해 언론의 질문에 대답하지 않으려는 태도를 비난했다. 이후 그는 2016년 7월로 기자회견을 중단하고 6개월 동안 기자회견을 열지 않았다.

선거에 이기려고 사람들이 듣고 싶어 하는 말을 하는 것은 전혀 놀라운 일이 아니다. 그것은 다른 사람을 읽는 능력이 가장 탁월한 사람들을 통해 이루어 질 수 있다. 하지만 그것은 공감이 아니다. 그것은 다른 사람의 입장에 서서 그들의 눈으로 세상을 보는 것이 아니다. 그것은 공감에서 사용되는 관점의 수용이 아니다. 3장에서 논의했듯이, 실제로 그것은 사람들의 두려움을 이용하고 그들의 만족을 위해서 그들이 듣고 싶어 하는 것을 말해줌으로써 자신에게 찬성표를 던지게 만드는 것이다.

최악의 권력은 비인간화를 초래할 수 있다

더 나쁜 소식이 있다. 공감이 없는 권력에 대해서 내가 당신을 충분히 낙담시키지 않았다면 말이다. 권력과 비인간화, 인간성을 제거하여 사람들을 비하시키는 일은 근본적으로 연결돼 있다. 비인간화는

"사람들의 인간성을 부정하여 그들을 사물로 취급하는 행위"다.[41] 최악의 경우 비인간화는 사람들의 감정을 억압하여 다른 인간과 연결되지 못하게 하며, 3장에서 언급했듯이 학대와 고문, 집단 학살과 같은 행동을 하게 한다.

그러나 다른 이유에서 비인간화되기도 한다. 이를 테면 과거에 타집단에 저지른 불의 때문에 자신의 내집단과 거리를 두거나 전쟁터에 병사를 보내는 가혹한 결정에서 비롯된다. 비인간화는 권력자들이 자신의 행동이나 결정을 정당화하기 위해 타인들의 고통을 최소화함으로써 어려운 결정을 하게 하는 도구가 된다. 앞서 언급했듯이 권력은 a) 관점 수용 능력이 비교적 낮고 b) 권력자들과 힘이 없는 약자들 간의 사회적 거리를 만들며, c) 권력자들이 타인들을 고정관념으로 집단화하거나 몰개성화시키는 경향과 관련이 있다. 이런 특징들은 모두 비인간화를 확대시킨다.

세 가지 다른 실험에서 참가자들에게 권력이 있는 지위를 부여하고 어려운 결정을 내리도록 했다. 하나의 결정은 심각하게 실업률이 높은 매우 빈곤한 국가에서 거주하는 것과 관련된다. 빈민가에 사는 대부분의 사람들은 그들 자신을 위해 아무도 살지 않은 새로운 지역으로 강제 이주를 해야 한다. 또 다른 결정은 환자를 위한 두 가지 치료 방법 중 하나를 선택하는 것이다. 하나는 고통이 없지만 효과가 없는 치료 방법, 다른 하나는 매우 고통스럽지만 더 효과적인 방법이다.

실험에 참가한 몇몇 집단 중에서 높은 권력을 가진 자일수록 힘든

사회적 공감

결정을 내렸고, 그렇게 함으로써 그 결정을 내린 사람들일수록 비인간화될 가능성은 더 높았다. 이 연구는 권력자들이 비인간화를 이용해서 자신의 선택으로 야기된 모든 감정을 제거한다는 점을 보여준다. 그들은 장기적인 이익을 위해 단기적인 고통을 감수한다.[42]

하지만 비인간화가 힘든 결정을 내리기 위해 사용된 도구일까? 아니면 권력자들의 본질 중에 일부일까? 다른 연구들은 비인간화를 초래하는 것은 권력 자체임을 시사한다. 권력자들은 권력 때문에 권력이 없는 사람들의 인간성을 보지 못하는 경향이 있다. 이런 시각은 부분적으로 권력이 없는 약자들의 특성 때문일 수 있다. 권력이 없는 사람은 보통 야망과 상상력, 열정, 분석능력과 같은 인간 특성이 더 적게 나타난다.[43]

권력에 수반된 우월성은 권력자들이 약자들의 인간성을 포함해서 능력이 부족한 사람으로 보게 한다. 경우에 따라 이것은 문제가 될 수 있다. 권력을 가진 사람이 다른 사람의 감정이나 필요를 무시한 채 이들에 대한 결정을 내리는 경우가 그렇다. 다른 상황에서는 이런 태도가 유용할 수 있다. 예를 들면, 환자의 감정이 아니라 치료에 초점을 맞춘 냉정한 의학적 결정을 내리거나, 타인들을 돕는 행위지만 일부 사람들에게는 악영향을 미칠 수 있는 고용 결정을 할 때처럼 말이다.

권력과 정치로 다시 돌아가다

이 장의 정치적 편향 때문에 어떤 사람들은 불편한 심기를 갖거나 내가 편견을 갖고 편을 드는 것처럼 느낄지도 모른다. 이런 우려로 나와 공감연구 팀원들은 정치적 이념, 정당 가입, 공감 능력을 살펴보는 몇 가지 연구를 수행했다.[44] 우리는 익명으로 학생들을 조사하여 그들의 정당 가입 및 핵심 정책이슈(가령, 환경보호, 이민, 의료 서비스, 정부지원)와 관련하여 사회적 책임에 대한 시각(더 진보적임)에 대해 묻고, 그들의 개인적·사회적 공감 수준과 정책 관점을 비교했다.

이 장의 앞부분에 언급한 연구 결과에서 우리는 집단적 견해를 가진 사람일수록 공감 능력이 더 강할 것이라고 예상했다. 그리고 그 결과가 정당가입에 따라 구분될 것이라고 생각했다. 민주당 지지자가 공감을 더 많이 하고 사회적 책임에 대한 관점이 더 강한 반면, 공화당 지지자는 그렇지 않을 것이라고 내다봤다. 우리가 발견한 결과는 약간 달랐다. 민주당 지지자나 공화당 지지자와 같은 정치적 입장과 개인적·사회적 공감 사이에는 유의미한 관계가 없었다.

그렇다. 정치적 이슈를 사회적 책임의 관점에서 바라보는 사람들은 사회적 공감 수준이 상당히 더 높았지만 정당 가입과는 밀접한 관련이 없었다. 이 연구로 우리는 특히 사회적 공감에 대한 거시적 시각은 가입 정당이 아니라 정치적 이념과 긴밀히 관련된다고 결론을 내렸다(그리고 우리는 퓨 리서치 센터의 보고서에서 이것을 확인했다. 진보적인 관점을 가진 사람들이 공감을 아이들에게 우선적으로 가르쳐야 할 중요한 특성으로 보았다).

사회적 공감

그러므로 공감이 사회에 대한 진보적 관점을 가진 사람들에게 더 일반적일 수 있지만 민주당을 지지하는 자들에게 더 일반적인 것은 아니다.

정치적 올바름

정치적 올바름이 권력 및 공감과 어떤 관계가 있을까? 최근 모든 정파들은 정치적 올바름이란 개념에 많은 우려를 표시하고 있다. 용어의 역사와 사용은 바뀐다. 본래 이 용어는 어떤 이슈나 집단이 올바른 정치적 입장에 서는 것을 가리켰다. 하지만 1970년대 대학 캠퍼스에서는 주로 불쾌한 언어를 제한하는 행위를 가리키는 것으로 바뀌었다. 내가 보기에 이 개념을 가장 잘 설명하고 있는 정의는 메리엄웹스터(Merriam-Webster) 사전에 나오는 "특정 집단을 불쾌하게 하는 방식으로 언어를 사용하거나 행동하지 않도록 주의해야 한다는 사고"다.[45]

처음에는 상대방을 세심하게 이해하는 방법으로 시작한 것이 언어의 통제와 검열처럼 느껴졌다(사람들은 자신이 느끼는 것을 더 이상 자유롭게 말할 수 없었다). 정치적 올바름이 권력과 통제의 한 형태로 여겨지게 된 것이다. 정치적 올바름의 본래 의도에 대한 이런 반응은 2016년 선거에서 중심이슈로 대두됐다. 공화당 토론회에서 공화당 대통령 후보 트럼프의 다음과 같은 말은 정치적 올바름에 반대하는 일반적인 정서를 간략하게 말해준다. "나는 이 나라의 큰 문제가 정치적 올바름이라고 생각합니다. 나는 많은 사람들로부터 도전을 받았습니다. 솔직히 나는 모든 형태의 정치적 올바름을 싫어합니다. 정직하게 말하면 미국 국민들도 이것을 싫어합니다."[46] 트럼프의 대통령 당선은 많은 사람들이 더 이상 언어에 대한 감시활동을 할 필요가 없다고 합의한 것처럼 보인다.[47]

나는 실제로 이 논쟁의 양측 모두에게 공감한다(불쾌감을 주는 말을 사용하지 않도록 조심해할 필요가 있으며, 또한 자신의 생각을 자유롭게 말할 필요도 있다). 문제는 당신의 자유로운 발언이 나를 불쾌하게 할 수 있고, 그 반대도 마찬가지라는 것이다. 언어는 유동적이며 한 때 받아들일 수 있던 말도 더 이상 받아들여지지 않을 수 있다. 이런 언어의 변화는 대학처럼 제한적인 장소에서만 일어날 수도 있다.

사회복지 교육을 받고 있던 초창기에 나는 사람들의 호칭에 대한 매우 간단한 방법을 배웠는데, 그것은 당사자에게 물어보는 것이다. 물론 항상 사람들에게 물어볼 수 없다. 누가 특정 집단의 소속인지 물어 본 사람도 전혀 알 길이 없다. 하지만 이 원리는 나를 자극해서 공감을 향해 한 걸음 더 나아가도록 했다. 특히 사회적 공감을 길잡이로 삼은 것이 정치적 올바름에 대한 해답이 될 수 있다. 역사적 맥락을 이해하고 거시적 관점을 수용하는 것은 특정 집단과 사람들이 불쾌하게 여길 수 있는 것과 그렇지 않은 것을 판단하게 해준다. 이것은 특정 언어를 옹호하는 사람과 그것을 자유에 대한 통제와 장애물로 여기고 분개하는 사람들 모두에게도 도움이 된다.

사회적 공감

수십 년 전 나는 어느 대학 수업에 객원 강의를 해달라고 요청받았다. 그 수업 담당 교수는 나와 같은 시기에 박사 학위를 마친 뒤 동시에 교수로 채용됐고 직급도 같았다. 우리는 좋은 친구가 됐다. 나는 그에게 큰 지지를 받는다고 느꼈고 나도 그를 지지해줬다. 그의 수업에서 강의를 하게 돼 좋았고 아주 잘 진행됐다고 생각했다. 나중에 그가 내 연구실에 찾아와서 상당히 속상해하고 염려했다. 수업 후 두 명의 여학생이 그에게 찾아와서 불평을 했다는 것이다. 그들은 그가 나를 존중하는 태도로 대하지 않았다고 느꼈고, 그 이유는 내가 소개되었을 때 그가 내 이름을 불렀기 때문이다.

이 수업 이전에 객원 교수로 왔던 한 남성은 학생들에게 그의 직책과 박사라는 호칭으로 소개됐다. 나의 동료는 무척 미안해하며 내가 기분이 나쁘게 생각하지 않기를 바랐다. 그는 진심으로 염려했고 나를 매우 존중한다는 것을 알아주기를 원했다. 솔직히 나는 그런 점을 알아차리지 못했다. 그와 나는 친구였고, 그 수업은 비공식적인 대학원 세미나였다. 하지만 학생들은 제대로 요점을 짚었다. 남성 직장 동료들 속에 있는 한 명의 여성을 그냥 이름으로 부르는 것이 마치 내가 남성 교수들과 같은 직급과 자격을 갖지 못한 것처럼 보이게 했던 것이다.

이것은 내가 대학 교수직에 있을 때 처음으로 정치적 올바름을 분명하게 경험한 순간이었고 참 난처했다. 나는 내 동료가 나를 존중한다는 것을 알았고 그가 나를 자신보다 못한 사람으로 생각하지 않는다는 것도 알았다. 그러나 그가 말하는 방식은 학생들에게 그런 인상을 췄다. 이 사건은 객원 교수를 소개할 때 직위와 호칭을 사용하려면 모든 객원 교수에게 일관되게 사용해야 한다는 교훈을 줬다. 그일은 결국 공평성 문제로 귀결됐고, 그 문제로 학생들이 그를 방문했던 것이다. 그가 나를 불공평하게 대하려는 의도가 아니었다는 것을 알지만 일이 그렇게 되고 말았던 것이다.

그 이후로 사람들에게 어떻게 소개하길 원하는지, 또는 일대일 토론에서 호칭으로 불러주기를 원하는지 묻는 것을 습관화하려고 노력했다. 최소한 그런 방식으로 그들이 불쾌하지 않도록 하는 단어를 사용하려고 그들에게 지침을 구한다. 내 자신과 타인의 차이(모든 사람이 내가 부르려 하는 방식으로 불러주기를 원하지 않는다)를 인식하고 관점을 수용하는 과정이 출발이다. 물론 이것은 편리하지 않다. 사람들에게 물어보려면 적절한 시간과 기회가 필요하다. 그래서 공감은 권력만큼 효율적이지 않다.

정치적 올바름을 둘러싼 갈등의 일부는 권력자들이 권력이 없는 사람들을 어떤 호칭으로 불러주길 원하는지 알려고 시간이나 노력을 기울이지 않는다는 것이다. 그렇게 하려면 당장 일에서 물러나 시간을 들여 관심을 기울여야 한다. 그래서 지배문화에 속한 사람들은 정치적 올바름을 흔히 제약처럼 느낀다. 그들은 피지배 집단에 속한 다른 사람들을 새로운 방식으로 호칭하는 방식을 배워야 할 때 표현의 자유가 제약당한다고 느낀다. 그들은 일을 처리할 때 특별히 유용하지 않아 보이는 방식으로 시간을 소비하는 압박을 받는다. 권력이 없는 사람들은 권력자들이 적절한 용어를 사용하지 않을 때에 자신들의 목소리를 경청하지 않는다고 불쾌하게 여긴다.

무엇이 불쾌감을 주는지, 그렇지 않은지 알 수 있는 방법이 없고, 또 그것을 물어볼 사람이 없는 것 같아(인터넷에 항상 있다) 화가 나는 사람은 자신이 말하고 있는 용어를 시험해보길 바란다. 적어도 다른 집단이나 그 집단 구성원을 부르는 용어나 표현을 똑같이 사용하여 가장 친한 친구와 어머니, 목사, 사장을 불러보라. 그런 다음 같은 용어와 표현으로 자신을 불러보라. 큰 소리로 말해보라. 직접 당사자 앞에서 불러보라. 그 단어가 추하고, 거칠고, 불쾌하다면, 아마 드러날 것이다. 이 과정에서 당신은 공감을 향해 한걸음 나아가는 새로운 관점을 갖게 될 것이다.

권력이 있을 때, 공감은 어떻게 촉진되는가?

감정을 배제하고 힘든 결정을 내리는 능력이나 목표에 초점을 맞추고 일을 성취하는 것처럼 설사 공감이 없는 권력에 긍정적 측면이 있다고 할지라도, 이런 유익은 공감의 부재가 치러야 하는 아주 비싼 대가인 듯하다. 권력을 갖고 공감하는 것이 어려운 결정을 내리고 목표 지향성을 유지하는데 도움이 되지 않는다고 누가 장담할 수 있는가? 에이브러햄 링컨, 프란시스 퍼킨스, 마틴 루터 킹 주니어, 로버트 케네디의 사례가 있지 않은가?

모든 범주의 개인적 공감은 정서를 조절하는 능력이 필요하다. 감정을 절제하여 어려운 결정을 내리고 당면한 일에 집중할 수 있도록 하는 능력이다. 그렇다면, 이것은 권력을 가진 사람들이 더 쉽게 다가갈 수 있는 개인적 공감 능력일 수도 있다. 개인의 특성이 이런 경향성을 권력이 확대시키는 듯하며, 자원과 통제권, 그리고 원하는 지위를 제공한다. 이것은 권력의 지위를 갖기 전 개인의 정체성이 권력을 가졌을 때의 행동방식에 기본적인 틀을 부여한다는 뜻이다.

다른 사람의 사회적 조건과 상황에 관심을 갖는 데에 이미 동기부여가 된 사람들에게는 권력이 공감을 향상시키거나 개선시키는 듯하다.[48] 이미 살펴봤듯이, 권력은 소심함을 덜어주고 사람들을 더 자유롭게 원하는 대로 행동하게 만든다. 사람들의 근본적인 인격과 신념이 사회친화적인 성향이라면 권력의 자리에 있을 때도 그러한 가치와 행동을 유지할 것이다. 권력이 사람들에게 더 많은 자원과 통제권을 제공할 때 사회친화적인 성향의 사람이라면 다른 사람의 말을 경청하는 데 권력을 사용할 것이다. 그 반대의 경우도 마찬가지다. 권력과 비윤리적 행동에 관한 연구는 권력을 가진 사람들을 타락하고 비윤리적이라고 보는 경향을 가진 사람들이 정작 자신이 권력을 가졌을 때 더 비윤리적으로 행동한다는 것을 보여준다.[49]

권력의 또 다른 차원이 있다. 권력의 위치에 계속 머물러 있으려 한다는 것이다. 권력을 유지하려면 사람들로부터 계속해서 존경을 받아야 한다. 사람들을 이끌 동안 어떤 능력이 작동하는 걸까? 공감의 가장 중요한 특성으로 간주되는 타인들의 감정과 생각, 의도를 정확하게 읽어내는 능력이다.[50] 이는 특히 권력이 사회친화적이고 긍정

사회적 공감

적 역할을 하는 것이라고 생각하는 지도자들에게 해당된다.

　이런 조사 연구들은 몇 가지 사실들을 알려준다. 권력자들이 윤리적으로 행동해야 한다고 사람들에게 가르치는 것은 사람들의 실제 행동에 영향을 미칠 수 있다. 권력을 가지고 있을 때 사람들은 윤리적·사회적 기준에 맞춰 행동할 것이며, 더 나아가 이런 행동은 권력을 계속해서 유지하고 싶을 때 자신을 따르는 사람들의 마음을 읽고 이들의 필요에 반응하는 데에도 유용하다. 그 반대도 마찬가지다. 권력을 가진 모든 사람이 부패하고 자신을 위해서만 행동한다고 사람들에게 가르치면, 사람들은 권력을 갖게 될 때 비윤리적으로 행동하게 될 것이다.

권력이 없다는 것의 장점

아마 당신은 이런 측면을 보지 못했을 수도 있다. 권력은 없는 것이 좋을까? 어느 정도는 그럴 수 있다. 권력이 없는 사람들이 권력자에 대한 존경의 감정을 통제할 수만 있다면 공감을 권력관계 속으로 스며들게 할 수 있다. 사회적 지위는 흔히 명망과 존경, 호의를 통해 타인들이 평가한다. 어떤 사람이 높은 지위를 갖고 있음을 인정하는 것은 권력의 한 형태다. 하지만 사회적 지위는 타인들의 인정과 평가로 얻게 되며, 타인에게 미치는 영향력과 통제력으로 정의되는 높은 권력과 다르고 더 명확한 형태를 띠는 경향(최고경영자, 사장 등)이 있다.

높은 권력이 관점의 수용 능력을 떨어뜨린다는 연구 결과가 있다. 하지만 지위는 타인들의 존경심을 수반한다. 지위를 유지하려면 타인들의 마음을 '읽는 것'이 중요하다. "지위는 일반적으로 사회적 관계와 관련되는 감정과 깊이 연관된다."[51] 아마도 권력을 가진 사람들에게는 그들이 누리는 존경과 호의, 명망이 사람들이 부여하는 힘에 있다는 것을 상기시켜 줄 필요가 있을지도 모르겠다.

아무도 고정관념의 대상자로 전락하고 싶지 않겠지만, 고정관념의 대상자로 보이는 것도 힘이 없는 사람에게 유용한 일이 될 수도 있다. 권력을 가진 사람이 부하직원들을 잘 모르거나 이해하지 못할 경우 고정관념의 대상자들 중에 오히려 숨겨진 힘이 존재할 수 있다. 잘 알려지지 않은 부하직원이 놀라운 방식으로 일을 기획할 수 있는 것이다. 익살스럽고 다소 우스꽝스러운 사례지만 영화 〈나인 투 파이브Nine To Five〉를 생각해보라. 사무실의 하위직급 여성들이 성차별주의자인 사장보다 더 똑똑하지만, 사장은 여성들이 회사에서 똑똑할 수 있다는 사실을 이해하지 못한다. 여성 사원들은 비밀리에 사장을 통제하고 회사를 인수하고 발전시킨다. 이들은 사장이 자신들에게 가진 고정관념을 믿도록 속이고 배후에서는 자신들의 능력을 이용해서 새로운 권력을 만든다.

권력이 없는 사람의 또 다른 강점은 책임성이다. 외부인으로서 지켜보고 관찰하는 것은 권력이 없는 사람이 가질 수 있는 역량이다. 이들은 이런 역량을 이용해서 권력을 가진 사람들의 행적을 추적할 수 있다. 책임성은 대중적 평판이 우리 손에 달려있음을 그들에게 상

사회적 공감

기시키면서 권력을 가진 사람들을 통제한다.

무권력을 창조적으로 이용해서 역동적 관계로 바꿀 수도 있다. 권력이 없는 사람이 무권력의 긍정적인 면을 활용하기만 하면 자신의 힘을 실제로 느낄 수 있다. 권력 바깥에 있는 사람들이 권력자보다 사람들과 그들의 동기와 상황을 더 잘 이해한다는 것은 다른 종류의 권력을 얻을 수 있다는 의미다.

또한 권력을 둘러싼 대화를 바꿀 필요가 있다. 우리는 권력을 가진 사람들이 나쁘게 행동할 것이라고 말하는 것을 용인하지 말아야 한다. 우리는 권력을 가진 사람들이 책임 있고 윤리적이며 타인의 복지에 관심을 가져야 한다고 기대할 권리를 갖고 있다. 존 케네디John F. Kennedy는 이렇게 말했다. "많이 받은 사람에게 많은 것을 요구한다."[52] 나는 공감이 이런 요구의 일부이며, 권력을 가진 사람들이 권력을 사용할 때 우리는 공감을 기대할 권리가 있다고 말하고 싶다.

5장 스트레스와 우울,
다른 건강요인들이 공감을
가로막는다면 어떻게 될까?

공감이 서로 몸을 부딪치는 스포츠라고 말하기 어렵지만 가만히 앉아서 머리로만 경험하는 경기도 아니다. 공감은 몸에서 시작한다. 사람들이 타인의 행동을 보거나 상상하면 정서적 반응이 일어날 수 있다는 것이다. 이런 지각은 처음에 무의식적으로 몸에 유사한 신체적 반응을 촉발시킨다. 먼저 신체가 감지를 한 다음, 뇌가 이 신체적 감각이 무엇을 의미하는지 알아내는 작업을 한다. 인간의 정신적 의식은 실제로 다른 사람들이 어떤 것을 경험하고 있는지 생각하고, 그들의 입장이라면 스스로 어떤 느낌일지 매우 강하게 인식할 수도 있다. 이렇게 공감은 신체와 정신 모두에서 일어난다.

공감에 수반된 많은 신체활동이 뇌로 입력되며 타인과 연결되고 소통하려면 다양한 신경중추가 필요하다. 이것은 뇌 활동이라는 완전한 신체적 기능이 차단되거나 손상되면 공감 역시 그렇게 된다는 뜻이다. 이런 공감의 생리적 연결 때문에 공감에 필요한 뇌 영역에 다른 수요가 있어 경쟁할 경우 어떤 일이 벌어지는지 생각할 필요가 있다. 이를 위해서는 뇌에서 벌어지는 공감의 생리적 과정을 좀 더 깊이 들여다봐야 한다.

신경구조에 대해 잘 알면 뇌의 비슷한 영역이 관여하는 스트레스와 우울, 슬픔, 심지어 중독 같은 일반적인 인간의 경험들이 공감 작용과 경쟁하는지 여부를 살펴볼 수 있다. 달리 말하면 스트레스를 받거나, 두려움을 느끼거나, 사랑하는 사람을 잃은 슬픔에 빠졌거나, 파티에서 칵테일을 과음했을 때, 우리는 공감을 경험할 수 있을까? 물론 인간은 여러 과제를 동시에 수행할 수 있다. 하지만 이런 인간의 경험에는 매우 강력한 정서적·심리적 요구가 수반되기 때문에 다른 과제의 강도가 공감 과정에 사용되는 신경경로를 차단하는지 살펴볼 필요가 있다.

뇌 생물학

앞서 뇌 활동을 연구하는 인지신경과학과 기술발달 덕분에 가능해진 공감에 해당되는 뇌 활동 영상을 읽는 방법을 다뤘다. 이런 연구와 방법은 비교적 새로운 것이다. 1990년대 이탈리아 파르마(Parma) 연구자들은 짧은꼬리원숭이의 뇌 활동을 연구했다.[1] 이들은 신경학적 관찰을 위해 전극을 원숭이에게 부착해서 모든 뇌 활동을 관찰했다. 이들은 물건을 움켜쥐거나, 사물을 잡거나, 음식물을 준비하거나 먹는 것과 같은 신체활동에 상응하는 뇌 패턴을 찾는 데에 관심이 있었다.

어느 날 연구자들이 실험실에서 점심식사를 하고 있을 때 이들을 보고 있던 원숭이들이 단지 먹는 행동을 보고 있었을 뿐인데도 똑같

204   사회적 공감

은 뇌 활동 패턴을 보인다는 것을 알게 됐다. 이 연구로 이탈리아 연구자들은 이미지를 행동 감각으로 전환하는 신경세포인 거울신경세포를 발견했다.[2] 공감에 관한 신경과학적 연구의 길은 이들의 발견이 열어줬다.

인간의 거울신경세포의 증거에 대해서는 약간의 논쟁이 있다. 부분적으로는 인간의 뇌에서 미러링을 분명하게 수행하는 영역이 한 곳이 아니라는 이유 때문이다.[3] 미러링 과정은 뇌의 수많은 영역에서 일어나므로 거울신경세포를 흔히 거울신경세포 시스템이라고 부르는데, 이것은 미러링 과정이 여러 뉴런 집단이 수행하는 것임을 말해준다.[4] 미러링을 담당하는 구조적 시스템이 있는지 여부에 대해서도 논쟁이 있다. 하지만 미러링 행위 자체는 공감 연구에서 널리 받아들여지고 있다. 미러링이 신경학적으로 정확히 어떻게 작동하는지 아직 모르지만, 우리가 직접 그 행동을 하지 않는다 해도 뇌가 보는 행동에 따라 활성화된다는 것은 확실하다. 1장에서 논의했듯이 인간의 뇌에는 특정한 공감 중추가 없는 대신 다양한 신경세포 영역에서 많은 작용들이 결합된다. 이렇게 하여 뇌의 많은 다른 영역이 공감에 관여하게 되는 것이다.

PBS에서 방영한 멋진 텔레비전 프로그램 〈더 브레인The Brain〉에는 신경과학자 데이비드 이글먼David Eagleman이 진행자로 나온다. 내가 이 프로그램을 적극 추천하는 까닭은 매우 복잡한 두뇌작용이라는 주제를 매력적으로 이해할 수 있도록 도와주기 때문이다. 그가 쓴 〈더 브레인The Brain〉을 통해서도 이 내용을 읽을 수 있는데, 이 책은 인간의 신경학적 기능에 대해 훨씬 더 깊은 시각을 제공한다. 뇌의 복잡성과 그 기능의 규모를 제대로 이해하려면 다음과 같이 사실들을 고려해 볼 가치가 있다.

이를 테면, 인간의 뇌에는 약 860억 개의 신경세포(뉴런, neuron)가 있다. 뉴런은 뇌와 뇌의 다른 영역을 포함한 신체의 다른 기관 사이에 메시지를 전달하는 세포다. 각 뉴런은 약 1만 개의 연결선을 갖고 있으며 각 연결선들을 조사한다면 엄청난 양의 데이터가 될 것이다. "인간의 뇌를 모두 연결하는 완전한 그림을 재구성하는 것은 아주 엄청난 과업이기 때문에 조만간에 이루어질 가능성은 없다. 필요한 데이터의 양은 상상하지 못할 정도로 엄청나다. 한 사람의 뇌에 고해상도 구조를 저장하려면 1제타바이트(zettabyte, 1021바이트에 해당한다-옮긴이)가 필요하다. 이것은 현재 지구의 모든 디지털 콘텐츠의 양과 같은 수준이다."[5]

1제타바이트가 10억 테라바이트terabyte이며, 1테라바이트는 약 1,000기가바이트gigabyte에 해당한다. 이것은 인간의 뇌에서 많은 일이 벌어지고 있다는 것을 말한다! 나에게, 이것은 인간의 뇌가 그 자체로 지금껏 만든 컴퓨터를 훨씬 능가하는 엄청난 '컴퓨터'이며, 뇌에서 일어나는 모든 과정이 어떻게 진행되는지 이제 막 피상적으로 파악하기 시작했다는 뜻이다.

나는 신경과학자가 아니므로 뇌에 대한 지식이 상당히 초보적 수준이다. 비록 입문 수준이나 뇌의 능력에 깊은 인상을 받았다. 신경 조직의 무게가 불과 1.35킬로그램에 지나지 않지만, 뇌는 인간의 모든 의식적·무의식적 행동을 통제하고 지시한다. 호흡과 혈류, 또는 심장박동에 대해 생각하지 않아도 된다. 몸은 우리가 의식하지 못하는 방식으로 작동하며 나중에 그것을 자각할 수도, 또는 하지 못할 수도 있다. 뇌는 정보를 받아들이고 그 의미를 파악해서 우리가 주변 세계에서 살아가도록 도와주는 핵심기관이다.

일반적으로 이 과정은 시각, 후각, 청각과 같은 감각을 통해 정보를 수용하는 것에서 시작한다. 이 정보는 내부시스템을 통해 처리되고 그 순간에 우리 몸에서 이 정보가 무슨 의미인지를 파악한다. 그런 다음, 이 정보는 더 발전된 인지 과정을 위해 뇌의 다른 영역으로 보내진다.

예컨대, 이 글을 쓰고 있는 나는 여름 내내 에어컨을 켜놓고 컴퓨터 앞에 앉아 있다. 에어컨이 꺼지고 켜지기를 반복하므로 내 몸은 미세한 온도 변화에 적응해야 한다. 온도가 약간 올라가면 일단 몸을 차게 만들고, 조금 뒤 에어컨이 작동하여 차가운 공기가 공급되면 몸이 다시 온도 변화에 적응해야 한다. 이것은 내부적이고 무의식적인 조절이다. 가끔 특히 날이 더워지고 태양이 내 연구실 창문을 비추면 갑자기 나는 덥고 불편하다는 사실을 의식하게 될 것이다. 나는 마음 속으로 채널을 맞추고 지금 시간이 오후이며 강한 태양이 창문에 내리쬐고 있다는 사실을 깨닫는다. 평생 태양의 힘에 대해 배웠기 때문에 나는 이 과정을 이해한다. 또 숱한 여름 동안 의자에 앉아 있고, 특히 오후에는 내 연구실이 더워진다는 것을 알고 있다. 온도조절장치의 작동을 이해하고 에어컨도 제어할 수 있다. 신체 감각의 처리과정, 태양 과학, 내 집 에어컨 작동방식에 대한 지식으로 나는 일어나 온도조절장치를 조절한다. 이런 사례는 공감이 복잡하고 다른 인류의 행동과 추상적인 감정 그 이상에 대한 이해를 수반할지라도 몸이 감각을 공감적으로 경험한 다음 뇌에서 이 감각이 무슨 의미인지 처리하기 위해 사용하는 과정을 아주 간략하게 보여준다.

인간의 뇌 중심에는 변연계라고 부르는 뇌의 집단 영역이 있다. 이 것은 감각이 제공하는 정보를 주로 처리하는 중심 영역이다. 여기에는 편도체, 시상하부, 해마가 포함된다. 각 부분은 우리가 환경에서 활동할 수 있도록 도와주는 중요한 역할을 수행한다. 편도체는 우리가 감각하는 것을 감지한 다음 그 정보를 추가로 처리하도록 보내는 영역이다. 이것은 두려움과 불안을 감지하는 것과 가장 깊이 관련되며, 우리의 가장 기본적인 생존의 열쇠가 된다. 편도체가 정보를 해마로 보내면, 해마는 기억을 통해 이미 아는 것을 이용하거나 기억에 새로운 정보를 저장한 다음, 관련 정보를 시상하부로 보낸다. 시상하부는 몸이 모든 정보에 대응하여 필요한 일을 하도록 지시한다.

이 모든 것은 무의식적으로 이루어지며 기본적인 생존 메커니즘이다. 이런 초기 정보가 처리되면 기본적으로 우리는 사고 영역으로 경험할 수 있고 계속해서 더 발달되는 인지 과정을 위해 다른 뇌 영역으로 보내지게 된다. 우리의 목적이 공감과 두뇌 기능에 대한 이해라는 측면에서 알아야 하는 것은 뇌에서 공감을 일으키려면 두 가지 행동이 있어야 한다는 것이다. 보통 변연계를 통해 처리되는 외부 자극에 대한 무의식적 읽기가 가장 먼저 일어난다. 그 다음에, 이 정보는

사회적 공감

뇌의 인지 영역으로 보내져 그것의 의미를 이해하게 된다. 이런 두 가지 행동에서 신체적 감각이나 인지 과정이 차단될 때, 우리는 공감하기 어렵다.

나는 공감의 신경과학에 대해 가르치려고 뇌의 여러 부분을 이해하려고 노력해왔다. 〈표 5.1〉은 공감을 뇌의 작용으로 설명하기 위해 만든 것이다. 이 표는 공감과 관련된 활동과 수십 가지의 신경과학 연구결과에 기초해서 공감에 해당하는 각각의 뇌 영역을 보여준다.[6] 인지신경과학 분야는 확장되고 있고 뇌 활동을 판독하는 도구들도 계속 발전하고 있으므로, 이 항목들은 계속 바뀌고 발전된다는 점을 고려하길 바란다. 하지만 이 표를 통해 전반적인 개관을 파악하고 공감작용이 신경학적으로 얼마나 다양하고 복잡한지 이해하길 바란다.

공감 수업에 사용하려고 이 표를 만들고 있을 때 이런 의문이 떠올랐다. 뇌의 한 영역이나 여러 영역이 제대로 작동하지 않으면 어떻게 될까? 뇌에 손상을 입거나 한 영역이나 여러 영역이 미발달할 경우 공감 능력이 어떻게 되는지 생각하기 시작했다. 뇌의 손상과 공감에 관한 많은 연구가 있다. 뇌 병변으로 인한 손상과 타인의 감정을 인식하고, 공유하고, 이해하는 능력을 연구한 약 30건의 연구논문은 뇌 손상이 공감에 미칠 수 있는 영향에 관한 임상 자료를 제공한다.[7] 실제로 타인을 읽고 그 정보를 이해하는 능력은 뇌 영역의 손상으로 위태로워질 수 있다.

사례로는 뇌졸중을 경험한 환자들, 특히 오른쪽 뇌에 손상을 입은 환자들을 대상으로 한 연구에서 인지 능력이 손상됐고 뇌졸중이 없

공감 요소	상응하는 뇌 영역
정서적 반응	편도체 시상하부 해마 거울 뉴런 (운동 능력을 담당하는 뇌 영역에 　　　　위치하는 것으로 추정됨)
정서에 대한 정신적 이해	최소한 뇌의 서로 다른 네 군데에 존재한다. 앞쪽 뇌의 복내측 전전두엽 피질과 배내측 전전두엽 피질, 뒤쪽 뇌의 측두두정엽과 양측 상부 측두골 뇌구에 위치한다.
자신과 타인에 대한 인식	정서에 대한 정신적 이해와 영역이 일부 같다. 복내측 전전두엽 피질과 측두두정엽의 영역이 겹치며, 추가로 앞쪽 뇌의 일부인 내측 전전두피질, 뇌 중심부의 세 개의 엽이 교차하는 우측 모서리위이랑이 포함된다.
관점 수용	정서에 대한 정신적 이해에 해당하는 뇌 영역과 뇌 중앙의 여러 부분을 잇는 슬측 전대상피질을 사용한다.
감정 조절	거울 신경세포 시스템이 사용하는 전대상피질, 자신과 타인에 대한 인식에 사용하는 내측 전전두엽피질과 정서에 대한 정신적 이해에 사용되는 복내측 전전두엽 피질을 각각 공유한다.
상황 맥락 이해	위에 언급한 모든 영역이 포함되며, 아울러 다수의 입력 자료를 처리하는 전전두엽 피질의 작용이 특히 강조된다.
거시적 관점 수용	정서에 대한 정신적 이해가 일어나는 영역과 슬측 전대상피질을 사용한다. 슬측 전대상피질은 뇌 중앙의 여러 구역에 걸쳐있으며, 자신과 타인에 대한 인식에서 활성화되는 뇌 영역이 집중된 부분이다.

〈표 5.1〉 공감 행동과 그에 상응하는 뇌 영역

는 비교집단에 비해 공감 능력이 낮았다.[8] 이런 결함은 느리게 자라는 뇌종양을 제거하는 수술을 받은 환자들에게서도 발견됐다. 하지만 이런 상황에서도 뇌가 손상을 보완해서 공감에 꼭 필요한 인지과정에 적용할 수 있는 다른 방법을 만들어낸다는 증거가 있다.[9]

뇌는 복잡하며 뇌 병변과 다른 형태의 뇌 손상이 환자마다 매우 다를 수 있다는 사실 때문에 특정 영역의 뇌 손상과 그것이 공감에 미치는 영향의 정확한 관계를 파악하려면 아직 갈 길이 멀다. 공감에는 다양한 과제 수행과 뇌의 많은 영역이 관련되기 때문에 뇌의 한 영역이 손상된다고 해도 어느 정도 영향은 있겠지만 공감 능력이 완전히 사라지지는 않는다.

예를 들어, 타인의 감정을 인식하는 데 도움을 주는 뇌 영역들이 손상된다고 해도 타인의 관점을 수용하도록 도와주는 뇌 영역들이 손상되지 않은 경우에는 타인의 감정을 파악할 수 있다. 실제로 이것은 어떤 사람이 뇌 손상으로 타인의 감정을 읽는 능력에 장애가 발생한다면 그 사람에게 당신이 어떤 감정을 느끼는지 말해주면 그러한 결함을 보완할 수 있다는 뜻이다. 타인을 읽는 능력이 손상될 수 있지만 감정들이 무슨 의미인지 이해하는 관점의 수용 능력은 손상되지 않을 수 있는 것이다. 내가 당신의 슬픔을 느끼지 못할 수 있지만 당신이 자신의 슬픔에 대해 말해준다면 슬픔이 무슨 의미인지 생각하고 당신을 위로해줄 수 있을 것이다.

공감은 복잡하기 때문에 뇌 손상이 있다고 해도 공감 과정 전체가 아니라 일부에만 영향을 줄 수 있다. 문제라고 확인되는 부분을 보충하는 것과 더불어 어떤 뇌 영역이 작동하는지와 그렇지 않은지에 초점을 맞추는 것은 어렵지만, 뇌는 공감 과정을 회복하거나 경로를 재설정할 수 있다. 손상 전과는 다른 방식이 될지라도 정보를 받아들이고 처리하는 대안 경로를 학습하고 실행하면 공감 능력이 회복될 가능성은 매우 높다.

뇌 손상이 공감에 영향을 미치는 것은 놀라운 일이 아니다. 그렇지만 정신 상태가 바뀐다면 공감에 어떤 영향을 미칠까? 우리가 공감을 하지 못하게 되는 정신 상태가 있을까? 예컨대, 내가 궁금한 것은 공감과 관련된 뇌 영역에 한 곳이나 여러 곳에 일시적으로 손상이 된다면 어떤 일이 벌어지는지이다. 술을 너무 많이 마시면 직선으로 걷거나 대화하는 능력이 저하된다. (당신이 술에 취하지 않은 상태에서 술 취한 사람과 진지한 대화를 하려고 시도해 본적이 있는가? 이것은 쉬운 일이 아니다.) 술기운이 사라지면 직선을 따라 걷고 대화를 할 수 있다. 이러한 일시적인 능력 저하는 공감에도 해당될까? 스트레스를 받으면 어떨까? 오랫동안 심각한 스트레스를 받으면 몸의 화학적 구성이 바뀌고 뇌 기능에 영향을 미친다. 이것 역시 공감 능력에 영향을 미칠 수 있을까?

영구적 또는 일시적인 뇌의 변화나 기능장애가 공감에 불리한 영향을 미칠 가능성은 나에게 큰 흥미와 관심을 갖게 했다. 함께 공부하는 사람의 뇌 일부에 문제가 생겨 제대로 작동하지 않는다고 해도 공감에 대해 어떤 것을 가르치든 상관이 없을까? 어떤 사람에게 타인에 대해 무엇을 느끼는지 질문할 때 그것을 처리하는 그 사람의 뇌 신경경로가 손상돼 있다면 공감이 불가능할 것이다.

우리는 사람들이 자신의 뇌를 손상시키는 조건을 제거하거나 그런 뇌의 손상을 보완하고 회피하도록 도와줄 방법을 찾아야 한다. 나의

사회적 공감

경우 뇌 기능이 불완전하면 공감에 장애가 발생할 수 있지 않을까 하는 의문을 갖고, 다른 신경학적 요구가 뇌의 공감 영역에 얼마나 영향을 줄 수 있는지를 살펴봤다. 내가 가장 먼저 주목한 것은 스트레스였다. 내 자신의 인생 경험에 비춰 스트레스 수준이 높아지면 걱정에 휩싸여 타인에 대해 별로 생각하지 않을까 하는 우려 때문이다.

스트레스

생물학자이자 신경학자인 로버트 새폴스키Robert Sapolsky는 스트레스와 이것이 몸에 미치는 영향을 이해하고 싶은 모든 사람의 필독서인 《스트레스Why Zebras Don't Get Ulcers》를 썼다.[10] 이 책은 스트레스가 동물에 비해 인간에게 얼마나 다르게 작용하는지 보여준다. 인간은 몸이 생존에 대한 위협을 인식하고 그에 따른 스트레스를 처리하는 데 유용한 방식으로 그 정보를 처리한다는 점에서 동물과 비슷하다. 새폴스키는 인간의 몸이 스트레스 상황을 처리하도록 진화했다고 주장한다. 이것이 인류가 생존해 온 방식이다.

만약 당신이 검치호랑이가 멀리서 배회하는 것을 본다면, 당신의 눈은 그 정보를 대뇌 변연계에 전달하고, 즉시 몸은 이 입력 자료를 처리하여 위협 수준을 판단할 것이다. 당신의 몸은 다른 신체 상태로 바뀔 것이다(메시지들은 몸이 반응하도록 저장된 에너지를 방출하고 힘을 공급하도록 전달된다). 이 과정에서 맥박과 호흡이 빨라지는 것을 느낄 수 있다.

흔히 우리는 '아드레날린 분출'에 대해 말하는데, 분비된 에피네프린 호르몬(아드레날린의 학명)이 이런 기능을 작동시키는 스위치다. 이 과정은 무의식적이며 상황에 대응하는데 필요한 자원을 제공하도록 자극한다. 이를 테면 도망치거나 싸울 수 있도록 몸에 산소와 단백질, 포도당을 더 많이 공급한다.

스트레스가 재빨리 해소되지 않으면 또 다른 호르몬 코르티솔 cortisol이 분비된다. 코르티솔은 에너지원의 생산을 지속시킬 뿐 아니라 스트레스를 해소하는 데 당장 필요하지 않은 신체기능을 중단시킨다. 검치호랑이로부터 달아나거나 맞서 싸울 때 몸은 성장이나 재생산, 면역체계 갱신, 높은 수준의 사고를 수행할 필요가 없다. 해마가 활성화돼 과거 개인적 경험이나 타인으로부터 배운 지식에서 검치호랑이에 관한 지식을 불러온다. 코르티솔은 해마를 활성화해서 이런 기억을 호출하는 역할을 한다. 검치호랑이로부터 살아남아 스트레스가 일단 지나가면 숨을 돌리고 안정된 생활로 돌아간다. 몸은 스트레스에 대응하는 호르몬 분비를 멈추고 몸이 이 신호를 받아들여 스트레스 대응 중단 모드로 바꾼다. 에피네프린은 코르티솔보다 더 빨리 흡수되는 듯하다. 그래서 특히 속상했던 경험 이후 흥분이 가라앉고 호흡을 가다듬고 맥박이 정상으로 돌아오고 불안감이 사라지면서 안정 상태에 이르기까지는 약간의 시간이 걸린다.

이전에 검치호랑이를 본 적이 없고 그에 대해 배운 적도 없다면 당신은 제대로 대응하지 못하거나 전혀 반응하지 않을 수도 있다. 물론 인류 역사에서 대응하지 않거나, 대응 능력이 없거나, 대응하는 방법

사회적 공감

을 배우지 못한 사람들은 생존할 가능성이 매우 낮아 이런 결점이 후손에게 전달되지 못했을 것이다. 생존 가능성이 가장 높은 사람들은 미래 세대에 자신의 능력을 전달할 가능성도 가장 높았을 것이다.

비상 상황이나 생존에 위협적인 상황에 직면할 경우 당면한 스트레스 상황이 중요하지 않더라도 에너지가 소요되는 다른 기능을 최소화하는 방식으로 몸을 준비하는 것은 매우 건강한 반응이다. 모든 에너지를 당면 과제에 집중한 다음 그 상황이 지나가면 장기적인 신체 기능과 더 높은 수준의 사고 기능으로 에너지가 다시 투입된다. 이 과정에 대한 이해가 내게 유익했다. 이것은 마감시간이 다가올 때 왜 내가 에너지를 분출하는지 설명해준다. 이런 에너지의 진작은 나에게 동기를 부여하고 집중할 수 있게 해주므로 도움이 된다. 하지만 며칠 동안 계속 마감시간에 대해 생각하면 수면이 방해받고 짜증이 난다. 이런 상태가 너무 길어질 때 감기에 걸리고 명료하게 생각할 수 없게 된다.

그러므로 우리의 몸은 일시적인 스트레스 상황을 처리할 수 있도록 잘 준비돼 있다. 문제는 장기간의 만성적 스트레스를 처리하는 일에는 적응력이 떨어진다는 점이다. 인간으로서 과거의 강한 기억을 유지하고 미래를 생각하는 능력 때문에, 우리는 유용성을 넘어 장기간 스트레스를 받는다. 어떤 사람들은 끊임없이 스트레스를 받으며 살아간다. 이를 테면 안전한 곳에서 살지 못하거나, 충분한 음식이 없거나, 학대하는 상사 밑에서 일하거나, 위험하고 예측 불가능한 환경에서 양육되는 경우가 그렇다. 생리학적으로 단기 스트레스 상황에서 몸에 일어나는 변화는 너무 장기간 지속될 경우 좋지 않다. 《스트레스》는 스트레스에 관한 생물학적 설명을 폭넓게 제공한다. 자세한 내용을 알고 싶다면 이 책을 읽어보길 강력히 추천한다.

아마도 한 사례는 장기간 스트레스의 부정적인 측면을 이해하는데 도움이 될 것이다. 수면 부족은 스트레스를 주며 단기적으로는 문제가 되지 않을 수 있다. 위험에 대비해서 밤에 깨어 있는 것을 생각하면 이해가 된다. 나의 경우 불면으로 인한 에너지 분출은 긴박한 마감시한을 맞추는데 도움이 된다. 그러나 긴박한 마감시간과 경제적인 걱정, 가정 문제가 연이어 발생하면 스트레스 대응 상태가 계속 활성화되고 며칠 밤 계속 자지 못하고 뒤척거리게 된다. 깊은 잠을 충분히 자지 못하면 몸이 건강하고 균형 잡힌 상태로 돌아가지 못하고 아프다가 질병에 걸리고, 급기야 정신 기능도 흐릿해진다. 새폴스키는 이것을 잘 정리하고 있다.

에너지를 저장하지 않고 계속해서 사용하면 잉여 에너지를 전혀 저장하지 못하게 된다. 더 빨리 지치고 당뇨병의 발병 위험이 증가한다. 심혈관 계통이 만성적으로 활성화되면 비슷한 손상을 입는다. 사자에게서 전속력으로 도망칠 때 혈압이 180/100까지 올라간다면 적응력이 있는 것이다. 그러나 십대 자녀의 침실이 엉망인 상태를 볼 때마다 혈압이 180/100이라면 심혈관 계통의 질병이 생길 수 있다. 장기 건축 프로젝트가 계속 중단되고 아무 것도 개선되지 않는다면, 지속적으로 스트레스 상태라면 각종 생식장애가 발생할 수 있다. 스트레스 상태에서 더 기민하게 기능하는 두

사회적 공감

뇌 시스템도 스트레스 상태에서 분비되는 일군의 호르몬[코르티솔]에 의해 손상될 수 있다.[11]

코르티솔이 체내에 너무 많거나 계속 분비되면 뇌는 비상조치를 나타내는 메시지를 계속 보낸다. 시간이 지나면서 이것은 몸의 기능을 해친다. 특히 발달과 성장이 필요한 아동들에게 문제가 된다. 국가아동발달과학위원회(National Scientific Council on the Developing Child)에 따르면, 아동이 심각하고 만성적인 학대와 같이 장기적인 스트레스를 자주 겪으면 코르티솔 수준이 높은 상태를 유지한다.[12] 이런 상태는 전체 신경계의 기능을 바꾸고 면역력을 억제하고 뇌의 구조를 파괴한다. 뇌 구조의 파괴는 학습과 기억력 발달에 부정적인 영향을 미친다. 특히 아동에게 심각한 결과를 초래하는데, 아동의 뇌 발달이 어린 나이에 심각하거나 장기적인 스트레스에 손상당할 경우 이후의 삶이 힘들게 된다.

장기적인 스트레스가 명료한 사고와 건강한 활동 능력을 저해한다면, 이것은 스트레스 상태에서의 공감 가능성이 낮아진다는 징조일까? 공감할 때 사용하는 많은 뇌 영역이 장기적 스트레스에 파괴된다. 정서적 반응을 경험하려면 대뇌의 변연계가 필요하다. 공감의 모든 인지적 부분(정서에 대한 정신적 이해, 자신과 타인에 대한 인식, 미시적·거시적 관점 수용, 정서 조절, 맥락에 대한 이해)은 전전두엽 피질의 여러 영역을 이용한다. 이 부분은 복잡한 사고를 수행하는 뇌 영역이다. 안타깝게도, 스트레스의 부정적 효과에 가장 민감한 뇌 영역이기도 하다.[13]

예컨대, 한 실험에서는 학대 가정에서 성장한 사람들이 보살핌이 있는 가정환경에서 성장한 사람들에 비해 위협적인 얼굴을 볼 때 뇌 활동이 달라졌다.[14] 학대 가정의 사람들은 편도체 활동이 저조했다. 연구자들은 이런 반응이 위협적인 자극을 무시하거나 회피하는 능력을 보여주는 것이라고 생각했다. 그러나 두 집단에게 그런 기억에 대해서 글을 써보라고 요구했을 때는 결과가 정반대였다. 학대 가정의 사람들에게 편도체 활동이 더 크게 나타났다. 그들은 과도하게 자극을 받았다. 무엇보다도 그들은 감정 조절을 위한 전전두엽 피질을 효과적으로 활성화시킬 수 없었다. 학대 가정에서 자란 사람들은 과거의 기억을 떠올릴 때 스트레스를 받은 이전 경험이 되살아나 과도한 신경반응을 보였던 것이다. 이 연구는 생애 초기 장기적인 스트레스와 그것이 공감에 매우 중요한 뇌 영역에 갖는 의미가 무엇인지에 생각할 수 있는 몇 가지 중요한 연구결과를 제공한다.

우리 모두가 경험하고 에너지와 동기를 부여할 수도 있는 단기적 스트레스는 어떨까? 여기에 대한 연구결과는 엇갈린다. 스트레스 상황에 노출된 뒤 고통스러운 과정을 묘사하는 사진(가령 손이 바늘에 찔리는 장면)을 보면 특히 전전두엽 피질이 기능 손상을 입어 공감 능력이 저하된다는 몇몇 증거가 있다.[15] 성별로 차이를 보일 수 있는데, 여성이 남성보다 강한 관점 수용 능력을 사용하여 스트레스에 반응한다.[16] 또 다른 가능성은 단기적 스트레스가 자극에 효과적으로 반응하여 능력을 개선시킨다는 것이다. 하지만 공감의 다른 요소에 반드시 영향을 주는 것은 아니다.[17]

사회적 공감

이 연구는 극심한 단기적 스트레스 상황이 타인의 행동에 대한 주의력을 높일 수는 있어도 공감의 인지 요소에 그다지 긍정적 영향을 미치지 않음을 보여준다. 스트레스가 사람들로 하여금 집중하게 하더라도 장기간 지속되면 초기의 주의력 상승에 문제가 발생하고 호르몬 분비가 활성화돼 공감적인 주의력을 기울이는 데 필요한 뇌 기능이 중단된다. 이것은 인생의 시작이 나쁘면 공감하지 못하는 인생을 살게 된다는 뜻인가? 반드시 그렇지는 않지만 자신과 타인에 대한 인식과 관점 수용, 정서 조절과 같은 능력을 재구축하는 과정이 필요하다.

실제로 어떤 연구는 만성적인 스트레스로 손상을 극복하는 열쇠가 정서 조절에 있음을 시사한다.[18] 만성적인 스트레스와 빈곤 상태에서 자란 아동의 정서 조절 능력을 개발하면 전전두엽 피질 기능을 개선시킬 수 있다. 전전두엽 피질은 정서 조절을 포함하여 공감의 많은 요소들이 처리되는 영역이다. 8장에서 논의하듯이 두뇌 패턴의 재구축은 전 생애에 걸쳐 이루어질 수 있으며 인생 초기의 결핍을 극복하고 충분히 공감하는 사람이 될 기회를 제공한다.

외상후 스트레스 장애

최근 많은 주목을 받는 스트레스 형태는 외상후스트레스장애(PTSD)다. 국립정신건강연구소(National Institute of Mental Health)에 따르면, PTSD

는 위협적이거나 유해한 사건을 보거나 경험한 뒤 생길 수 있는 불안 장애다.[19] 특징은 여러 증상이 한 달 이상 지속되고 인간관계와 직업 유지와 같은 기능이 저해된다. PTSD의 증상으로는 트라우마를 다시 떠올리고, 그 충격과 관련된 감정을 회피하며 긴장을 느끼고, 자지 못하거나 느긋하게 안정할 수 없으며, 쉽게 놀라고, 기억력에 문제가 있으며, 부정적인 사고에 사로잡히고, 즐거운 활동에 대한 관심을 잃는다. 이것은 충격적인 사건을 경험한 사람이라면 누구나 겪을 수 있는 증상이지만 이런 상태가 지속되고 일상생활이 방해될 경우 장애가 된다.

공감과 PTSD에 관한 연구는 많지 않다. 우리가 확보한 연구 자료는 PTSD가 있는 사람과 그렇지 않은 사람들이 공감에 관련된 신경학적 기능에 차이가 있음을 보여준다. 두 가지 다른 연구를 수행한 연구자들은 PTSD가 있는 사람들의 경우 미러링을 포함한 공감의 정서적 요소가 뇌에서 덜 강하게 나타나지만 관점 수용을 포함하는 인지적 요소는 다르지 않다는 점을 발견했다.[20] 이것은 스트레스에 관한 연구와 대체로 비슷하다. 정서적 반응의 차이에 대해 설명할 수 있는 한 가지 방법은 정서적 자극에 대한 미약한 반응이 PTSD가 있는 사람들의 훌륭한 대응 기제일 수가 있다는 것이다.

이들은 여전히 과거의 트라우마를 회상하며 높은 경계 상태에 있거나 새로운 트라우마에서 자신을 보호하려는 방어적 태도를 취할 수 있다. 정서적 반응이 빈약할 수 있지만, 이들은 관점 수용과 자신과 타인에 대한 인식처럼 공감의 더 신중한 사고 측면은 충분히 사용

사회적 공감

할 수 있다. 트라우마에 대한 논리적 반응인 듯하다. 몸은 여전히 높은 경계 상태로 트라우마 영향이 지속되나 이것은 점점 약해진다. 외부자극에 대한 반응을 억누르면 몸이 쉬면서 치유할 수 있는 기회를 얻는다. 하지만 그런 억제는 겉보기에 다른 사람과 멀리 동떨어져 단절되어 있다는 인상을 주는데, 이런 인상은 PTSD와 관련된 행동의 일부다.[21]

PTSD가 있는 사람들이 타인의 감정을 인지적으로 충분히 처리할 수 있다고 해도 정서적 반응이 취약하다는 것은 공감 작용이 일반적인 경우와 달리 다른 경로를 취할 수 있다는 뜻이다. 한 가지 방법은 사람들의 정서 조절 능력을 향상시켜 물리적 자극이 과도하지 않도록 도와주는 것이다. 더 나은 정서 조절의 도움으로 외부 자극을 더 차분한 상태로 받아들인 다음, 그 자극을 공감의 인지적 요소들을 활용하는 데 사용한다. 또 다른 방법은 인지적 과정에 더 많이 기대서 토론으로 공감하는 일이다.

예컨대, 내가 무엇을 느끼는지, 그 감정을 상대방이 어떻게 이해하기를 바라는지를 설명하면서 상대방과 함께 끝까지 대화하면 신체의 정서 반응을 공유하는 단계를 건너뛸 수 있다. 이 접근은 신체적 공유보다 정신적 과정의 영향이 더 크다. 공감은 하나의 과정임을 기억하기 바란다. 그래서 공감에 도달하는 방법과 시간은 각자 다를 수 있다. PTSD와 다른 형태의 스트레스 같은 공감의 장애물을 파악한다면 공감의 어떤 구성요소에 더 주의를 기울여야 하는지, 그렇게 하려면 대안적 방법이 무엇인지에 대한 통찰을 얻을 수 있다.

사는 곳이 중요하다

어떤 스트레스는 주변 환경 때문에 발생한다. 빈곤은 환경적 스트레스의 한 형태로 엄청난 비율을 차지하는 아동을 포함하여 수많은 사람들에게 영향을 미친다. 미국은 세계에서 가장 부유한 국가인데도 공식적으로 4천3백만 명 이상이 가난하게 산다.[22] 미국인 7명 당 약 1명에 해당되는 수치다.

빈곤은 가난하게 자란 사람들의 공감 능력에 어떤 영향을 미칠까? 빈곤이 신체 건강에 좋지 않다는 것은 모두가 알고 있다. 새폴스키는 스트레스에 관한 책에서 빈곤으로 인한 스트레스가 나쁜 건강을 초래한다고 경고한다.

> 오랫동안 건강하게 살 가능성을 높이고 싶다면 가난하지 않아야 한다. 빈곤은, 몇 가지만 말하자면 심혈관 계통 질환, 호흡기 계통 질환, 다양한 궤양, 류머티스 질환, 정신 질환, 다양한 종류의 암에 걸릴 위험성의 증가와 관련이 있다.[23]

빈곤은 사람들의 건강과 행복한 미래와 관련된 대중적 관심사다. 빈곤에서 비롯되는 생리적인 손상 역시 타인과 소통하는 능력에 어느 정도까지 영향을 미칠까? 뇌 발달과 빈곤에 관한 연구는 한계가 있음에도 그 결과가 낙관적이지 않다. 고소득층 학생과 저소득층 학생 간에 실시된 뇌 발달 비교연구는 고소득층 학생들의 뇌 두께가 더

사회적 공감

크며, 더 큰 뇌가 높은 학문적 성취와 상관관계가 있음을 밝혔다.[24] 더 세부적인 연구에서는 뇌 모양이 더 복잡하다는 사실을 알아냈다.

저소득층 아동들의 경우에 뇌의 일부 영역이 덜 발달한 데에는 다른 요인들이 영향을 미칠 수 있다. 다른 연구에서는 부모의 교육 수준이 빈부 아동의 차이를 더 중요하게 설명했다.[25] 더 나은 소득과 부모의 교육 수준이 아동의 뇌 발달에 강력한 예측변수로 작용한 듯하다. 연구자들이 시사하듯이 부모의 교육 수준이 높을수록 아동의 뇌 발달이 향상되도록 기여하는 강력한 요소가 될 수 있으므로, 교육받은 부모나 지적으로 자극하는 환경을 제공하는 사람과 살면 가난한 환경에서의 성장에 따른 결함을 극복할 수 있다.

공감에 필요한 신경학적 능력을 발달시키는 두뇌 발달의 열쇠가 아동에게 지적 자극을 주는 환경을 만드는 것이라면 공감 능력을 개발하도록 개입해야 한다. 이것은 뇌가 건강하게 발달하도록 아이들에게 지적 자극을 제공하는 것이다! 가난한 아동이나 교육 수준이 낮은 부모를 둔 아동에게 경제적·사회적으로 상위계층의 아동들과 함께 학습을 위한 자극을 제공하는 것이 도덕적인 의무일 수는 있으나, 더 나은 뇌로 발달시키면 유익한 점도 있다. 더 나은 뇌의 발달은 건강과 인지 기능을 개선하며, 이로 인해 공감 능력도 발달이 가능해진다.

결론을 내리자면 빈곤과 뇌 발달 사이에는 분명히 생리적인 것과 관계가 있다. 엄청난 스트레스를 받고, 영양가 있는 음식이 부족하고, 생활조건이 건강하지 못한 경우에 뇌 발달은 저해된다. 그러나 가정 안팎에서 영양 있는 음식을 지원하고 지적 자극을 제공하면 빈곤이 뇌에 미치는 영향은 개선될 수 있다. 공감의 측면에서 아동의 열악한 환경과 지적 자극의 기회 결핍은 공감과 관련된 뇌의 생리적 측면들이 위험할 수 있음을 보여준다. 하지만 그렇다고 해서 아동들이 성장해서 공감할 수 없다는 의미는 아니다.

사회계층은 어떨까?

소득과 사회계층은 관련이 있으나 약간 다른 개념이다. 보통 소득과 계층은 동의어로 사용된다. 돈이 없으면 사회의 하위계층으로 분류되고 돈이 많으면 상위계층으로 분류된다. 계층과 공감에 관한 연구는 매우 흥미롭다. 빈곤이 공감을 저해하는 수준으로 뇌 발달에 영향을 미친다고 할지라도 하위 계층일수록 공감 능력은 실질적으로 증가할 수도 있다.

수많은 연구들은 하위계층 사람들이 상위계층 사람들보다 사회적 상황에 더 주의를 기울이고 개인적 교류에 더 관심을 가지며 공감의 정확도가 더 높다는 증거를 찾아냈다.[26] 이 연구는 상위계층 사람들이 하위계층 사람들보다 단순히 타인이나 주변 환경에 관심이 없다는 점을 보여준다.[27] 그들의 관심 부재가 저조한 공감이 이유인지, 또는 그들의 공감 능력이 덜 개발된 것인지는 알 수가 없다. 첫 번째 문제는 타인에 대해 더 많은 관심을 보이면 해결된다. 하지만 두 번째 문제는 공감 능력을 훈련하고 개발에 더 많은 노력을 기울여야 한다.

사회적 공감

상위계층 사람들이 공감에 필요한 능력을 갖고 있다고 해도 타인을 관찰하고 사람들이 상호 교류하는 상황에 주의를 기울이는 데 관심이 없다면 공감 능력은 그다지 발휘되지 않을 것이다.

앞서 언급했듯이, 계층배경과 공감을 살펴본 한 연구는 저소득층 사람들이 고소득층 사람들에 비해 타인의 감정을 정확하게 판단하는 수준이 높다는 점을 보여준다.[28] 역설적이게도 사회적·경제적 하위계층에서 성장한 사람들이 사회적 상황과 교류에 더 큰 관심을 가지고 있기 때문에 뇌의 생리적 기능이 손상되지 않는 한 빈곤이 공감의 장애물이 되지 않을 수 있다.

사회경제적 하위계층이 된다는 것은 권력집단 밖에 있을 가능성이 많다는 뜻이다. 이것은 앞서 논의했듯이 맥락을 이해하고 타인의 행동을 지켜보는 것이 그들에게 더 중요하다는 의미다. 이런 관심이 맥락에 대한 이해와 관점의 수용 능력을 개발할 수 있는 기회를 더 많이 제공할 수 있으며, 그 결과 특히 사회적 공감 능력이 상위계층 사람들보다 하위계층 사람들에게서 더 많이 발달된다. 물론 이에 대한 토대는 건강한 뇌다. 모든 아이들의 뇌가 생리적으로 건강하게 발달하도록 지원하면, 이에 따라 공감 능력도 나아질 수 있다.

아동 학대

2016년 미국 전역에서 아동보호서비스 기관 소속 전문가들이 4백만

건 이상의 아동 학대 혐의를 조사했다.[29] 이것은 이전 4년 동안과 비교할 때 10% 이상 증가한 것이었다. 수백만 건의 사례 중 약 70만 명의 아동이 피해를 당한 것으로 확인됐다. 이들 중 4분의 3이 방치됐고 4분의 1이 신체적으로 또는 성적으로 학대를 당했다. 방치하거나 학대하는 성인들의 손에 고통스럽고 위협적인 상황을 경험하는 아동이 매년 늘고 있다. 아동 발달과 공감에 관한 일반적인 지식에 근거해서 본다면 매년 수백만 명의 아동이 학대 위험에 노출되어 정서적 애착과 뇌 발달이 위태롭다는 사실이 우려된다. 학대는 공감에 부정적인 시작점을 만든다.

이미 언급했듯이 아동기의 스트레스는 공감에 필요한 뇌 영역 활성화에 부정적인 영향을 미친다. 어떤 아동들의 경우 지속적인 스트레스가 아동기의 트라우마가 된다. 아동기의 방치와 학대로 발생하는 스트레스와 아동기의 다른 힘든 경험들의 영향을 분리하기는 불가능하다. 하지만 미국에서 일어나는 아동 학대와 방치 수준을 살펴보면 인생의 시작이 온전한 공감 능력에 얼마나 영향을 미치는지 고려하는 것은 중요하다.

수많은 연구들은 아동기의 학대가 뇌 구조의 변화와 관련된다는 점을 알아냈다. 편도체와 해마는 물론 전전두엽 피질이 비정상적으로 바뀐다.[30] 이미 살펴봤듯이 뇌의 이런 영역은 공감에 매우 중요하다. 이 영역들은 스트레스로 부정적 영향을 받는 부분과도 일치한다. 학대의 경험은 만성적인 스트레스와 동일한 신체적 반응을 일으킬 가능성이 있다. 놀라운 일이 아니다. 학대는 극단적인 스트레스를 유발하고 장기간 영향을 미칠 수 있다. 대다수 아동 학대의 사례는 덜 심각한 것처럼 보이는 방치를 수반하는데, 그 영향은 상당하며 나중에 여러 문제의 원인이 될 수 있다. 방치하는 가정에 자란 아동은 이후에 심각한 인지 장애를 겪을 위험이 더 크며 정서와 행동, 대인관계에서 어려움을 겪을 수 있다.[31]

공감의 측면에서 어린 시절의 학대받은 경험으로 생긴 정서적 손상은 아동의 공감을 발달시킬 수 있는 능력을 저해하는 것은 물론 정서 조절에서 가장 큰 문제를 발생시킨다.[32] 학대 받은 아동은 예측할 수 없고 정서적 지지도 없는 두려운 상황을 경험한다. 아동이 그런 상황에서 살아가려면 항상 경계하고 학대의 징조가 있는지 살펴야 한다. 이들의 삶은 살얼음판을 걷듯이 항상 위태롭다. 이런 스트레스 수준은 앞서 언급한 모든 부정적인 것들을 만들어낸다. 특히 스트레스성 자극에 따른 정서적 반응을 조절하는 신경생물학적 능력을 저해시킨다.[33]

공감에 관한 지식에 기초해 보면 학대를 경험한 아동과 그런 트라우마가 없는 아동과의 비교에서 신경학적 차이에 대한 증거가 없다고 해도, 그들의 공감 능력이 손상당했을 것이라고 추정할 수 있다. 과도한 긴장과 끊임없는 경계상태, 종잡을 수 없는 정서적 지지는 자신과 타인에 대한 인식과 관점의 수용, 정서 조절의 발달을 어렵게 만든다. 방치와 학대를 경험한 아동이 공감하지 못한다거나 공감 능력을 발달시킬 수 없다는 말이 아니다. 아동 학대가 이런 능력을 발휘하기 더 힘들게 한다는 것이다.

가혹한 아동기 이후 공감 능력을 개발하려면 학대받을 때 자신을 보호해줬던 공감에 도움이 되지 않았던 행동들을 버려야 한다. 실제로 시설에 입소하는 것과 같은 어린 시절의 스트레스 상황은 입양과 안정된 가정이 제공하는 예측 가능한 일들과 지지를 통해 극복될 수 있다는 증거가 있다.[34] 생물학에 대해 알아야 하는 가장 고무적인 내용 중 하나는 인간의 뇌가 융통성이 있다는 점이다. 이를 테면, 사람들은 자신의 행복에 도움이 되지 않는 것을 잊어버린다. 이것은 쉽지 않지만 가능하다. 8장에서 이 주제에 대해 더 말할 것이다.

슬픔

공감과 슬픔에 관한 연구는 힘든 슬픔과 사별을 경험한 사람들의 공감 능력에 관심을 갖는다. 두말할 필요 없이, 이것은 중요하다. 하지만 공감 능력을 방해하는 신체 상태에 대해 생각하던 중 슬픔이 공감 능력을 방해하는 물리적 부담을 주는지 궁금했다. 내가 알기에 이 문제는 아직 해결되지 않았다.

내가 찾아낸 연구에서는 세 집단, 즉 슬픔을 겪지 않은 사람들, 사랑한 사람의 사별과 같은 정상적인 슬픔을 겪은 사람들, 복잡한 슬픔으로 분류되는 지속적이고 장기적인 슬픔을 겪는 사람들을 대상으로 인지 능력과 뇌 용량을 비교했다.[35] 그 차이는 크지 않았지만 장기적이고 복잡한 슬픔을 겪은 사람들은 인지 시험에서 낮은 점수를 받았고 다른 집단에 비해 뇌 용량도 더 작았다. 이는 슬픔으로 인한 신경 학적 효과가 충분한 공감이 일어나는데 필요한 인지 기능을 저하시 킬 수 있음을 말해준다.

2장에서 언급했던 나의 동료 신시아 리츠의 회복력에 관한 연구를 상기해 보자. 상실감으로 인한 슬픔을 포함하여 매우 힘든 사고를 경 험한 사람들은 다른 사람들이 경험한 것을 이해하면서 의미를 찾아 간다. 그들은 공감 능력으로 시간이 지나면서 회복력을 보여준다. 그 러므로 슬픔이 처음에는 직접적으로 공감 능력에 영향을 미치는 일 종의 두뇌 기능의 저하를 일으킬 수 있다고 하더라도 공감이야말로 슬픔을 극복하게 해주는 한 요소가 될 수 있다. 물론 이것은 이론일 뿐이지만, 슬픔을 극복하는 한 가지 수단은 비슷한 상황을 경험한 타 인들과 관계를 맺고 감정을 공유하면서 통찰하는 것이라는 말로 이 해가 될 것이다. 그런 행동은 공감의 요소와 관련이 있다.

공감하는 과정에, 술과 약물은 어떤 영향을 줄까?

많은 연구들이 술과 약물이 뇌와 신경계에 미치는 영향을 관찰했다. 물론 그런 연구를 검토하는 것은 이 논의와 나의 전문지식의 범위를 훨씬 넘어선다. 이 많은 연구를 이해하는 한 가지 유용한 방법은 많은 연구를 검토한 해당 분야 전문가의 연구를 참고하는 것이다. 다수의 연구를 비교하는 이런 방식을 흔히 메타 분석이라고 부른다.

뇌 영상을 이용해 술이 뇌에 미치는 영향을 연구한 140건의 논문을 검토한 전반적인 결과는 과도한 음주가 신체구조와 정신적 기능을 수행하는 뇌에 부정적 영향을 미친다는 것이었다.[36] 과도한 음주자에게 발견되는 뇌의 변화는 일부분 수십 년 동안 술을 먹은 결과다. 다수의 연구는 이것이 장기적인 음주의 문제인지 밝히기 위해 젊은 사람들에게 초점을 맞춰서 검토했다.[37] 이 연구자들은 뇌가 계속 발달하는 수년 동안 술에 노출되지 않은 젊은 사람들의 과도한 음주가 비정상적인 뇌 변화를 보이는지 알고자 했다. 이 연구도 뇌 구조 중 특히 전전두엽 피질이 위축된다는 사실을 보여줬다. 증거들은 전반적으로 과도한 음주가 사춘기의 뇌 발달에 부정적인 영향을 미칠 수 있음을 보여줬다.

한 소규모 연구는 알코올 중독 질환을 가진 참여자와 건강한 참여자를 대상으로 인지 기능 및 정서 기능과 관련된 뇌 영역을 비교했다.[38] 실제로 연구자들은 알코올 중독자들이 건강한 참여자에 비해 공감을 처리할 때 사용하는 뇌 물질(피질 두께)이 감소하고 있음을 발견했다. 그들은 이 차이가 유전이나 물려받은 성향에서 비롯된 것이 아님을 분명히 하려고 건강한 참여자를 알코올 중독 가족력이 있는 집단과 그렇지 않은 집단으로 구분했다. 뇌 크기의 감소 현상을 보인 참여자들은 오로지 알코올 중독 질환을 가진 집단이었다.

음주와 공감을 조사한 대규모 연구는 아닐지라도, 우려스러운 것은 과음으로 인한 뇌 손상이 인지 기능을 수행하는 핵심 뇌 영역인 전전두엽 피질에 영향을 미친다는 점이다. 이는 적어도 음주로 인한

사회적 공감

뇌 구조와 기능 변화가 공감과 관련된 뇌 영역을 사용하는 능력에 부정적인 영향을 미칠 수 있다는 뜻이다.

음주와 마찬가지로 약물 사용과 공감에 관한 연구도 드물다. 그럼에도 약물이 뇌에 영향을 미친다면 공감과 관련된 신경작용도 영향을 받을 것이라고 추정할 수 있다. 물론 우리가 추정할 수 있는 것은 공감의 방해가 뇌의 화학구조를 실제로 바꾸는 약물 남용의 결과일 거라는 점이다. 이 관계는 아직 면밀히 연구되지 않았다.

최근 한 연구는 아세트아미노펜 진통제(예를 들어, 타이레놀, 엑세드린, 나이킬, 수다페드 드리스탄과 같은 제품이 있다)와 같은 흔한 일반의약품과 공감의 관계를 연구했다.[39] 놀라운 것은 아세트아미노펜이 합법적이고 쉽게 구입할 수 있는 약품임에도 공감 능력을 바꿀 수 있다는 사실이다. 아세트아미노펜은 비교적 흔하고 저용량의 진통제이며 감기약과 같은 다른 약품에도 들어가는 경우가 많다. 이 약이 두뇌 활동에 대단히 영향을 미칠 것이라고는 예상하지 않는다. 하지만 연구자들은 아세트아미노펜이 몸의 통증을 억제하는 과정에서 타인의 고통을 느끼는 정도가 줄어든다는 점을 확인했다.

이런 결과는 미러링하는 신체적 행동을 강화했는지도 모른다. 진통제가 자신의 고통에 대한 실제적인 몸의 감각 수준과 어떤 사람의 고통을 보거나 상상함으로써 유발되는 몸의 고통을 모두 줄인다면 어떻게 될까? 고통의 미러링이 실재로 신체적 감각이라는 증거가 있을 수 있다. 달리 말하면, 우리가 타인의 고통을 느끼는 것은 단지 머리로만 느끼는 것이 아니라 실제 몸으로 고통을 느낀다는 말이다.

이런 연구결과는 미러링의 힘을 확인해 주는 것이라고 해도, 타인에 대한 공감 능력도 낮출 위험을 높이는 것일 수도 있지 않을까? 왜냐하면 자신의 신체적 반응 능력을 낮추려고 약물을 사용하기 때문이다. 아니면 고통에 대한 미러링만 방해받고 관점을 수용하는 능력과 자신과 타인에 대한 인식, 정서 조절, 맥락에 대한 이해는 충분히 사용한다는 것인가? 바꿔 말하면 고통의 공유가 무의식적으로 유발되지 않더라도 타인에게 벌어진 일과 그것의 의미를 생각하는 법을 배운다면 인지적 공감 과정으로 옮겨갈 것이다.

한 가지 이 연구의 한계는 건강하고 고통이 없는 참가자를 연구에 참여시킨 점이다. 실제로 고통을 느끼고 고통을 완화하려고 아세트아미노펜을 사용하는 사람이라면 어떨까? 그런 경우 아마도 그들은 고통이 완화되면 타인에게 집중하고 공감 수준을 더 높일 수 있을 것이다.[40] 이 질문은 최근 연구에서 제기됐으며, 앞으로는 더 광범위한 연구 분야에서 고려될 필요가 있다.

새롭게 부상하는 신경화학적 공감 연구는 천연 호르몬 옥시토신에 대해 살펴보기 시작했다. 몸이 옥시토신을 만들어내며 사회친화적 행동을 할 때 분비되는 듯하다. 옥시토신이 공감과 사회적 협력, 집단 참여, 신뢰를 비롯한 사회친화적 행동과 관련있다는 증거가 있다.[41] 하지만 몸이 옥시토신을 만들어내고 사회친화적 행동과 관련이 있다는 것은 안다고 해도 이 호르몬이 생물학적으로 어떻게 작용하는지는 모른다.[42] 이 호르몬은 이미 존재하는 공감의 전달자이거나 공감 능력을 향상시키는 역할을 할지도 모른다. 이 지점에서 우리 모두가 알아야 하는 것은 이 호르몬이 몸에서 작용할 때 공감과 협력, 사회성과 같은 사회친화적 행동도 일어난다는 것이다. 의학적으로 인공적 옥시토신을 투약하여 공감과 사회친화적 행동을 자극할 수는 있는 걸까?

지금까지 이에 대한 연구는 아주 미미하다. 한 연구에서는 PTSD가 있는 환자와 건강한 대조군에게 옥시토신(코 분무기를 통해)을 투약한 결과 공감 능력에서 의미 있는 변화를 찾지 못했다.[43] 더 많은 연구가 필요하지만, 이 연구는 흥미로운 주장들이 제기될 가능성을 보여준다. 공감을 촉진하기 위해 신경화학적 호르몬을 바꿀 수는 있을까? 솔직히 말하면, 나는 알약을 먹고 공감을 할 수 있을 거라고 보지 않는다. 하지만 뇌가 학습된 공감 과정에 더 잘 사용할 수 있도록 도와주는 신경화학적 전달물질이 있다면 노력해 볼 가치는 분명히 있다.

정신질환

마지막으로 정신질환과 공감에 대해 살펴보려고 한다. '그는 정신질환자입니다'라는 말을 들을 때, 아마 사람들은 그 사람이 공감하지 못하는 사람이라고 생각할 것이다. 하지만 '정신질환자'는 많은 의미를 담고 있는 용어이며, 임상평가를 고려하지 않고 다양한 특징을 설명하는 데 사용되는 경우가 많다. 정신질환이라는 정신건강 상태에 대한 정의와 식별은 수년 간 여러 측면에서 발전했다. 그럼에도 일반적인 합의는 세 가지 특징이 결합해야 정신질환 상태라고 말한다. 지배의식과 결합된 대담함과 겁 없음, 비열하고 냉담한 태도로 타인을 무시할 정도의 이기심, 감정 조절의 부재를 보여주는 자기절제나 억제 부족이다.[44]

이런 특징은 공감과 어울리지 않는다. 이기심과 지배의식은 타인의 감정을 읽고 상대방의 입장에서 생각하는 것과 양립하지 않는다. 감정 조절의 부재는 정서적 반응이나 정서에 대한 정신적 이해에서 비롯되는 감정을 처리할 수 없다는 뜻이다. 실제로 몇몇 신경영상 연구는 공감할 때 뇌가 작용하는 방식이 정신질환 특성을 보이는 사람들에게 일어나지 않는 것 같다고 밝혔다.[45]

정신질환을 가진 사람들은 특히 편도체 기능과 전전두엽 피질 영역(구체적으로는 배측 중앙 영역)에서 몇 가지 차이를 보였다.[46] 이 차이의 특징은 자극에 대한 편도체의 반응이 감소되고, 그 결과 그 자극이 무슨 의미인지 식별하지 못한다는 것이다. 두 영역이 기능을 하지 않는 것인지, 편도체가 입력 자료를 받아들이지 못해 전전두엽 피질이 처리할 정보가 충분하지 않은 것인지는 분명하지 않다. 이런 결함의 영향은 어떤 행동이 좋고 해로운지 잘 이해하지 못하는 것으로 나타난다.[47]

아마 가장 중요한 연구 결과는 정신질환적 성격을 가진 사람들이 다른 사람의 감정을 **식별**할 수는 있지만 다른 사람의 감정을 **느끼지** 못한다는 점일 것이다.[48] 이것은 공감이 아니다. 이것은 다른 사람을 읽는 능력일 뿐이며 공감이 없을 경우 위험할 수 있다. 다른 사람을 읽는 능력으로 그들의 동기와 욕구, 두려움을 알 수 있다고 해도 관점은 수용하지 않고 그들을 이용하거나 무시하는 태도로 대할 수 있다. 이것이 정신질환적 성격을 가진 사람들이 흔히 냉담하고 군림하려는 태도로 행동하며 공감하지 못하는 이유다.

정신질환적 특징을 가진 사람들의 뇌 기능이 그렇지 않은 사람들과 다르다는 증거는 있지만, 이것이 생물학적으로 유전된 것인지, 아니면 성장 환경에서 비롯된 것인지는 알 수 없다. 만성적으로 심각한 스트레스가 편도체를 방해해서 자극 수용을 무디게 한다는 점을 기억해보면 흥미롭다. 이것은 트라우마를 경험한 사람들의 좋은 대응 기제가 될 수 있으나, 편도체가 유아기부터 방해받는다면 어떻게 될까? 이것이 시간이 흐르면서 자극이 어떤 의미인지 판단하는 능력을 억눌러 그 자극이 타인에게 어떤 의미인지 이해하지 못하게 하지는 않을까? 어린 시절의 결함이 감정을 조절하는 능력을 발달하지 못하게 하는 걸까?

정신질환으로 진단받은 사람들이 흔히 보이는 행동 중 하나는 충동 제어가 잘 되지 않아 스트레스성 자극에 적절하게 반응하지 못하는 것이다. 이들은 감정 조절이 잘 되지 않는다. 정신질환으로 이어질 수 있는 많은 조건에 대해 배워야 하지만, 일반적으로 동의하는 한 가지는 정신질환자 범주에 해당하는 사람들이 공감 능력이 부족하다는 점이다. 공감이 없는 사람이라면 다른 사람의 행복을 무시하는 방식으로 행동할 가능성은 더 높을 것이다.

공감의 생리적 장애물은 극복할 수 있는가?

내가 이 장을 쓰게 된 계기는 뇌의 일부가 방해받거나 교란되거나 손상당하면 공감 능력이 어떻게 될까라는 의문에서 비롯됐다. 아직도 명확한 답을 얻지 못한 것 같지만, 뇌 기능에 주의를 기울이고 신경 구조와 능력의 변화가 공감할 수 있는지의 여부에 영향을 미친다는 것을 인식할 필요가 있다고 본다. 그러나 뇌 발달에 장애가 발생한다면 어떻게 될까? 나는 뇌가 손상되면 절대 공감할 수 없다는 생각을 기정사실로 받아들이지 않는다.

인간의 뇌는 가변적이다. 다르게 생각하고 행동하는 방식을 배울 수 있다. 그러나 오랫동안 굳어진 행동들처럼(우리는 새해 결심을 할 때마다 얼마나 자주 다이어트나 운동 계획을 다짐하는가?), 뇌의 경로를 바꾸는 것은 매우 어렵다. 뇌에 가해지는 모든 스트레스를 막을 수는 없으나 공감 능력이 손상되지 않도록 학대와 트라우마, 알코올 남용을 예방하기 위한 노력은 기울일 수 있다.

예방이 가장 바람직한 이유는 예방하면 나중에 문제가 발생하지 않기 때문이다. 우리 모두에게 공감을 발달시킬 수 있는 충분한 교육이 필요하다. 건강한 아동기를 보냈다고 해도 공감을 배우는 일은 일생 동안 계속된다. 때로 무감정 상태에 빠지거나, 고도로 이기적이거나, 스트레스를 받거나, 두려움에 사로잡힐 경우 공감이 가로막힌다. 공감은 다양한 방식으로 배울 수 있다. 어떤 사람은 어린 나이에 배울 수 있고, 어떤 사람은 뒤늦게 배울 수도 있을 것이다. 나는 우리 모두가 높은 수준의 공감 능력을 개발할 수 있다고 믿는다.

과제는 인간의 어떤 능력이 강하고 어떤 능력을 사용하는 것이 더 효과적인지 파악하는 것이다. 타인의 행동을 공유하고 처리하는 기능을 방해하는 생물학적·신경학적 장애물이 있다면 그런 것들도 이해해야 한다. 이것이 이 장을 이 책에 포함시킨 이유다. 공감 능력을 향상시키는데 다양한 지원과 교육 훈련, 모범사례를 제공할 수 있다고 해도 뇌가 신체적인 원인으로 외부자극을 받아들이지 못해 공감하지 못한다면, 이러한 생물학적 차이를 보완하는 방식으로 특별한 교육 훈련과 지원을 제공할 필요가 있다.

6장

공감과 종교는
어떤 관계일까?

이 장은 내가 공감과 종교에 관해 처음 쓴 글이다. 종교는 내게 전문적인 영역이기보다 개인적 영역이었다. 공감과 관련된 종교 연구는 내가 수행하는 학문적 연구와 맞지 않는 것처럼 보였다. 하지만 수년간 종교와 공감에 대해 많은 생각을 했다.

무엇보다도 사회적 공감을 충분히 논하려면 다른 집단의 관점과 상황을 알아야 하고, 나아가 종교적 신념과 관습처럼 아주 깊은 부분까지 많은 공동체에 대한 이해를 포함시킬 필요가 있었다. 1장에서 잠깐 언급했듯이, 모든 주요 종교에는 공감 의식과 가르침이 들어 있다. 그럼에도 많은 종교 이름으로 자행되는 잔악한 행위들은 공감의 완전한 부재를 보여주기도 한다.

어떻게 그럴 수 있을까? 나는 종교와 조직적인 잔학행위의 불일치로 공감과 종교에 관한 이 장을 쓸 필요가 있다고 확신하게 됐다. 인류 역사상 많은 종교에서 나온 공감의 엇갈린 메시지를 이해하고 싶었다. 너 자신을 사랑하는 것처럼 다른 사람을 사랑하라, 그렇지만 다른 사람이 신앙의 적이라고 여겨진다면 우리는 그들과 전쟁을 하고 파괴할 수 있다. 또 신앙의 차이로 생활방식이 위협당하면 자신을 보호할 필요가 있기 때문에 신앙을 공유하지 않는 사람들과 싸워야 한다.

이런 메시지는 어떤 의미일까? 다른 사람이 자신과 같은 신앙을 가질 때만 사랑하라는 뜻인가? 자신의 종교가 단 하나의 유일한 진리를 갖고 있기 때문에 모든 사람이 자신이 믿는 것을 믿게 하라고 요구하는 것일까? 내가 보기에, 종교의 역사는 공감의 관점에서 볼 때 혼란스럽고, 때로는 공감을 왜곡하는 것처럼 보인다. 따라서 이 장은 종교와 공감의 관계를 더 잘 이해하기 위한 목적이다.

역사 속의 종교: 선한 종교, 나쁜 종교, 더 나쁜 종교

아마 대부분 사람들은 종교가 사회에 긍정적인 힘이라고 생각하며 자랐을 것이다. 종교는 우리가 선한 사람들이 되도록 도와주는 안내자 역할을 한다. 종교적 가르침에는 자신을 사랑하듯이 다른 사람을 사랑하라는 말처럼 사람들을 돌보라는 훈계를 포함한다. 얼핏 들으면, 공감이 종교 생활의 중요한 부분이라고 말하는 듯하다. 자신을 사랑하듯이 서로 사랑하라는 가르침은 자신과 타인에 대한 인식이 필요하고 관점 수용이 유용하다는 것을 시사한다. 또한 다른 사람이 내가 싫어하는 일을 할 경우 강력한 감정 조절 능력이 도움이 된다는 것을 보여준다.

안타깝게도 공감과 종교 이야기는 이런 이야기만 있지 않다. 현대를 포함하여 유구한 역사에서 종교는 항상 도덕적 나침반 역할을 하거나 공감의 모범적 사례가 된 것은 아니었다. 오히려 종교가 전혀 정의롭지도, 공감적이지도 않은 행동의 근거로 사용된 사례가 놀랄 정도로 너무 많았다. 종교의 행동 방식과 공감의 정도는 좋기도 했고, 나쁘기도 했다.

먼저 좋은 면을 살펴보자. 1장에서 말했듯이, 세계의 모든 주요 종교에는 타인의 관점을 수용하고 자신이 대접받고 싶은 대로 그들을 대접하라는 계명과 지침을 갖고 있다. 우리가 성장할 때 들은 가장 대중적인 가르침은 다른 사람들이 나를 대접하기를 원하는 대로 그들을 대접하라고 요구하는 황금률이다. 기독교, 유대교, 이슬람교, 힌두교, 유교를 포함한 세계의 모든 주요 종교에는 이런 사상이 나타난다. 이와 관련하여 유대교와 기독교의 성서적 기초는 수천 년 전의 구약성서와 신약성서에서 시작됐다는 것을 기억하기 바란다. 아마 가장 유명한 구절은 레위기(19:18), 마가복음(12:31), 누가복음(10:27)에 나오는 "이웃 사랑하기를 네 몸과 같이 하라"는 구절일 것이다. 이것은 우리가 다른 사람들을 대하는 법을 이해하려면 공감의 일부분으로 자신과 타인에 대한 인식과 관점을 수용하는 능력을 사용하라는 말이다.

그러나 협력과 동정을 보여주려고 반드시 타인의 입장에 서 있을 필요는 없다. 나 자신이 어떻게 느끼고 싶은지 알고, 또 그런 식으로 타인을 대하는 태도가 친절하고 동정적일 수 있는 것이다. 하지만 이 것은 나를 위한 것이기 때문에 타인의 관점을 반드시 고려한 것은 아니다. 그러므로 내 자신처럼 이웃을 사랑하는 것이 매우 일방적인 행동일 수 있다. 이것은 공감이 아니지만 적어도 긍정적인 행동을 만든다(우리는 보통 잘 대우받기를 원한다). 따라서 이것을 타인을 향한 행동 방식의 척도로 삼는다면 우리는 상당히 긍정적이고 동정적이며 협력적인 시스템을 갖게 될 것이다.

은률은 우리가 대접받고 싶지 않는 방식으로 다른 사람을 대접하지 말라고 가르친다(1장에서 언급했다). 이것은 최소한도로 자신을 타인에게 투사하는 것과 관련된다. 그러나 이것 역시 꼭 타인의 관점이 어떤 것일지 생각해볼 필요는 없다. 그렇지만 황금률처럼 이것도 인간의 긍정적인 상호교류로 이어질 수 있다. 종교가 타인을 잘 대해주라고 가르치지만, 이것은 그 과정에서 반드시 공감을 사용해야 하는 것은 아니다. 사회적 관점에서 보면 다른 사람들을 나쁘게 대하지 않는다면 그들을 이해하지 못한다고 해도 예의를 갖추고 힘을 합칠 수 있다. 그래서 주요 종교의 기본 가르침은 협력적이고 동정적인 사회를 만드는데 실제로 도움이 되지만 꼭 충분하게 공감적인 것은 아니다. 이것이 종교의 좋은 면이다.

나쁜 면은 어떤 것이 있을까? 거의 모든 종교의 기본 전제는 하나의 집단으로 묶고 타자들과 구분시키는 특정한 신념을 받아들인다는 점이다. 이것은 부족주의의 한 형태다. 부족의 일원이 되면 생존에 이롭다는 것은 모두가 안다. 부족들은 서로 협력하여 더 크고 협력적인 사회를 만들 수 있다. 이것은 좋다. 하지만 3장에서 보았듯이 부족주의가 나쁘게 변질되면 우리 대 그들을 대립시키고 타자성을 부각시킨다. 이것은 나쁜 부족주의다. 나쁜 부족주의가 종교의 필수 요소

　　　　　　　　　　　　　　　　　　　　사회적 공감

가 아니지만 역사에서는 큰 의미를 지닌다. 구약성서에서 비롯된 종교들의 경우 신명기 13:7-11의 강력한 말씀은 부족의 결속이 중요한 명령이라는 신념을 강화시킨다.

> 피를 나눈 네 형제나 네 자녀나 네 품의 아내나 너와 생명을 함께하는 친구가 가만히 너를 꾀어 이르기를 '너와 네 열조가 알지 못하던 다른 신들을 우리가 가서 섬기자 할지라도', 너는 그를 좇지 말며 듣지 말며 긍휼히 보지 말며 애석히 여기지 말며 덮어 숨기지 말고 너는 용서 없이 그를 죽이되, 죽일 때에 네가 먼저 그에게 손을 대고 후에 뭇 백성의 손을 대라. 그는 애굽 땅 종 되었던 집에서 너를 인도하여 내신 네 하나님 여호와에게서 너를 꾀어 떠나게 하려한 자니 너는 돌로 쳐 죽이라.

이것은 강력한 말씀이며 문자 그대로 받아들일 경우에 분명히 나쁜 부족주의를 조장할 수 있다.

때로 부족은 종교에 따라 가입이 제한되는 사회조직의 구성원처럼 덜 명시적이고 배타적인 형태를 띤다.(내가 어릴 때 같은 종교의 일원이 아닌 사람들을 가입시키지 않은 컨트리클럽이 있었다.) 다수의 종교를 믿지 않은 학생들의 입학을 제한하는 대학 입학 할당제를 생각해보라. 이런 관행은 문서로 증명하기는 일반적으로 어려우나 미국 역사 초창기부터 1950년대와 1960년대 시민권 운동과 법정소송 사건까지 미국에서 실제로 합법적이었다. 아직도 민간 클럽은 공적인 혜택(가령, 비영리 세금면제 혜택)을 받지 않는 한 회원을 자유롭게 원하는 대로 가입시킬 수 있다.

  미국은 종교적 자유를 누리려고 미국에 온 집단을 기준으로 교육을 했지만 역사 초기부터 나쁜 부족주의를 보여줬다. 초기 미국 역사를 더 깊이 살펴보면, 땅을 차지하고 노예를 부리고 심지어 불신자를 죽이는 근거로 종교를 이용한 사례가 있다. 1600년대 종교의 자유를 찾아 이곳에 와서 초기에 뉴잉글랜드에 정착한 청교도들은 이미 이곳에 정착해 살던 아메리카 원주민에게서 무력을 사용해 땅을 빼앗고 성경구절로 정당화했다.

  구체적으로 그들은 로마서 13장 2절을 인용했다. "그러므로 권세를 거스리는 자는 하나님의 명을 거스림이니 거스리는 자들은 심판을 자취하리라."[1] 식민지 미국의 종교 지도자들이 영적 투쟁 과정에서 비신자를 교수형이나 화형에 처하는 폭력을 사용했다는 기록이 남아 있다. 설명할 수 없는 이상한 행동을 하는 어떤 사람들(그들 중 일부는 아마 발작을 일으키는 의학적 상태 때문이었을 것이다)은 종종 마녀로 취급됐다. "너는 무당을 살려 두지 말지니라"(출 22:18)의 구절은 초기 뉴잉글랜드, 특히 매사추세츠주 살렘의 유명한 마녀사냥의 정당한 근거가 됐다.[2]

  종교 가치는 노예제 유지 및 폐지의 근거로 이용됐다. 노예제 찬성론자들은 성서의 모든 족장들이 노예를 두고 있었고, 성서에도 십계명(출 20:10, 20:14)을 비롯한 많은 곳에서 노예제를 언급해도 그에 대해 하나님의 반대를 보여주는 구절은 없다고 주장했다. 이런 사례는 하나님이 노예제를 수용하는 것으로 해석됐다.[3] 다른 한편으로 노예

　　　　　　　　　　　　　　　　　　　　　사회적 공감

제 폐지론자들은 노예제가 반기독교적인 이유는 성서에서 모든 사람이 하나님의 형상으로 창조됐기 때문이라고 주장했다. 이것은 모든 사람이 한 가족이며 동등하게 대해야 한다는 뜻이다. 노예제 폐지론자들은 유대민족이 이집트의 노예제에서 탈출한 사실을 하나님이 노예제를 반대하는 증거로 제시했다. 그들은 황금률을 서로를 대하는 중요한 지침으로 인용하면서 노예제를 이웃을 사랑하는 방식으로 받아들여서는 안 된다고 말했다.[4]

자신의 종교로 개종시키려고 설득하는 노력인 선교는 하나의 종교를 궁극적인 생활방식으로 여기고 아주 강하게 그것을 확신하면서 다른 사람을 종교의 일원으로 만드는 것이다. 이것이 전도자의 신앙을 확증해주는 것일 수 있다고 해도 그 신앙이 다른 종교형태나 생활방식이 옳지 않다고 가정할 때 억압적일 수 있다. 미국 전역에서 아메리카 원주민을 기독교로 개종하기 위한 선교가 '인디언을 문명화'하기 위해 행해졌다. 1865년 미국 정부는 개신교 단체들이 공립 기숙학교 운영을 대행하도록 위임하는 법을 만들어 인디언 아동이 가정을 떠나 그들의 고유한 생활방식을 잊어버리도록 강요했다.[5]

미국 초기 정착민들의 행동을 정당화하려고 종교를 이용한 것은 그들의 본국에서 시작됐다. 타인을 억압하기 위해서 종교를 이용한 추한 역사는 전 세계적으로 오래됐다. 핑커Pinker는 모든 역사에서 일어난 폭력을 살펴보면서 종교의 이름으로 자행된 수많은 역사적 잔학행위를 확인한다. 그는 자신의 방대한 책 중 세 페이지를 할애하여 종교의 이름으로 수많은 사람이 목숨을 잃은 사건을 언급한다. 이슬람교도 투르크인들로부터 예루살렘을 되찾기 위한 기독교 십자군은 유럽의 라틴 교회에서 시작되었는데, 십자군 참가자들에게는 이 거룩한 싸움을 수행한 대가로 죄를 용서받고 천국행 티켓을 얻을 것이라고 약속했다. 십자군 전쟁으로 1095년부터 1208년까지 백만 명의 '불신자'가 죽음을 당했다.

종교재판은 1400년대 말부터 1600년대까지 스페인 왕과 여왕의 가톨릭 통치 아래 있던 이슬람교인과 유대교인을 유럽에서 제거하기 위해 만들어졌다. 이 종교재판으로 약 35만 명이 목숨을 잃었고 1520년부터 1648년까지 몇 차례 다른 종교집단과의 오랜 전쟁이 포함되는 유럽 종교전쟁에서는 약 6백만 명이 유럽 전역에서 목숨을 잃은 것으로 추산한다. 이는 중세시대 서구 유럽인들의 선교 활동에 따른 사망한 사람일 뿐이다.

종교의 이름으로 일어난 전쟁은 근대 역사에서도 발생했다. 여러 내전은 흔히 종교적 신념을 놓고 싸운 전쟁이었다. 예를 들어, 1970년대 북아일랜드의 개신교도와 가톨릭교도 간의 전쟁, 1980년대 레바논에서 이슬람교 수니파와 시아파 간의 전쟁이 있다. 티벳 불교의 영적 지도자인 달라이 라마Dalai Lama는 모든 종교를 통제함으로써 기본적으로 불법화하는 중국 정부와의 갈등으로 망명 중이다. 1992년 유고슬라비아 붕괴 이후 세르비아인, 크로아티아인, 보스니아인들 사이에 발생한 야만적인 내전은 오랜 종교적 차이에서 기인한 것이었다. 이 내전은 정치적 측면도 있으나 동방정교회 기독교인과 이슬람교 집단이 자신의 종교적 유산을 보호하고 자신들이 정당한 소유라고 생각한 땅을 두고 벌인 싸움이었다. 3년 동안 10만 명이 죽었는데 대부분 이슬람교인이었다. 전쟁이 끝났는데도 종교적인 차이는 오늘날까지도 여전히 깊다.[7]

불신자를 억압하는데 폭력을 사용할 것이라고는 예상하지 못한 종교의 증거도 찾아볼 수 있다. 불교는 보통 평화롭게 명상하는 종교의 이상적인 사례다. 하지만 동남아시아에 있고 불교도가 다수를 차지하는 미얀마(이전의 버마)에서는 극단적인 불교 승려들이 조직적으로 이슬람교인을 고립시키고 추방하는 증거가 늘고 있다. 이 승려들은 공공정책과 군부에서 지원을 받는다. 그들의 목표는 미얀마에서 이슬람교인을 제거하는 것이다. 불안은 폭동과 인종 폭력으로 이어졌으며 14만 명의 이슬람교인이 이동의 자유가 없는 정부 수용소로 이주됐다.[8] 이것은 드문 사례가 아니다. 극단적인 불교인들이 스리랑카에 거주하는 이슬람교인들을 목표로 삼고 있다.[9] 미얀마와 스리랑카의 상황은 모든 종교의 극단주의가 심지어 불교처럼 매우 수용적인 것처럼 보이는 종교조차도 폭력과 억압으로 이어질 수 있음을 보여준다.

현재 종교가 어떻게 야만적인 수단으로 이용되고 조직화할 수 있는지 보여주는 가장 두드러진 사례는 ISIS(이라크와 시리아의 이슬람국가의 두문자어, 때로 이라크와 레반트의 이슬람국가를 뜻하는 ISIL로 불린다)가 하나의 종교적 소명과 지도력 아래 모든 이슬람교인을 통일하는 국제적 이슬람국가를 만들려는 시도다. ISIS는 서구 출신 포로를 참수하는 장면을 비디오로 녹화하고 그들의 군대가 점령한 마을의 불신자를 대량 학살하고 자살 폭탄을 이용해서 전세계의 시민들을 살해했다. 최근 몇 년 동안 뉴스에는 이런 이야기로 가득했다. 그러나 역사는 열렬한 종교집단이 자신들의 신념을 확산시키기 위해 폭력과 테러를 사용하는 것이 새로운 일이 아니라는 것을 알려준다.

종교는 왜 나쁘게 변할까?

전 세계의 종교가 아직 황금률 또는 은률을 공유한다면 어떻게 살인과 고문, 야만적인 억압에 이용될 수 있을까? 저명한 종교학자이자 기독교와 이슬람교 관계에서 전문가로 활동하는 찰스 킴볼Charles Kimball은 종교가 극단화되고 악으로 변질되는 시기를 예고하는 징후를 찾아냈다.[10] 그는 고대와 현재를 불문하고 악랄한 행동을 정당화하고 지속하기 위해 종교를 오용하는 수많은 사례를 열거하면서 나쁘게 변질된 종교의 공통적인 특징을 다섯 가지로 제시했다. 그들은 유일하고 절대적인 진리를 갖고 있다고 주장하면서, 맹목적인 복종을 요구하고, 그들의 사업을 위해 '이상적인 시간'을 설정한다. 또 종교적 진리를 위해 사용되는 모든 수단을 정당화하고, 목적을 달성하기 위해 가장 긴요한 것은 성전holy war이라고 주장한다.

 이 다섯 가지는 수백 년 전 십자군과 종교재판에서 발견됐고, 오늘날 ISIS와 세르비아인과 크로아티아인, 보스니아인 간의 민족전쟁에서도 나타난다. 다소 이런 위험의 변형 형태를 볼 수 있는데, 노예제와 아파르트헤이트에 대한 정당화와 유사 이래 전세계의 이주민 정착에서도 나타난다. 킴볼은 이런 문제가 종교의 속성이며, 신앙 방식을 **배타적 형태**와 **포용적 형태**로 나눌 수 있다고 말한다. 배타적 종교는 그들만이 진리를 갖고 있다고 주장하는 반면, 포용적인 종교는 자신의 신앙이 추종자들에게 일차적이나 다른 종교들도 타당한 신앙체계를 가질 수 있다고 인정한다.

이 분석은 유일한 하나의 올바른 종교가 있으며 자신의 종교가 바로 그 종교라고 믿는 확신이 너무 단호할 때 문제가 된다는 점을 시사한다. 이런 경직된 단호함 속에서는 다른 종교에도 타당한 세계관이 있다는 것을 인정하도록 도와주는 관점 수용이 불가능하다.

배타성의 시각에서 이 논의에 접근한 샘 해리스Sam Harris는《종교의 종말: 이성과 종교의 충돌, 이제 그 대안을 말한다The End of Faith: Religion, Terror, and the Future of Reason》라는 책에서 문제는 근본주의라고 지적한다.[11] 해리스는 종교에 기초한 모든 신앙에 대해 회의적이다. 종교는 증거가 아니라 교리에 기초한 맹목적인 신앙이기 때문이라는 것이다(우리는 종교 지도자들에게 신앙은 그런 것이라고 듣고 있다). 나는 그가 빈대 잡으려다 초가삼간을 태운 격이라고 생각하지만(종교는 시민권, 전쟁반대, 가난한 사람에 대한 지원과 같은 긍정적인 사회운동에도 기여했다), 그는 킴볼이 말한 종교가 악하게 바뀌는 다섯 가지 징후를 그대로 보여준다. 해리스는 강한 신앙은 다른 종교에 대한 관용이 없기 때문에 다른 신앙을 인정할 가능성이 없다고 우려한다.

그의 이론은 종교적 근본주의 아래에서 지속되는 공포를 설명하는

데 유용하며, 사실상 모든 전체주의 이데올로기로 확대해서 적용할 수 있다. 나치 정당이 옹호한 아리안족의 순수성은 종교가 아니라고 해도 개인적 이탈과 타협, 질문을 허용하지 않은 이데올로기라는 근본적인 신앙이다. 킴볼의 다섯 가지 징후는 나치 체제에 잘 들어맞는다. 종교 대신 이데올로기가 절대적인 진리를 자처하고 맹목적인 복종을 요구하며 역사에서 권력을 확보할 이상적인 시기를 주장하면서 목적이 수단을 정당화했다. 근본주의와 전체주의 이면에 있는 것은 우리 집단을 뜻하는 '우리'와 외부의 타자들을 뜻하는 '그들' 간의 대립이다.

이런 차이 때문에 신앙이 없는 타자들을 제거하는 거룩한 십자군 전쟁의 필요성이 대두된다. 타자들은 인간이 아닌 것으로 보기 때문에 타자들을 파괴하는 것이 가능해진다. 극단적인 종교의 경우 타자들을 파괴하라고 **명령한다**. 이것은 과도하게 단순화한 것처럼 보일 수 있지만, 이런 논리에 부합하는 역사적 사례들은 아주 많고 다양한 집단 간에 계속 반복돼 왔다. 또한 3장에서 언급했듯이, 타자성에 대한 느낌이 어떻게 타인을 비인간화하는지를 보여주는 신경학적 근거도 많다.

근본주의적 종교에 대한 맹목적인 신앙과 헌신에서 비롯된 공포를 어떻게 막을 수 있을까? 킴볼은 종교에 대한 비판적 분석이 필요하다고 주장한다. 종교적 원리에 대한 질문과 분석을 통해 맹목적인 충성 대신 개인적 해석을 권한다. 그는 이것이 많은 종교가 포용성을 확보하는 한 가지 방법이라고 믿는다. 자신의 종교를 믿고 실천하면

사회적 공감

서도 다른 사람들에게 중요한 다른 종교를 인정하고 종교적 다양성에 대해 관용적일 수 있다. 해리스는 우리에게 더 나은 쪽, 즉 이성적이고 정직하며 자비로운 부분을 사용하라고 말한다. 또 이것이 우리 모두가 상호의존적이며 우리의 행복이 타인의 행복에 좌우된다는 점을 인정하는 것이라고 말한다.

이런 요구들은 특히 사회적 공감의 핵심적인 측면이다. 타인의 관점을 받아들이면서 그 집단의 역사적 맥락을 고려하고 구성원의 삶의 경험을 상상해볼 때 타인을 더 깊이 이해할 수 있으며, 이를 통해 관용적 태도를 가질 수 있다. 사회적 공감은 더 큰 세계를 확대된 친족으로 볼 수 있게 해주고 한 집단이 다른 집단과 싸우지 않게 해준다.

맥락과 역사가 중요하다

종교가 억압과 테러를 유발하는 현상을 이해하려고 할 때 가장 중요한 부분은 이런 잔학 행위의 맥락을 분석하는 것이다. 집단들이 자신의 종교를 위해 살인한다고 주장한다면, 사태를 매우 철저히 이해한 뒤에야 그들의 행위가 종교 전체의 진정한 모습인지를 살펴봐야 한다. 어떤 사람이 낙태수술을 하는 의사를 반기독교적이라고 생각하고 살해했을 때, 우리는 모든 기독교인을 살인자라고 부르는가? 쿠 클럭스 클랜(Ku Klux Klan, KKK)이 백인우월주의를 신봉하는 기독교 단체라고 자처할 때, 우리는 모든 기독교인을 백인우월주의자라고 생각하는가?[12] 자살폭탄 테러범이 이슬람교인이라면, 모든 이슬람교인이 위험한가?

킴볼이 설명하듯이 일반적으로 문제가 되는 것은 종교가 아니라 극단주의적인 입장이다. 2장에서 보았듯이, 문명사회가 혼란하고 붕괴하면 카리스마적인 지도자들이 등장해서 자신의 이념과 통치를 따르기만 하면 영광스럽고 완전한 세상이 올 것이라고 약속하는 역사적 패턴이 존재한다. 그들은 자신의 이념이 완전한 세상을 성취할 유일한 길이라고 주장하기 때문에 그들처럼 믿지 않는 사람들은 그 과업의 걸림돌이 된다. 배경이 되는 사건들이 결합하면 이런 이념이 등장할 수 있다. 이것이 극단주의다. 완전한 세상을 만들기 위해 믿지 않는 사람들은 저지되거나 제거된다. 일부 종교 지도자들은 이를 위해 문자 그대로 불신자들을 죽이기도 한다.

불신자를 죽이는 것은 극단적이다. 하지만 비폭력적인 방법으로 불신자들이 사는 방식이 잘못됐고 구원받기에 적절하지 않다는 것을 나타내기도 한다. 예컨대, 선교사들은 자신들이 불신자들의 삶을 개선하고 있다고 믿는다. 그들은 세계를 여행하며 다른 사람을 개종시켜 신자로 만든다. 그 과정에서 그들은 불신자의 모든 다른 종교가 완벽한 세상을 만들기에 충분하지 않다고 가정한다. 그래서 불신자의 실천을 타당한 것으로 인정하지 않고 자신의 종교를 계속 전파한다. 자신의 종교가 유일한 삶의 방식이라는 이런 시각은 다른 사람들에게 매우 중요한 신념과 함께 오랜 세대 동안 존속된 문화라는 역사적 경험을 무시한다.

공감 능력이 있는 한, 한 집단이 완전한 세상을 이룰 수 있는 궁극적인 진리를 갖고 있다고 믿고 이에 동의하지 않는 사람들을 제거하려고 시도하기는 어렵다. 어떻게 종교적 신앙의 이름으로 폭력을 멈출 수 있을까? 한 가지 방법은 사회적 공감이다. 우리 대 그들이라는 경직된 사고방식을 갖지 않고 모든 사람을 비슷한 인간으로 볼 때 다른 인간을 죽이거나 불구로 만드는 것은 어렵다. 그것은 우리 자신을 그렇게 만드는 것이기 때문이다. 좋은 사상은 많고 종교가 더 좋은 세상을 만드는 유일한 길이 아니라고 믿을 때, 우리는 다른 집단을 받아들이고 그들과 함께 서로 나누는 공동체를 만들어 나갈 수 있다.

종교와 민족중심주의

이전 역사에 비해, 요즘 미국에서는 종교가 대규모 폭력에 이용되거나 법정에서 합법적인 근거로 사용하는 경우는 보이지 않는다. 하지만 종교가 낙태와 동성애, 사형제 같은 사회문제 논의에 관련되는 경우가 있다.

많은 이들이 인간의 삶을 보호하는 원칙을 유지하는 것이 도덕적이며 종교의 좋은 면이라고 주장한다. 하지만 이런 신념을 표현하는 집단이 진리를 갖고 있다고 주장하고 그들의 관점에 동의하지 않는 사람들을 악한 존재로 악마화하고 감옥에 가거나 죽어야 한다고 할 때, 종교는 동정의 선을 넘어 공감 부재의 상태가 된다. 다행히도 종교를 세상을 보는 렌즈로 삼는 미국의 대부분 집단들은 폭력적이지 않다. 하지만 아직도 우리 대 그들이라는 관점이 남아 있고 그 결과 공감이 부족한 경우가 많다.

1990년대 동성애자 권리행진에 참가했을 때 〈동성애자들은 지옥에 가라〉고 적은 표지판을 들고 있는 동성애 반대자들이 '신이 동성애자를 싫어하고' 동성애는 죄라고 말하는 것을 직접 목격한 적이 있다. 이런 반동성애 단체들은 윗옷과 표지판을 통해 자신이 종교단체의 일원임을 드러냈다. 나는 그들이 동성애 행진자들이 죽어야 한다고 외친 것을 기억한다. 동성애에 대한 동성애 반대자들의 분노는 표지판에 적은 성경구절과 배포한 인쇄자료에 기초한 것이었다. 극단적인 종교적 관점의 한 가지 핵심 원리는 성서 본문을 문자적으로 그리고 흔히 선택적으로 사용하는 것이다. 내가 제시하는 것보다 더 자세한 내용에 대해 관심이 있다면, 뛰어난 성서학자들이 성서 본문을 분석해서 제시한 가치 있는 글들이 많으니 읽어보길 바란다. 동성애에 반대하는 사람들은 구약성서 레위기의 두 구절을 가장 많이 인용한다.

너는 여자와 교합함 같이 남자와 교합하지 말라. 이는 가증한 일이니라(레 18:22)

누구든지 여인과 교합하듯 남자와 교합하면 둘 다 가증한 일을 행함인즉 반드시 죽일지니 그 피가 자기에게로 돌아가리라(레 20:13)

이 구절들은 매우 심각한 경고다. 그러나 구약성서와 신약성서의 많은 충고들 역시 그럼에도 문자적으로 받아들이지 않는다.

남자가 여자와 결혼하였는데 그 여자가 처녀가 아닌 것이 드러나면 그 여자를 돌로 쳐서 죽일지니라(신 22:13)

완악하고 패역한 아들은 장로들에게 데려가서 돌로 쳐 죽일지니라 (신 21:18)

머리 가를 둥글게 깎지 말며 수염 끝을 손상하는 것은 혐오스러운 것이니라(레 19:27)

이혼한 사람이 재혼하면 간음하는 것이니라(19:9, 막 10:11)

만일 네 오른손이 너로 실족하게 하거든 찍어 내버리라(마 5:30)

여자는 교회에서 잠잠하라, 그들에게는 말하는 것을 허락함이 없나니(고전 14:34)

나는 이 구절들이 연구할 가치가 없다고 말하는 것이 아니다. 이 구절들은 우리가 살면서 선택할 때 지침이 될 수 있다. 그러나 그것들이 이 땅의 법이며 유일하게 옳다거나 도덕적 방식이라고 주장하는 것은 그것이 아무리 지금의 생활방식이나 이 땅의 법과 멀다고 해도 모든 계명을 따르겠다는 뜻이다. 자신의 신념을 정당화하려고 종종 극단주의 관점을 수용하고 성경구절을 선택적으로 취사선택하는 것은 킴볼이 지적한 나쁜 종교의 위험한 특성으로 빠질 수 있다.

동성애자 권리는 종교집단들이 격렬하게 반대하는 유일한 문제가 아니다. 그들이 볼 때 낙태 역시 불신자가 범하는 잔학행위 목록에 포함된다. 극단주의 단체인 하나님의 군대(Army of God)는 낙태 시술을 하는 의사들을 죽여야 한다고 주장했고 추종자들은 병원을 폭파하고 몇몇 의사를 살해했다.[14]

최근 정책 이슈로는 선출직 공무원들이 개인적인 종교에 기초해서 자신의 정치적 입장을 표출하는 것이다. 최근 식량지원에 관한 의회 청문회에서 텍사스 주 공화당 의원 조디 애링턴Jodey Arrington은 성서를 영양보충지원프로그램을 감축하는 근거로 인용했다. 그는 데살로니가후서 3장 10절 "누구든지 일하기 싫어하거든 먹지도 말라"는 구절을 제시했다.[15] 정책 입안자들이 사회프로그램 운영 방식에 자신의 생각을 자유롭게 말할 수 있다고 해도 정책의 정당성이 특정 종교의 경전에 근거하면 다음과 같은 질문들이 제기된다. 공적인 법률이 종교에 바탕을 두어야 하는가? 어떤 종교? 어떤 부분? 결정권자는 누굴까?

물론 미국에서 종교인이라고 밝힌 사람들의 대다수는 불신자들의 죽음을 바라는 극단주의적 관점을 갖고 있지 않다. 하지만 정부에 의한 종교의 오용 가능성은 미국 건국자들의 걱정거리였다. 그들은

사회적 공감

극단적인 관점을 갖게 하는 종교의 힘에 대해 매우 우려했다. 영국이나 유럽의 예에서 보듯이 하나의 종교가 정부와 긴밀하게 관계를 맺은 경우 종교적 자유의 가능성이 없어지는 것을 염려했다. 그들이 제시한 해법은 미국의 최상위법 헌법에 종교의 위치를 언급하는 것이었다.

종교와 국가의 분리

미국 민주주의가 특별한 이유 중 하나는 정부 내에서 종교가 부적절한 힘을 행사할 가능성을 알고 있다는 점이다. 정부 내의 종교가 권력의 남용으로 이어질 가능성을 이해한 것은 수백 년 전 권리장전 작성 때부터이며, 권리장전이 채택된 지 2년 뒤 이를 반영하여 미국 헌법이 수정됐다. 미국의 수정헌법 1조는 종교와 국가의 분리를 명시했다. "의회는 국교를 정하거나 종교 행위를 금지하는 법률을 제정해서는 안 된다." 이렇게 시작하는 수정헌법 1조는 두 가지 매우 중요한 역할을 한다. 즉, 정부는 국교를 만들 수 없으며, 시민이 정부의 간섭 없이 자신이 원하는 대로 예배하고 믿을 자유를 보장한다.

　수정헌법 1조는 어떤 종교도 우선순위나 선호의 지위를 부여받지 않음을 보장하기 때문에 종교적 관용과 종교적 다양성의 길을 열어준다. 건국의 아버지 중 한 사람이자 제4대 미국 대통령이었던 제임스 메디슨James Madison은 우리의 자유가 동등한 수많은 종교들을 갖고 있는 데서 비롯된다고 믿었다. "미국 도처에 퍼져 있는 다수의 종파들은 모든 사회에서 종교의 자유를 보장하는 최고이자 유일한 방법이다. 다양한 종교가 있는 곳에서는 특정한 다수 종파가 나머지 종파를 억압하고 박해하지 못한다."[16]

이것은 미국에서 종교집단의 나쁜 부족주의적 행태를 방지하는 법적인 힘이다. 그러나 중요한 종교적 신념과 공적인 법률의 분리에 대한 헌법적인 지지가 있다고 해도 정책과 실천은 애매할 수 있다. 미국에서 지배적인 종교인 기독교와 더 큰 범위의 문화는 실제로 중첩된다.

고등학교에 다닐 때 나의 학급 친구들은 기독교 성경공부와 기도 시간을 갖기 위해 아침 일찍 모였다. 이들은 공립고등학교였으나 수업이 시작되기 전에 자유롭게 만날 수 있었다. 나는 같이 하자는 요청을 받았지만 기독교 신자가 아니고 그들의 기도가 내 전통의 일부도 내 신념과도 일치하지 않아 같이 기도할 수 없다고 대답했다. 내 친구들은 그들이 생각하기에 누구나 할 수 있는 기도 내용을 믿지 않는 나를 이해하지 못했고, 신약성서가 내 종교의 일부가 아니라는 사실도 몰랐다. 그들은 나를 개종시키려고 하지 않았지만 성경공부가 그들에게 그런 것처럼 내게 도움이 되고 만족스러울 거라고 생각하면서 계속 참여하라고 요청했다.

십대 시절이었지만, 나는 개신교 신앙이 아주 보편적이어서 내가 유대인이라는 것이 중요하지 않을 수 있다고 이해했다. 기독교와 유대교 사이에는 몇 가지 매우 근본적인 신앙적 차이점이 있다. 두 종

사회적 공감

교가 드리는 기도는 유사점이 있지만 큰 차이점도 있다. 내 친구들은 이런 차이점에 대해 전혀 몰랐으나, 나는 이런 차이점을 예리하게 알고 있었다.

내 친구들은 내가(그리고 나의 형제자매들) 깊이 알고 있는 것을 왜 몰랐을까? 우리는 1960년대와 1970년대에 성인이 됐다. 특히 내가 사는 소도시(내가 자랄 때 그곳은 공식적으로 작은 소도시였고, 지금은 성장해서 50년 전과 완전히 달라졌다. 그래서 맥락과 역사가 중요하다)에서는 미국인의 신념과 개신교 신앙을 구분하기가 종종 어려웠다. 나는 '우리 주님'을 노래하는 찬송 합창곡에서 부르는 크리스마스 노래를 지금도 라틴어로 부를 수 있지만 그 주님이 나의 신이 아니라는 것을 잘 알고 있었다. 그러나 그것은 기준이었고 받아들여졌다. 학교에서는 크리스마스를 종교적 절기가 아니라 국가공휴일로 기념했다. 내가 유대교 절기인 로쉬 하샤나(Rosh Hashanah, 유대교의 신년제-옮긴이)에 열린 연습에 참여할 수 없어 여자농구부에서 쫓겨났을 때 부모님에게 말조차 꺼내지 않았다.

여기서 요점은 무엇일까? 이것이 그 당시 상황이었다는 것이다. 솔직히 나는 화가 나거나 힘들지 않았다. 실망스러웠으나 이게 바로 당시의 상황이었다. 친구들에게서도 소수 종교의 일원이 된 탓에 겪은 비슷한 이야기를 들었다. 바로 당시의 상황이 그랬다. 실제로 나는 부모님의 성장시절 이야기를 듣고 부모님보다는 나의 상황이 훨씬 더 좋아졌다는 걸 알았다. 아버지는 식당에서 점심식사 테이블 위에 있는 빈 그릇을 치우는 일자리를 얻으려고 자신의 종교를 속여야 했다. 나는 나의 종교 때문에 방해받을까봐 염려하지 않고 동네에서 온갖 종류의 허드렛일을 할 수 있었다. 적어도 특별한 날을 비번으로 요청하거나 특별한 대우를 요구하지 않는 한 말이다. 종교와 국가의 분리는 지난 50년 동안 실제적으로 강화됐다.

자신이 대접받고 싶은 대로 다른 사람을 대접하라는 종교적 가르침은 공감을 지지한다. 하지만 종교적 기관과 단체는 항상 가장 훌륭한 공감적 행동의 길잡이가 아니었다. 가르침은 매우 적절할지라도 종교 집단의 실천은 과녁을 빗나갈 수 있다.

이런 이유로 종교와 국가의 분리는 중요하다. 종교와 국가가 분리돼야 한다는 헌법의 명령은 사회적 공감이 현대 미국 정부의 통치구조 안으로 스며들 가능성을 말한다. 자신의 종교에 헌신하면서도 다른 종교에도 관용적일 수 있다. 공감적 통찰로, 그리고 오늘날 각자가 도달한 맥락에 대한 이해로 타인의 입장에 서기를 통해서 관용을 키울 수 있다. 이런 관점 덕분에 다양한 종교가 공존할 수 있으며, 미국 법도 그런 관점을 지지한다.

공감과 종교 연구

종교와 공감이 연관되어 있음에도, 이에 대한 연구는 미미하다. 우리가 수행한 연구에 따르면, 종교는 친족을 확대하는 역할을 할 수 있다.[17] 혈연 선택의 압력이 친족의 일부로 여기는 사람들로 하여금 이타적인 행동을 하도록 촉진한다는 사실을 기억하는가? 자신의 종교

집단을 넘어 공감을 확대하는 아이디어 중 하나는 자신의 친족을 확대하는 언어와 이미지, 가령 '형제애'나 더 최근에 나온 '인류의 가족' 같은 개념을 사용해서 모든 사람에 대한 애정을 표현하는 것이다. 어쩌면 종교의 한 가지 긍정적인 기능은 친족 이미지의 경계를 실제적인 신체적 관계를 넘어 이데올로기적 관계로 확대한 것인지도 모른다.

그러나 이것은 저절로 이루어지지 않는다. 저명한 공감 심리학자 대니얼 배슨Daniel Batson이 경고하듯이, 종교적 이미지는 누가 가족인가 하는 측면에서 우리의 생각을 확대할 수 있으나 생각이 협소해져 자신의 종교를 믿지 않는 사람들을 결국에는 개종시키거나 제거해야 할 '이교도' 또는 '무신론자'라고 본다. 역사는 이에 대한 많은 증거를 제공한다.

공감과 종교 연구를 구체적으로 살펴보면, 공감과의 연결은 종교적 행위가 아니라 종교적 가르침을 다루는 방법에 있는 듯하다.[18] 다시 말해 종교단체의 가입과 종교적 행위로 종교인이 되는 것은 공감과 관련이 없으나 종교적 가르침을 문자 그대로가 아니라 상징적으로 해석하는 사람들이 더 높은 공감 수준을 나타낸다는 것이다. 이연구는 종교에 대한 비판적 분석이 공감적 통찰을 반영하는 다양한 종교에 대한 관용을 고무시킨다는 킴볼의 주장을 보여준다.

또 다른 연구는 특정 종교에 소속되는 것과 상관없이 영성훈련 과정이 공감과 밀접하게 관련 있음을 보여준다.[19] 이 관련성 역시 의미가 있다. 영성은 자기초월이나 자기개발에 대한 관심과 관련된다. 이 과정은 자신의 세계에서 벗어나 타인의 관심사를 숙고하는 것이 수반된다. 이런 훈련은 다른 관점을 받아들이고 이해하려는 융통성이 필요하다.[20] 영성은 종교 행위를 하는 것과는 다르며 공감과 더 많이 관련되는 듯하다.

실제로 일부 종교의 관습은 공감을 가로막는 장벽이 될 수 있다. 종교 의식들이 종교 집단의 일원이 돼야만 가능한 행위인데도, 종교는 이런 의식을 이용해서 집단의 응집력을 높인다. 그러나 종교 의식에 관한 연구는 이런 것들이 집단 구성원과 집단 바깥에서 종교 의식에 참여하지 않고 소속되지 않은 다른 사람들을 구별하는 데 이용될 수 있다고 지적한다. 종교 의식에 따른 이런 분리 의식은 차별로 이어질 수 있다.[21] 실제로 의식이 엄격할수록 그것을 따르는 데 더 많은 노력이 필요하고 타자성과 분리 의식도 커진다.

사회적 공감 요소들과 맥락에 대한 이해, 그리고 거시적인 관점을 수용하는 것이 종교와 어떤 관련이 있는지 검토하는 것은 유익해 보인다. 사회적 공감과 종교에 관해서 구체적으로 연구한 것은 없으나 종교적 정체성과 인종 영역에서 타인의 관점을 수용한 연구는 존재한다. 인종의 이해에 더 정통적인 종교적 신앙을 가진 사람들은 인종 불평등을 구조적인 조건보다는 개인적인 문제로 본다. 반면 덜 정통적인 종교적 신앙을 가진 사람들은 그와 반대되는 입장을 보인다.[22]

이런 차이는 이 장에서 검토한 강한 종교적 정체성의 특징과 3장에서 살펴본 타자성과 인종에 대한 뇌 과학에 근거해 보면 이해할 수 있다. 종교적 정통주의는 자신의 종교에 대한 강한 정체성과 타인에 대한 분리의식을 불어넣어 부족주의적 정체의식을 강하게 유발한다. 인종에 따른 불평등은 집단 밖의 문제로 우리 대 그들이라는 차별을 유발한다. 이런 관점은 인종에 대한 개인적 시각과 양립된다. 인종 불평등에 대해서 구조적인 이유를 검토한다는 것은 이 문제가 집단 간의 문제로 모든 사회에 고착돼 있고 공유하는 문제로 본다는 뜻이다. 정통주의적 종교인들이 인종 불평등에 관심이 없다는 말이 아니라 이것을 구조적인 문제로 보는 사람과 다르게 접근하는 경향이 있다는 뜻이다.

개인적 시각과 구조적 시각처럼 인종 불평등을 보는 관점의 차이가 공감으로 이 문제에 접근할 수 있는 방식에 어떤 영향을 미칠까? 공감적 통찰로 인종이 다른 타인들을 이해하려고 할 경우, 정통주의적 종교관을 가진 사람들은 개인적 공감을 사용할 가능성이 더 높은 반면 사회적 공감을 사용할 가능성은 더 낮을 것이다. 그러므로 우리는 이렇게 질문할 수 있다. 인종 불평등 문제를 사회적 공감이 아니라 개인적 공감으로 접근하면 어떤 차이가 있을까? 미국에서 인종에 대한 개인적 시각을 가진 사람들에게 '해결책'은 인종 관계를 개선하는 것이 될 것이다.

이것이 강조하는 것은 인종이 다른 사람들 간에 서로 교류하는 방식을 개선하는 것이다. 정통주의적 종교관이 아닌 사람들의 '해결책'은 인종차별주의를 해결하는 것이다. 이는 인종 불평등을 조장하는 사회의 구조적인 제도적 요소를 없애는 것을 말한다.

인종의 사례는 상이한 종교적 성향을 가진 사람들이 공감하더라도 공감의 초점이 다를 수 있으며, 그 결과 매우 다른 관점으로 이 문제에 접근한다는 사실을 보여준다. 인종 관계를 개선하려는 노력 중 하나는 개인들이 행동을 바꾸는 것이다. 인종 불평등을 구조적으로 개선하려는 노력 중 하나는 인종 집단에 널리 퍼진 고정관념을 해결하고 교육과 고용의 기회를 얻을 수 있는 가능성을 바꾸는 것이다. 물론 개인적인 접근과 구조적인 접근은 서로 중첩된다. 그러나 각 접근 방법의 강조점은 각자의 종교적 성향과 관련이 있는 듯하다.

이런 접근방법의 차이는 둘 중 하나를 선택해야 한다는 뜻이 아니다. 둘 다 모두 중요하다. 하지만 두 접근방법은 매우 다른 행동방식을 취한다. 아울러 인종 불평등에 매우 다른 대응방식은 사람들이 사회적 이슈에 반응할 때 개인적인 신앙체계가 공감적 단계에서 어떤 선택을 하도록 영향을 미치는지 보여준다.

공감과 종교적 가르침

네 이웃을 네 자신처럼 사랑하라는 황금률은 나에게는 해당되지 않는다. 오랫동안 내 주변에는 좋은 이웃이 많았고, 일부는 훌륭한 이웃이었고, 일부는 그다지 좋은 이웃이 아니었다. 폭력적인 싸움과 소란스러운 마약 파티 때문에 경찰을 불러야 했던 이웃도 있었다. 그런가하면 놀라울 정도로 친절하고 내가 어려울 때 끝까지 도와준 이웃도 있었다. 그런데도 '네 이웃을 네 자신처럼 사랑하라'는 말을 문자 그대로 받아들여야 하는 것인가? 나는 결코 폭력적이고 위협적인 이웃을 사랑하지 않았다!

그렇다면 이 유명한 성경구절의 의미는 무엇일까? 내 경험에 비춰 보면, 나는 나의 모든 이웃을 사랑하길 원하지 않는다. 주변의 모든 사람들을 사랑하라는 것은 너무 지나친 요구다. 이것이 나를 비공감적인 사람으로 만드는가? 그렇게 생각하지 않는다고 할지라도, 이것은 내게 황금률이 공감의 최선책이 아님을 보여준다. 그렇더라도 종교는 공감을 도와줄 수 있다.

이 장을 쓰면서, 내가 공감 능력을 발달시키는데 종교가 어떤 역할을 해왔는지 알 수 있었다. 되돌아보면서 깨달은 것은 내가 종교 교육의 일부로 배웠던 내용들이 공감에 대한 나의 생각과 사회적 공감 능력을 개발하는데 도움을 주는 중요한 가르침이 있었다는 사실이다. 당신이 이 단락을 읽고 있다면, 이것은 내가 이 부분을 책에 포함시키기로 결정한 이유다. 내가 이 내용을 쓰기로 결정한 것은 나의 생각이 십대 시절에 배운 두 가지 교훈에서 어떻게 성장했는지 보는 것이 도움이 됐기 때문이다. 이 내용의 공유를 망설이게 된 것은 내 경험이 한 사람의 사례에 지나지 않은 까닭이다. 내 경험이 다른 사람에게 얼마나 타당할까? 그럼에도 어린 시절의 경험들은 세월이 흐르면서 성장할 수 있으므로 공감에 사용될 몇 가지 요소를 발견하고자 나와 종교의 관계를 여러분과 공유한다.

고등학교 시절 나는 몇 차례 랍비와 함께 공부하는 시간이 포함된 청소년 단체 수련회에 참여했다. 지역사회에서 이 랍비는 뛰어난 지

성인으로 여겨졌고, 이것은 14세 청소년에게 약간 겁을 먹게 했다. 하지만 그는 우리를 복잡한 생각을 다룰 수 있는 성인으로 대해줘 믿음이 갔다. 그는 마틴 부버Martin Buber의 책《나와 너I and Thou》를 읽게 했다.[23] 이 공부시간에서 가장 기억에 남는 것은 관계에 관한 다른 형태의 두 가지 개념이었다. 하나는 '나와 그것'의 관계다. 이 관계에서는 어떤 대상을 알고, 활용하고, 목적에 이용하는 것처럼 타인을 경험한다. 이것은 쓸모가 있지만 의미 있는 방식으로 참여하지 않는 관계다. 다른 하나는 '나와 너'의 관계다. 이것은 사람들이 타인과의 만남 속에서 관계를 형성한다. 사람들은 타인과 함께 참여하고 경험을 나눈다. 부버의 책 속에는 더 많은 내용이 있었음에도 내가 이 두 가지 관계를 기억하고, 또 나와 그것의 관계가 아니라 나와 너의 관계를 만들기 위한 노력의 중요성을 배운 사실은 공감적인 사람이 되려는 내 노력의 중요한 일부분이다.

나에게 중요한 의미가 있는 또 다른 가르침은 2천 년 전 랍비 힐렐Hillel에 관한 이야기를 통해 배운 은률이었다.[24] 한 남자가 힐렐을 찾아와서 자기가 한쪽 발로 서 있을 동안 토라(구약성서에서 맨 앞에 수록된 다섯 권의 책)를 가르쳐줄 수 있는지 물었다. 힐렐은 자신이 조롱을 당하고 있다고 느끼면서도 이렇게 대답한다. "당신이 싫어하는 것을 다른 사람에게 하지 말라. 이것이 모든 율법일세. 나머지는 이에 대한 해설이네. 공부를 하게."

나는 이 이야기에서 무엇보다도 나의 행동을 다른 사람들과 관련지어 생각하는 것이 열쇠라는 점을 배웠다. 하지만 나는 또 그렇게

사회적 공감

하는 방법에 대해 배울 수 있기를 기대했다. 이것은 생각과 배움 없이 그냥 이루어지지 않는다. 지금에서야 알고 보니 공감의 생리적인 무의식적 상호작용과 관점의 수용, 자신과 타인에 대한 인식, 맥락에 대한 이해를 포함하는 인지적 사고라는 두 가지 영역이 은률 이야기 안에 들어 있었다..

물론 가족과 지역사회에서 수많은 다른 만남과 경험이 있었으며, 그것은 내가 공감을 배우는데 도움을 줬다. 하지만 내 경험은 종교 역시 공감에 일정한 역할을 하고 공감을 가르칠 기회를 제공한다는 것이다. 역사에서 나타난 종교의 오용을 고려할 때 내게 고무적인 일은 나의 공감 능력을 개발하는데 도움을 준 종교의 긍정적인 역할을 기억한다는 것이다.

7장   공감과 기술은
어떤 관계일까?

내가 '공감과 기술'에 대해 쓰자마자, 이 내용은 낡은 것이 되고 말 것이다. 공감에 관한 새로운 신경과학 분야와 기술 진보를 추적하는 일이 그러하다. 그러나 공감과 기술에 대해 말하지 않는다면 매우 중요한 관계를 간과하게 될 것이다. 사람들이 공감이야말로 개인과 집단, 지역사회를 연결하는 핵심이라는 점에 동의할 수 있기를 바란다.

공감은 타인의 행동을 해석하고 반응하는 방식의 일부다. 인간의 이런 상호작용은 인간 역사의 대부분 시기에 직접적인 대면 접촉으로 이뤄졌다. 인간은 적어도 5천 년 동안 서로를 깊이 알았다(물론, 이에 대한 기록은 남아 있지 않다. 이런 주장을 논증하는 일은 생물학자, 인류학자, 고고학자, 언어학자, 그리고 일단의 다른 과학자들에 남겨진 과제다. 어떤 사람들은 인간이 훨씬 더 일찍부터 언어를 사용했다고 믿지만 어떤 사람들은 그런 생각에 이의를 제기한다). 그 이전에 수천 년 동안 인간은 진보된 언어의 전조로 볼 수 있는 방식으로 소통하고 있었다.

의사소통은 다른 사람의 행동을 이해하기 위해 거치는 과정의 일부이며, 이것이 생존에 필수적이라는 것은 모두가 알고 있는 사실이다. 그러므로 공감 요소나 변형된 공감 요소들이 매우 오랫 동안 사람들 사이에 공유 됐을 것이라고 추정할 수 있다. 한편, 인류의 전체

역사에서 볼 때 기술을 이용한 의사소통의 역사는 상당히 짧다. 최초의 전화 통화는 1876년에 이루어졌고, 최초의 전자우편은 1971년에 발송됐다. 최초의 웹사이트는 20년 뒤인 1991년에 등장했다. 페이스북은 2004년에 서비스를 시작했다. 사람들 간의 실시간 장거리 의사소통은 150년도 되지 않았고 스마트폰, 태블릿 같이 어디에서나 연결되는 의사소통 방식은 불과 15~20년 정도밖에 되지 않는다.

이것은 이런 기술과 함께 성장한 유일한 세대는 오늘날 젊은 성인들이라는 뜻이다. 우리는 한동안 이러한 새로운 성장 방식이 앞으로 사람들에게 어떤 영향을 미칠지 정확히 알지 못할 것이다. 인간관계에 영향을 미치는 모든 형태의 기술은 인류 발달의 스펙트럼에서 매우 새로운 것이다. 지금은 모든 형태의 전자 통신이 인간에게 미칠 긍정적인 결과와 부정적 결과가 무엇인지 이해하기에는 매우 초기 단계다. 이 장에서 우리가 지금 알고 있는 것과 뇌 과학과 공감에 대한 지식을 활용해서 기술이 공감 능력을 개발하는데 어떤 것을 기여할 수 있는지, 또 이와 반대로 기술이 공감을 어떻게 저해할 수 있는지 최대한 살펴보려고 한다.

먼저 말하고 싶은 것은 오늘날 기술을 이용한 의사소통이 대면 소통과 같지 않다는 것이다. 사람들의 행동과 감정을 '읽는 것'과 미러링은 실제로 직접 대면했을 때 가장 잘 이뤄진다. 그에 대한 한 가지 일차적 이유는 전자 매체를 통하는 것보다 직접적인 대면 방식이 전체 맥락을 받아들이고 모든 감각을 더 잘 이용할 수 있기 때문이다.

그러나 다시 말하지만, 나는 기술에 반대하지 않는다. 어머니가 돌아가신 뒤 우리 가족은 아버지를 자녀들 중 한 사람이 사는 곳 근처로 이사해서 살게 하자고 결정했다. 그 당시 나는 애리조나에 살고 있었기 때문에 아버지를 내가 사는 곳으로 옮기는 것이 합리적이었다. 향후 몇 년 동안 다른 곳으로 이사할 가능성도 가장 적었다.

우리의 결정은 옳았고, 그것은 현명한 이주였다. 또 그 당시 이동전화가 나온 지 몇 년 지난 뒤였는데, 이 기술 덕분에 지리에 초보적 수준을 가지고 있는 내 삶이 엄청나게 행복했다. 집 밖으로 나가고, 여행하고, 응급 상황에서도 연락이 닿을 수 있었다. 아버지의 심장발작이 일어났을 때 함께 있던 도우미가 즉시 나에게 전화를 해 영화관에서 영화를 보다가 응급실로 달려갔다. 나는 아버지가 응급실에 도착한 지 몇 분 뒤에 그곳에 도착했고, 아버지는 나를 보고 곧 안정을 되찾았다. 현대 기술은 이런 일을 가능하게 했다. 내 가족의 삶이 이동전화로 서로 연결돼 나아진 사례가 셀 수 없이 많다. 다른 사람들의 경험도 나와 비슷하며, 연구들은 이동전화를 사용할 때 의사소통의 긍정적인 측면이 늘어난다는 점을 보여준다.[1]

비행기를 타고 가면서 책을 읽다가 이 책에서 공감과 기술이라는 주제를 다루어야겠다는 생각이 들었다. 이 아이디어를 놓치지 않고 적어두려고 미친 듯이 가방을 뒤져 종이와 펜을 찾았다. 펜을 들고 빈 종이를 어디에 두었는지 생각해 내려고 애쓰다가 혼자 웃었다. 가방에는 내가 구입한 초경량 서페이스Surface 노트북 컴퓨터가 들어있었던 것이다. 이 노트북에는 탈부착 가능한 멋진 키보드가 있어 집에서 완전한 키보드를 이용해서 문서를 작성하는 것과 거의 비슷한 작업을 할 수 있었다. 펜을 넣어두고 노트북을 꺼내 이 장을 쓰기 시작했다. 기술이 다시 승리를 거둔 순간이다. 펜이 필요한 순간 내가 곧장 노트북을 사용하려는 반응을 보이진 않았지만 말이다.

나보다 더 젊은 사람들은 종이와 펜을 찾는 행동을 하지 않았을 것이다. 하지만 나는 다른 시대에 자랐으므로 기술 습득은 내 인생의 다양한 시기에 시작됐다. 나는 워드프로세서를 아주 좋아해서 1세대 가정용 데스크톱 컴퓨터를 구입하려고 할 수 있는 모든 일을 했다. 이 기기를 이용하면 보고서를 쓸 때 나무를 베어 만든 종이를 사용하지 않고 고쳐 쓰기와 초안 작성을 몇 번이라도 반복할 수 있었다. 내가 그동안 사용한 컴퓨터와 이동전화기가 얼마나 다양하고 많았는지 정확히 말하기는 어렵다. 나를 비롯하여 이 책을 읽는 모든 사람에게 기술은 삶의 필수적인 부분일 것이다.

그런데 공감과 기술은 어떤 관계일까? 기술은 공감에 도움을 줄까? 아니면 방해할까? 현재 시점에서 이 질문에 대한 나의 대답은 모른다는 것이다. 상황이 너무 빠르게 전개되고 바뀌기 때문에 정확한 대답은 시간이 지나봐야 알 수 있을 것이다. 그럼에도 우리는 이 질문을 숙고할 수 있고, 그렇게 해야만 한다. 다른 장에서도 이 주제를 약간 다뤘다.

예컨대, 대중매체를 이용해서 아주 멀리 떨어진 다른 사람들의 삶의 이야기와 연결하는 아이디어를 언급했다. 비행기에 앉아 이 글을 쓰다가 한 장 전체를 할애하여 이 질문을 다룰 만큼 연구가 충분히 되어 있는지, 또 이 글이 미래를 위한 질문들을 던질 수 있을지 궁금했다. 나는 이 두 가지 모두 가능하다는 것을 알았다. 하지만 질문이 현재 연구된 것보다 훨씬 더 많다.

오늘날 우리가 공감과 기술에 대해 알고 있는 것

기술과 공감에 관련된 연구는 주로 두 가지 방향으로 진행됐다. 첫째는 타인과의 의사소통과 공유에 영향을 미치는 기술의 긍정적인 측면을 평가하는 것이며, 둘째는 비인격적인 부정적 의사소통이 기술을 통해 어떻게 발생하는지의 영향을 평가하는 것이다. 긍정적인 면은 기술이 어떻게 연결을 확대하고 가상세계를 통해 다른 사람의 삶의 방식을 보게 하는지에 초점을 맞춘다. 부정적인 면은 폭력적인 비디오 게임과 같은 콘텐츠를 교란하는 힘과 타인을 무시하고 공감을 저해하는 통로로 이용되는 익명성에 초점을 맞춘다. 가장 중요한 질문은 기술과 인간의 관계를 촉진해야 하는지, 아니면 우려해야 하는지이다.

1980년 이후 태어난 1,000명 이상의 사람(인터넷 세대로 간주되는 사람들)이 참여한 온라인 조사에서는 온라인 의사소통 이용이 타인과의 직접적인 만남 시간을 줄이는지, 그리고 가상공간에서의 공감이 직접적인 만남에서의 공감과 어떻게 다른지에 대해서 조사했다.[2] 이것은 중요한 두 가지 질문이었고, 고맙게도 우리는 이 자료를 이용할 수 있었다.

연구 결과는 온라인 의사소통이 사람들의 직접적인 의사소통을 감소시키지 않았다. 실제로 이미 알고 있는 사람과의 온라인 의사소통은 그 사람과 오프라인에서 연결될 가능성을 높여준다. 이미 관계를 맺고 있는 사람들의 경우 온라인 접촉이 그 사람과의 직접적인 연결을 도와주고 더욱 발전시킬 수 있음을 보여준다. 다른 질문에서는 현실세계의 공감 점수가 가상세계의 공감 점수보다 높았는데, 이 두 점수는 대면적인 만남에서의 공감 능력이 높을수록 온라인 상의 공감도 더 높다는 것을 말해준다. 하지만 전체적으로 보면 직접적인 공감이 가상세계에서의 공감보다 더 강하다. 온라인 매체에서는 이용할 수 있는 비언어적 단서가 거의 없고 맥락을 알 수 없다는 점을 고려해 보면 이해할 수 있다.

　같은 연구자들은 가족과 친구, 그리고 인생에서 중요한 다른 사람들에게서 지지를 받는다는 느낌의 사회적 지지와 그 느낌이 온라인과 직접 대면에서 어떻게 전달되는지 조사했다. 이들의 분석에서 지지받는다는 느낌은 직접 만남이 가상세계에서의 만남보다 더 강했다. 온라인 의사소통으로 타인에게서 이해받고 있다는 느낌이 도움이 되지 않는다는 것이 아니라 직접적인 만남을 통한 공감적 이해보다 강하지 않다는 뜻이다.

　직접 교류로 타인의 공감을 받는다는 느낌이 온라인 교류보다 더 강하다는 연구결과는 기술의 세계에서 이루어진 지지를 완전히 쓸모없는 것으로 간주해야 한다는 뜻은 당연히 아니다. 공감 수준의 향상은 온라인 세계에서도 발견되며, 특히 지지하는 특별한 집단에서 그렇다. 온라인 환자 커뮤니티(공통의 이슈에 대한 정보를 얻고, 경험을 나누고 정서적 지지를 제공하기 위해 모인 사람들로 구성된 온라인 소셜네트워크)에 참여하는 사람들에 관한 연구를 보면, 구성원들이 신뢰를 쌓고 정보를 공유하면서 공감 수준이 향상된다.[3] 또 온라인 커뮤니티에서 형성된 공감 수준이 높을수록 구성원들은 더 많은 신뢰와 지지를 받고 있다고 느낀다. 이런 긍정적 느낌은 구성원들이 공동체의 일원이라는 공통의 사회적 정체성을 가질 때 더 커질 가능성이 가장 높다.

온라인 교류에 관한 이런 연구 결과는 우리가 이미 알고 있는 내집단 구성원이나 한 부족의 일원이라는 정서를 반영한다. 정체성에 상관없이 소속 집단의 구성원에게 더 강하게 공감한다. 그러므로 직접적인 만남에서처럼 온라인에서도 집단 응집력을 유지한다면 내집단 구성원에 대한 공감은 더 강해질 것이다.

문자메시지는 주목할 만한 가치가 있는 또 다른 의사소통 방식이다. 보건 분야는 환자들에게 건강 관리방법과 관련된 업데이트 내용, 메모, 정보를 보내기 위해 문자메시지를 점점 더 많이 이용하고 있다. 예를 들어, 문자메시지를 통해 당뇨병 환자들을 돕기 위해 약 복용을 상기시켜 주고[4], 체중감량 프로그램을 이용하는 환자들에게 도움이 되도록 정보와 긍정적인 응원을 보낸다.[5] 문자메시지 건강증진 모델을 이용하기 위한 노력의 일환으로 연구자들이 이와 비슷한 방법을 이용하여 사람들의 공감과 사회친화적인 행동을 늘리고자 했다.[6] 연구자들은 한 참여 집단에게 다음과 같은 공감 개선 메시지를 보냈다. "당신이 가장 최근에 만난 사람에 대해 생각해보세요. 대화를 나눌 때 상대방에게 중요한 것은 무엇이었나요? 당신은 상대방의 눈으로 세상을 보려고 노력할 수 있나요?" 그리고 "다음에 당신이 만나는 사람에게 그 사람이 누구이든지 상관없이 미소를 지어보세요." 다른 집단 구성원들은 일반적인 메시지를 받거나 메시지를 전혀 받지 못했다.

시간이 지난 뒤 두 집단을 대상으로 더 많은 공감을 느끼고 실제로 더 공감적으로 행동했는지를 비교한 결과, 공감을 개선하는 메시지를 받은 사람들이 더 많이 공감하고 더 사회친화적 반응과 행동을 보였다. 연구자를 약간 당혹하게 만든 한 가지는 공감을 유도하는 문자 메시지를 받은 참가자들에게 공감과 사회친화적 행동의 외적 지표가 늘었지만, 정작 그들은 실제로 더 많은 공감을 보여줬는데도 자신들이 더 공감하고 있다고 느끼지 못했다는 점이다.

이 자료를 읽다가 내가 가르치던 사회적 공감에 관한 수업이 생각났다. 내 연구를 학생들에게 시험해보고자 몇 년 전 강의를 개설하여 가르쳤다. 수업에서 처음 한 일은 각 학생들의 사회적 공감지수를 조사하는 것이었다. 이것은 나의 연구자들이 개인적·사회적 공감을 측정하려고 개발한 방법이었다. 수업이 끝나는 15주 후, 같은 조사를 다시 한 뒤 그 결과를 비교했다. 솔직히 나는 약간 불안했다. 과연 공감을 가르치고 공감 교육으로 사람들이 더 공감하도록 도울 수 있을까? 전체적으로 모든 학생이 대부분의 공감요소가 개선됐고 일부 학생은 떨어졌다. 그 뒤 우리는 활발한 토론 시간을 가졌다.

전반적으로 학생들은 공감에 관한 자세한 내용을 깊이 배운 뒤보

사회적 공감

다 수업이 시작되기 전에 스스로에 대해 더 공감적이라고 생각했다. 그들은 자신이 사회복지학과 학생이어서 조사항목에 높은 점수를 줬다고 말했다. 사회복지사들은 그런 항목을 잘하기 때문이다. 그러나 이들이 공감의 모든 차원을 깊이 배운 다음에는 자신의 기술과 능력을 더 잘 알게 됐고 공감을 평가하는 방법에 더 엄격해졌다. 수업이 끝날 무렵 그들은 공감에 대해 훨씬 더 많이 알게 됐다고 느꼈다. 그렇지만 자신에 대한 기대감도 높아졌다. 그래서 그들은 자신에 대해 더 낮은 점수를 줬던 것이다. 자신이 덜 공감적이라고 생각한 것이 아니라 더 정확해진 것뿐이었다.

문자메시지 프로그램과 공감의 관계를 조사한 연구자들도 이런 결과를 발견한 듯하다. 공감을 가르치면 사람들의 의식이 높아진다. 그것이 사람들의 공감을 더 높이는 데 도움이 되지만 덩달아 그들의 공감 수준에 대한 기대감과 평가 기준도 올라가게 된다.

나 역시 그런 경험을 했다. 공감의 모든 요소를 배운 뒤 개념들을 더 명확하게 이해했기 때문에 다른 사람의 관점을 더 잘 수용하고 더 능숙하게 감정을 조절하면서 상황을 다룰 수 있다는 것을 알게 됐다. 이것은 내가 몇 년 동안 놀이 삼아 공을 차다가 축구를 제대로 배웠을 때를 떠올리게 했다. 내가 훌륭한 축구선수인 줄 알았지만, 축구 코치가 내가 더 잘할 수 있는 것들을 지적하면서 지금까지 내가 축구 경기를 보던 방식이 완전히 바뀌었고 나의 기대도 더 높아졌다는 것을 깨달았다. 궁극적으로 그것이 나를 더 나은 축구선수로 만들었다는 생각이 든다.

공감에 대한 나의 연구도 나의 공감 수준을 더 높였다고 생각한다. 그렇지만 이 과정에서 나는 개선되기 전보다 퇴보한 것처럼 느꼈다. 느낌은 그렇더라도 실제로는 그렇게 되는 거라고 생각하지 않는다. 나는 더 나빠지지 않았다. 단지 기준이 올라갔고 내 자신에게 더 많은 것을 기대했다.

젊은 사람들은 어떨까?

사춘기는 신경이 발달하는 가장 중요한 시기다. 또한 컴퓨터, 스마트폰, 비디오 게임에 많은 시간을 보내고 테크놀로지를 더 많이 사용하면서 발달하는 시기이기도 하다. 이런 형태의 모든 테크놀로지가 처음 등장했기 때문에 20대와 30대 초반에 해당되는 사람들만이 태어나면서부터 이런 테크놀로지를 경험하면서 살아온 사람들이다. 이들은 기술의 영향과 자신의 발달과정에 말해줄 수 있는 첫 세대들이다. 하지만 이들이 새로운 의사소통 방식의 발명과 발전을 경험한 첫 세대는 아닐 것이다.

인간 발달의 모든 과정에서 인류는 문자의 도입과 확산, 인쇄술, 전화, 무성 및 유성 영화, 텔레비전 등 의사소통 방식에서 수많은 변화를 겪었다. 이전 세대는 이런 의사소통 형태를 경험해보지 못한 까닭에 우려하는 경우가 많았지만, 각 세대는 이런 발전을 수용하고 적응해나갔다. 나는 2천 년 전 소크라테스가 문자의 발명으로 사람들이

사회적 공감

잘 잊어버리고 기억력을 사용하지 않게 될 것이라고 우려했다는 사실을 몰랐다. 그는 문자가 사람들의 외부에 있으므로 사고력과 기억력을 사용하지 않게 될 거라고 생각했다.[7]

오늘날 우리는 문자 없는 세상을 상상할 수 없다. 2장에서 언급했듯이, 인쇄술의 발명으로 더 많은 사람들이 다른 사람들을 읽고 관점을 수용하는 능력을 발전시켰다. 보통 사람들이 더 많은 글자를 접할 수 있게 만든 인쇄술과 문자 덕분에 여러 인간 문명이 서로 공감할 수 있게 됐다. 이런 긍정적인 기여도 기술의 덕분일지도 모른다.

사춘기 두뇌 발달에 관한 연구에서 보면 인터넷 사용이 신경 발달에 커다란 영향을 준다는 증거는 없다.[8] 생리적 영향은 없을지 몰라도 사회적 영향은 있을 것이다. 예컨대 페이스북과 같은 소셜네트워킹 사이트를 이용하면 친구들을 이어주고 사람들을 더 잘 알게 해주고 관계의 질을 높여 사춘기 발달에 도움을 줄 수 있다. 20건 이상의 논문을 검토한 결과에서 사춘기 청소년들의 소셜네트워킹 사이트 이용은 그들의 오프라인 관계의 연장이며 일반적으로 자아의식에 도움을 준다.[9] 인터넷상의 각종 모임들은 청소년들이 관심사나 정체성을 공유하는 다른 사람을 찾을 수 있는 장소가 될 수 있다. 이런 연결은 사회적 지지를 제공하여 사춘기 발달에 유익할 수 있다.

그러나 페이스북을 이용하는 젊은 성인 집단의 해당 사이트 이용과 관련된 행복감을 면밀히 추적한 한 연구는 페이스북 이용이 이들의 감정과 삶에서 느끼는 만족감에 부정적 변화를 주는 것으로 예측됐다.[10] 연구자들은 가령 일진이 나쁜 날과 같이 이들의 감정에 영향을 줄 수 있는 다른 원인들을 최대한 통제했다. 동시에 참가자들이 사람들과 직접 교류하는 것을 어떻게 느끼는지도 비교했더니 직접적인 접촉이 더 나은 만족감을 갖게 했다. 따라서 기술을 이용한 의사소통은 젊은 사람들이 직접 현실에서 갖는 관계를 대체하거나 크게 개선할 가능성은 없어 보인다.

현재 발표된 연구는 온라인 의사소통이 직접 의사소통과 크게 다르지 않다는 것을 보여준다. 어떤 사람을 더 많이 알수록, 같은 정체성을 가진 집단의 일원으로 연결될수록 서로 더 많이 공감할 것이다. 공감 과정은 직접 만날 때 더 강해진다. 하지만 온라인에서의 관계는 공감과 더불어 발전할 수 있다. 지지하는 집단과의 관계 구축도 마찬가지로 관심사나 걱정을 공유하는 사람을 찾는 것이 제한된 지리적 범위에서는 어렵지만, 온라인 세계를 이용하면 더 크게 확대시킬 수 있다.

기술의 부정적 측면

폭력적인 비디오 게임과 사이버 괴롭힘, 인터넷 트롤(troll, 인터넷에서 다른 사람을 분노를 자극하려고 보내는 비난과 부정적인 메시지 또는 이런 메시지를 보내는 사람-옮긴이)은 온라인과 현대 기술을 통해 이용할 수 있는 모든 것이 좋은 것만은 아님을 보여준다. 신기술에는 우려되는 측면도 있기 때문에 특히 젊은 사람들에게 미칠 영향을 주의 깊게 살펴야 한다.

연구는 폭력적인 영상매체를 보거나 폭력적인 비디오 게임을 한 직후 브레인 커뮤니케이션이 변한다는 것을 보여준다.[11] 어떤 연구는 폭력적인 매체에 노출되면 감정을 조절하는 두뇌 활동이 감소하여 충동적인 행동으로 이어질 수 있다고 말한다. 다른 연구는 시각 자료를 처리하는 능력의 개선과 같이 긍정적 측면도 있다고 말한다. 그러나 이런 긍정적인 변화조차도 대가가 따른다. 이를 테면 폭력에 둔감해진다. 이런 연구들은 실험실에서 참가자들이 비디오를 이용하거나 시청한 직후에 그들의 두뇌 활동을 관찰한 것이다.

장기적인 영향은 없는 걸까? 신경변화가 생기는 문제가 있을 수 있지만, 이런 변화는 단기적인 듯하다. 장기적인 영향을 평가한 최근의 연구는 영향이 없다는 것으로 말했다.[12] 실제로 연구자들은 폭력적인 비디오 게임 이용이 폭력성이나 낮은 공감이 증상으로 나타날 수 있다는 것이지, 원인은 아니라고 말한다. 다시 말해서 이미 공감 수준이 낮거나 공격성이 높은 사람들이 폭력적인 게임을 더 많이 하는 경향이 있으며, 이에 따라 이들의 성격이 강화된다. 반면 그런 성격을 갖지 않은 사람들은 이런 게임을 해도 부정적인 영향을 받지 않는다.

장기적으로 지속되는 영향이 없다고 해도 폭력적이고 성차별적인 비디오 게임이 기존의 고정관념을 강화시키는 힘은 상당히 크다. 예를 들어, 폭력적인 비디오 게임에서 오만한 지배력을 휘두르는 남성 인물에게 강한 일체감을 느끼는 젊은 남성들은 폭력을 당한 여성 피해자들에게 공감을 나타내지 않았다.[13] 폭력적인 비디오는 공감의 상실을 유발하지 않더라도 기존의 신념을 강화시키는 역할을 할 수 있다.

공감의 신경과정에 관한 지식을 근거로 보면, 공감능력이 높으면서 타인을 미러링하고 관점을 수용하는 능력이 강한 사람들은 게임을 너무 오래할 경우 가상세계에 몰두시키는 비디오 게임의 폭력적인 이미지에 진이 빠지고 압도당할 수 있다. 강렬한 영화를 관람하고 난 뒤 영화관을 나올 때를 생각해보라. 모든 사람이 그 영화에 대해 말하면서 감정적인 반응을 공유할 것이다.

이 같은 초기 경험은 매우 강력하고 사고방식에 영향을 줄 수 있다. 하지만 그 영향은 상당히 빨리 사라진다. 만일 그렇지 않다면 아마 강렬한 영화를 보러갈 사람이 많지 않을 것이다. 무엇보다도 한 편의 영화나 비디오를 보고 몇 주 동안 감정적으로 영향을 받는다는 것을 상상해보라. 감정적으로 압도당해 더 이상 영화를 보지 않을 것이다. 아마도 폭력적인 매체를 이용하는 사람(폭력이나 감정에 더 둔감한 사람들)은 스스로 그것을 선택할 지도 모른다. 엄밀히 말해 폭력적인 매체 이용은 사람의 성격을 바꾸는 원인이 아니라 기존 성격의 특징을 드러낸다.

전반적으로 연구들이 시사하는 바는 기술이 공감 능력이 있거나 공감 능력을 발달시키는 과정에 있는 사람들에게 특히 이미 관계를 맺고 있는 사람들의 공감 능력을 향상시킨다. 아울러 새로운 사람들을 소개하고 연결을 탐색할 수 있게 한다. 그렇지만 기술은 이미 다른 사람들과 갈등 관계에 있는 사람들의 거리감을 심화시킬 수 있다. 인터넷상 두 가지 우려되는 영역으로 다른 사람을 무시하고 괴롭히는 행위인 사이버 괴롭힘과 '트롤링'도 마찬가지다.

사이버 괴롭힘은 온라인에서 일어나는 괴롭힘이다. 이것은 일반적인 괴롭힘과 똑같고 괴롭힘을 당하는 사람을 연약하다고 간주하는 특징 때문에 사이버 괴롭힘에 취약한 사람에게 저지르는 의도적인 공격행위로 정의된다. 오늘날의 기술 진보와 함께 온라인 세계의 연중무휴 속성과 익명성 탓에 사이버 괴롭힘이 특히 우려의 대상이 되고 있다. 이것은 사이버 괴롭힘이 직접적인 괴롭힘과 전혀 다른 더 큰 문제인지, 아니면 일반적인 괴롭힘 문제의 다른 형태인지 의문을 갖게 한다.

수천 명의 학령기 아동에 관한 자료를 보면 직접적인 괴롭힘이 더 일반적이다. 4명 중 1명이 직접적인 괴롭힘을 당하며, 이에 비해 사이버 괴롭힘을 당하는 학생은 14명 중 1명이다.[14] 그러나 중복되는 부분이 매우 많다. 사이버 괴롭힘을 당하는 청소년 대부분이 직접적인 괴롭힘을 당한다. 이것은 인터넷이 흔히 실제 현실에서 발생하는 행동의 또 다른 배출구 역할을 한다는 점을 보여주는 사례다.

실제로 직접적인 괴롭힘의 특징이 사이버 괴롭힘에서도 그대로 나타난다. 낮은 공감 수준은 직접적인 괴롭힘과 사이버 괴롭힘 모두와 관련이 있다.[15] 이 연구를 더 깊이 살펴보면 흥미롭다. 괴롭히는 사람들이 다른 사람의 감정을 경험하는 것과 다른 사람의 감정을 이해하는 것은 차이가 있다.[16] 괴롭히는 사람들이 타인의 감정을 느끼는 수준은 낮지만 타인의 행동을 이해하는 수준은 여전히 좋을 수 있다. 공감의 요소 측면에서 이것이 말해주는 것은 괴롭히는 사람들은 무의식적인 정서적 반응 수준이 낮다고 해도 관점을 수용하는 수준은 더 높은 경향을 보인다는 사실이다. 그들은 다른 사람의 행동을 읽을 수 있지만 느끼지는 못한다(6장에서 보았듯이, 이와 똑같은 특징이 정신질환자들에게서 나타난다는 것을 기억할 것이다. 괴롭히는 사람들이 모두 정신질환자가 아니지만 괴롭힘은 정신질환을 가진 사람들에게 일반적으로 나타나는 행동이다).

다른 사람들이 느끼는 것을 느끼지 못하고 그들을 읽게 되면 조작과 괴롭힘을 통해 그들을 지배할 수 있다. 괴롭히는 사람들에게는 공감 요소가 또 다른 것을 잃게 만드는 것인지도 모른다. 높은 수준의 충동이 모든 형태의 괴롭힘과 관련이 있다. 높은 충동성은 자기절제가 거의 이루어지지 않고 자신의 행동 결과에 대한 고려 없이 행동하는 것을 의미한다. 자기절제가 어렵다는 것은 괴롭힘이 낮은 감정 조절의 수준을 동반한다는 것을 말해준다.

따라서 괴롭힘을 분석할 때 공감의 요소별로 나눠 보면 괴롭히는 사람들의 행동을 바꾸기 위해서는 무엇을 도와야 할지 더 잘 알 수 있다. 관점을 수용하는 것에 초점을 맞추는 것(다른 사람이 생각하고 있는 것)은 괴롭히는 사람이 다른 사람이 무엇을 느끼는지를 느끼도록 돕는 것만큼 유용하지 않을 수 있다. 또한 남을 괴롭히는 성향을 가진 사람들이 자신의 감정을 억제하고 행동하기 전에 생각을 하게 함으로써 충동적인 행동을 억제하도록 돕는 것이 중요하다. 이런 교훈은 어릴 때 학습되지 않고 나중에 커서 배우려면 더 힘들다. 이 주제는 8장에서 논의할 것이다.

다른 행동들과 마찬가지로 직접적으로 괴롭히지 않는 사람은 사이

사회적 공감

버 괴롭힘에 대해서도 관심을 느끼지 못할 것이다. 반면 직접적으로 다른 사람을 괴롭히는 사람은 온라인 괴롭힘이 남을 괴롭히는 또 다른 장소가 될 것이다. 괴롭히는 사람들이 공감 수준이 낮다면 그들의 공감 수준을 높이는 것이 그런 행동에서 벗어나도록 돕는 길이다. 공감은 괴롭힘에 대응하는 도구가 될 수 있으나, 그럴 경우 그런 행동의 배후에 놓인 결핍 요소에 집중해야 한다. 나는 정서 조절이 핵심 요소라고 말하고 싶다. 뿐만 아니라 정서적 반응이 결핍되었는지 확인하여 다른 사람의 감정을 느끼는 능력이 없는 사람들에게 자신의 감정을 활용하거나 결핍 요소를 회피하도록 가르치는 것이 필요하다.

에밀리 베질런Emily Bazelon은《막대기와 돌: 괴롭힘의 문화를 이기고 인격과 공감의 힘 회복하기Sticks and Stones: Defeating the Culture of Bullying and Rediscovering the Power of Character and Empathy》라는 책에서 사이버 괴롭힘의 몇몇 사례를 면밀히 살펴보고 피해자와 가해자에 대한 통찰을 제시한다.[17] 괴롭힘이 새로운 것은 아니다. 하지만 사이버 괴롭힘은 기술 발달로 24시간 내내 사람을 괴롭히고 심지어 안전한 가정 안에 있을 때조차도 가능하기 때문에 훨씬 더 중요한 문제가 될 수 있다.

베질런은 젊은이들의 삶을 깊이 살펴 본 뒤에 괴롭힘을 줄이는 한 가지 방법으로 공감 능력의 개발을 제안한다. 그녀는 아이들에게 공감을 가르쳐 괴롭히는 사람이 되지 않도록 해야 하며, 또 괴롭히는 사람의 메시지를 다른 사람에게 전달하거나 그런 메시지의 확산을 막지 않는 방관자들의 공감 수준을 높이는 것이 더 중요할 수 있다고 말한다. 젊은이들의 경우 또래의 지지가 매우 중요하며 괴롭히는 사람이 괴롭히지 못하도록 또래의 지원을 확보하면 위기에서 벗어날 수 있다.

피해자에 대한 공감은 방관자들이 괴롭힘에 대해 적극적으로 입장을 갖게 하는 열쇠가 될 수 있다. 이것이 특별히 중요한 까닭은 괴롭히는 사람은 흔히 피해자들이 다른 외부 도움을 받지 못하게 하려고 따돌리기 때문이다.

우리 중 얼마나 많은 사람이 놀림을 받아야 어떤 기분이 드는지 기억할 수 있을까? 그리고 다른 누군가가 비웃음의 대상이 될 때 얼마나 안도하고 있는가? 이것은 내집단의 일원이라고 느끼게 만들지만 그 대가로 누군가는 외부인으로 간주됐다는 사실이다. 공감은 괴롭힘의 대상이 아닌 사람들이 목소리를 높여 피해자가 가해자로부터 괴롭힘 당하는 것을 막아줄 수 있다.

트롤링

나는 트롤링이 사이버 괴롭힘의 특수한 형태라고 주장하고 싶다. 이 장을 쓰기 위해 조사를 하는 중에 우연히 학문적 관점에서 인터넷 트롤링을 살펴본 책을 만났다. 휘트니 필립스Whitney Philips가 쓴 《우리가 좋은 것을 가질 수 없는 이유: 온라인 트롤링과 주류문화의 관계 찾기This Is Why We Can't Have Nice Things :Mapping the Relationship Between Online Trolling and Mainstream Culture》는 그녀의 박사학위 논문에 기초한 것으로 수년 동

사회적 공감

안 인터넷 트롤링에 관해 연구한 것을 정리한 책이다.[18] 이 주제와 씨름한 필립스 박사와 이 논문을 승인하고 그녀에게 박사학위를 준 학위 논문 심사위원단에게 찬사를 보낸다.

이 책은 새로운 연구 영역이지만 인간 행동과 월드와이드웹(World Wide Web)과 관련하여 앞으로 쏟아질 수많은 학위 논문과 학술 논문의 시작을 알리는 전조가 될 것이다. 나는 대중매체 기사와 나의 제한적인 개인적 경험에서 얻은 웹의 어두운 면에 많은 생각을 갖고 있었다. 엄격한 사회과학 연구방법을 이용해서 실제적인 트롤링 행위를 살펴본 연구 자료를 찾게 되어 기뻤다. 트롤링은 여전히 진화하고 있으나 일반적으로 온라인에서 가능한 많은 사람들을 불안하게 하고 화나게 하기 위해서 게시글을 올리거나 토론에 참여하는 행위로 정의된다.

필립스는 트롤링이 문화적 문제들을 확대한 것이며, 그것은 증상이지 원인이 아니라고 주장한다. 트롤링을 하는 사람들은 주류 문화를 극단적으로 표현한다. 사람들은 주목을 끄는 기사제목에 선정적으로 표현된 새로운 기사들과 다른 믿음을 가진 사람을 맹비난하는 토크쇼를 정상적인 것으로 여긴다. 선거 운동의 정치적 인신공격과 선출직 공직자들이 토론하는 방식(예를 들어, 이곳에서 태어나지 않은 외국인이나 친척들을 암살범의 공범자로 모는 것처럼 매체에서 선정적으로 다루지만 모두 근거 없는 이야기)은 주류 문화가 사람들로 하여금 사회적 이슈에 무감각하게 만들고 동의하지 않은 사람들을 비인격화하는 사례들이다.

트롤링은 익명성을 이용해서 모든 사람을 비난하고 비인격화의 세계로 몰아넣는다. 익명으로 게시글을 올리는 까닭에 사회적 금기에 구애받지 않고 직접 말할 수 없는 것도 언급할 수 있게 된다. 그러나 트롤링을 하는 사람들이 일반적으로 익명이라고 해도 유명인을 대상으로 트롤링이 행해지기 때문에 힘의 불균형이 발생한다. (이 책을 읽으면서 나는 KKK의 테러와 린치 행위, 그리고 그들이 두건을 이용해서 자신의 정체를 숨기면서도 피해자들의 얼굴이 드러나게 하는 방식에 대해 생각했다. 그들은 자신의 힘을 과장하기 위해서 익명성을 이용했다). 이것은 문화에 대한 강력한 비판이다. 트롤링은 현대사회에서 용인하고 심지어 장려하는 것을 반영한다.

필립스는 트롤링에 공감이 없음을 보여주는 몇 가지 중요한 사항을 말한다. 트롤링의 대상은 누구나 될 수 있으나 많은 경우에 유색인종과 여성, 성소수자가 그 대상이 된다는 사실이다. 트롤링은 사람들의 관계와 이념, 감정을 조롱하고 이들이 소중히 여기는 것을 폄하한다. 또 익명성을 찬양하고 개인의 책임성을 무력화시킨다. 더구나 트롤링을 하는 사람들은 권력과 특권을 휘두르며 시민윤리와 사회적 행동윤리를 짓밟는다. "트롤링을 하는 사람들은 온전한 특권으로 볼 수밖에 없는 것을 행사한다(그들은 자신이 대우받아야 한다고 주장하는 대로 다른 사람을 똑같이 대우하지 않는다). 그들은 자신이 원하는 때에 원하는 모든 대상에게 원하는 것을 하고도 거의 처벌받지 않는다."[19] 그들에게는 다른 사람이 느끼는 것을 느끼고, 다른 사람의 입장에서 그 감정을 이해하고, 세계를 형성해온 맥락과 역사적 사건을 생각하는 정서가 거의 없다. 공감이 없다는 말이다.

인터넷 트롤링의 공감 부재는 온라인에서 400명이 넘는 사람을 대

사회적 공감

상으로 표본 조사한 최근의 연구에서 드러났다. 이 연구는 조사대상자의 정신질환과 가학증, 공감의 수준과 온라인 트롤링의 참여 수준을 비교했다.[20] 연구자들은 남성들이 온라인 트롤링에 참여하는 경향이 더 많고 트롤링을 하는 사람들이 정신질환과 가학증 수준이 더 높다는 사실을 밝혔다. 또한 온라인 트롤링을 하는 사람들은 공감과 관련하여 직접 대면 상태의 정신질환 특징을 그대로 보인다고 밝혔다 (이들은 사이버 피해자의 정서적 고통을 인식할 수 있어 그 고통을 조작하고 장난을 칠 수 있지만 피해자의 감정을 느끼지는 못한다).

트롤링의 사례는 많고 모두 그 자체로 충격적이다. 나는 방관자이고 싶지 않아 어떤 사례를 인용할지를 놓고 씨름했다. 그런데 두 가지 사례가 정말로 나에게 충격을 줬다. 그 내용 때문이 아니라, 그것이 시민과 사생활을 침해했기 때문이다.

첫 번째 사례는 2018년 총선까지 이어지는 예비선거가 시작된 2017년에 발생했다.[21] 출마선언을 한 후보자들 중 한 사람인 민주당 미 상원의원 후보자 디드라 어바우드Deedra Abboud가 페이스북 계정으로 선거운동을 시작했다. 변호사인 그녀는 공교롭게도 이슬람교인으로 머리 수건을 착용한다. 모든 사람이 그녀의 페이스북 페이지에서 그녀의 모습을 볼 수 있다. 그녀는 종교의 자유에 관한 글을 올렸고 많은 비평가(이것은 인터넷에서 트롤링을 하는 사람들에게 사용하기는 친절한 용어다. 나는 이 사람들이 트롤링을 하는 사람들인지 확실히 말할 수 없지만 그들의 반응은 트롤링의 정의에 정확히 부합한다)들의 주목을 받았다. 사람들은 그녀를 본국으로 되돌려 보내는 것(그녀는 미국에서 태어났다)에 자유롭게 의견을 달면서 불경스러운 말을 사용하고 그녀를 '수건 머리'라고 부르면서 '더러운 죽음의 비밀교단'의 일원이라고 말하는 등 남성중심적인 성적 위협을 가했다.

이런 의견은 모두 트롤링에 해당한다. 그녀는 백인우월주의 집단들로부터 혐오 메일과 위협, 항의를 받았다. 그녀는 우리 모두가 갖고 있는 민주적 권리로 공직에 출마하겠다는 자신의 의도를 밝힌 것뿐이다. 그렇다면 무엇이 트롤링을 하는 사람들의 심기를 건드렸을까? 그녀가 미국에서 소수 종교인 이슬람교의 일원이자 종교적 자유에 대한 이념적 헌신을 밝힌 여성이기 때문이다. 내가 디드라 어바우드에게 감탄한 것은 그녀가 선거운동을 멈추지 않았기 때문이었다. 역설적이게도 그녀를 혐오한 사람들 덕분에 그녀는 전국적으로 주목을 받게 됐다. 하지만 공감의 부재는 틀림없는 사실이다.

두 번째는 개인적 사례다. 내가 가장 좋아하는 여가생활 중 하나는 프로야구팀을 팔로우하는 것이다. 어릴 때부터 야구를 좋아했고, 내가 응원하는 팀의 경기를 시청하고 관련 자료를 읽는 것을 즐긴다. 종종 팀의 웹사이트를 방문하여 뉴스를 읽고 의견란도 읽는다. 오랫동안 야구팀을 팔로우 해왔고, 그래서 어느 날 온라인 의견란에 참여하기로 결심했다.(고백하자면, 이것은 나의 꾸물거리는 성격 탓이었을 것이다. 일보다는 컴퓨터 앞에서 훨씬 더 즐거운 시간을 보내게 됐다).

야구팀 웹사이트에서의 채팅 경험은 끔찍했다(내가 처음 올린 게시글은 난도질당했고, 나의 지성은 의문의 대상이 됐다). 2분 만에 그런 일이 벌어졌다. 나는 다시 글을 올리지 않았다. 야구를 무척 좋아하고 그 팀은 내가 가장

사회적 공감

좋아하는 팀이었지만, 팬들의 독설은 취미나 재미난 놀이로 받아들이기에는 너무나 심했다. 나는 트롤링의 목표물이 됐던 것이다. 트롤링을 하는 사람들은 나의 의견에 동의하지 않았을 뿐만 아니라 나의 인격을 비하했다. 그것은 강력한 효과를 발휘해 내 입을 다물게 했다.

수많은 사례가 있다. 온라인에 접속해서 뉴스 기사, 사설, 블로그, 심지어 추도사에 달린 댓글을 읽어보라. 독설의 대상이 여성일 때 특히 충격적이다. 나는 경험으로 인터넷의 세계가 얼마나 공감이 부족한지, 또 트롤링의 힘이 기술을 이용한 대화에 얼마나 큰 영향을 끼치는지 알게 됐다.

트위터

나는 직접 트위터와 공감에 관한 연구를 수행한 적은 없다. 처음 구글 스칼라(Google Scholar)에서 '트위터와 공감'을 조사해서 6건의 결과를 찾았는데, 조사 결과는 두 페이지 분량도 되지 않았다. 공감과 트위터의 관계를 입증하거나 부인하는 연구도 증거도 없다. 나는 연구 내용은 없어도 매체로써 그리고 트위터가 공감과 기술에 관한 논의에 얼마나 적합한지에 관해서 몇 가지 생각을 갖고 있다. 내가 보기에 트위터가 아주 대중적 의사소통 형태일지는 몰라도 제한적이고 매우 협소하므로 공감적 표현을 할 수 있는 여지가 매우 적다.

한 번에 최대 280자를 쓸 수 있는 일방적인 의사표현은 상호 교류가 아니다.(내 주장은 트위터가 2017년 말에 140개에서 280개로 글자 수의 제한을 두 배 늘리기로 결정했다는 사실이다. 한국어, 중국어, 일본어는 140개로 그대로 유지- 옮긴이).

트위터는 정서에 대한 정신적 이해를 유발하는 공감적 사고로 이어질 수 있는 정보를 제공하더라도 사람들 간의 실제적인 개인적 교류는 거의 이루어지지 않는다.

예컨대, 어떤 사람이 감동적인 의견을 올리면 수백 명의 다른 사람이 그 느낌을 강조하기 위해서 그것을 리트윗할 것이다. 일부 사람들은 이 글에 반응하는 글을 올릴 수 있다고 해도 대다수는 대화를 하지 않는다. 실제로 내가 '트위터와 공감'에 대해 처음 조사했을 때 찾은 6개 항목 중 1개는 젊은 사람이 블로그에 쓴 글로, 매일 아침 트위터에 공유되는 다수의 비극적인 기사 제목 때문에 사람들이 인간의 조건에 둔감해진다며 한탄했다.[22] 글쓴이는 즉각적인 정보 제공이 유익하더라도 다량의 정보가 감각을 마비시키는 결과를 초래한다는 점에 동의했다. 뇌 연구로 이것은 사실로 판명됐다.[23]

이런 이유로 나는 트위터가 사람들과 집단 간의 개인적·사회적 공감을 개발하는 데 거의 기여하지 못한다고 생각한다. 이렇게 말하면 트롤링이 달려들 것으로 생각되지만 그렇게 되면 나의 주장이 입증되는 셈이 된다. 트위터는 훌륭한 정보 교환의 장은 될 수 있어도 정보의 진실성과 정확성은 최저 수준이다. 이것은 많은 다른 기술과 마찬가지로 정보 입증의 부담이 정보 생산자가 아니라 이용자에게 주어진다는 뜻이다. 이런 일방적인 책임성은 트위터만의 문제가 아니지만 더 뚜렷하다.

사회적 공감

이 글은 2018년 겨울에 썼으므로 미국에서 가장 유력한 사람인 대통령의 트위터 사용을 언급하지 않으면 내가 태만한 사람으로 비칠 것이다. 도널드 트럼프는 처음으로 트위터를 사용한 대통령이 아니다. 버락 오바마도 공식적인 트위터 계정을 갖고 있었다(지금도 갖고 있다). 그러나 트럼프는 트위터를 매우 개인적으로, 그리고 아주 자주 사용한 최초의 대통령이다. 그의 참모들은 트위터를 그의 공식적인 의사소통 수단이라고 말하며 국가정책의 토론장으로 격상시켰다.[24]

하지만 대통령은 개인적인 의견과 사람을 무시하는 언사(예를 들어, 대통령은 2017년 6월 29일자 텔레비전 쇼 진행자 미카 브레진스키Mika Brzezinski와 조 스카버러Joe Scarborough에 관해 트위터에 이렇게 썼다. "미친 지능아 미카와 싸이코 조…그녀는 얼굴주름 제거수술 때문에 피를 심하게 흘렸다"), 잘못된 정보(투표 사기라고 말했다가 조사에 의해 반박 당함, 대통령 취임식 사진으로 설명이 되지 않는 취임식 참석자 수 등)를 트위터에 올려 시민들에게 직접 전달했다. 대통령 출마 선언 때부터 대통령 재직 1년까지 그는 트위터 게시글을 통해 사람과 장소, 일에 대해 425번 모욕했다. 어떻게 이런 사실을 알게 되었을까? 〈뉴욕 타임스〉는 https:// www.nytimes.com/interactive/2016/01/28/upshot/donald-trumptwitter-insults.html.에 누계 기록을 올려놓았다.

도널드 트럼프는 트위터를 직접 이용한다. 트위터에 주로 글을 올리는 시간대나 철자와 문법적 오류, 곧 이은 수정이나 삭제를 고려할 때 편집이나 참모진의 조언도 거의 없는 듯하다. 대통령 선거기간 마지막 달에 트럼프 후보자는 하루에 평균 일곱 차례 트위터를 이용했다. 대통령에 취임한 후 첫 100일 동안 하루 평균 네 번 이용했다.[25] 이러한 개방적이고 직접적인 의사소통에 불구하고 사람들은 이것이 유익하다거나 대통령으로서 바람직한 행동이라고 보지 않을 것이다. 대통령직에 취임한 지 6개월 뒤 시행된 여론조사에 따르면, 응답자의 68%가 그의 트위터 사용이 부적절하다고 생각하고, 65%는 모욕적이라고 여기고, 58%는 효과가 없으며, 73%는 신선하지 않다고 말했다.[26]

이것은 공적인 영역에서 더 의미 있는 의사소통 방식이 만들어지기를 원하는 사람들에게 고무적이다. 대중들이 계속해서 대통령의 트위터 사용이 비효과적이라고 본다면, 아마도 트위터 사용은 더 인간적인 상호 교류와 어쩌면 더 개인적이면서 사회적 공감을 반영하는 더 긍정적인 상호 교류 방식으로 대체될 것이다.

280자 남짓한 짧은 정보를 전달하는 형태의 의사소통 방식은 장기적으로 영향이 어떨지 말하기는 시기상조라 해도 공감의 핵심요소가 없다는 점은 분명하다. 글을 올리는 속도는 흔히 감정 조절이 거의 되지 않고, 글자 수 제한으로 인한 피상성은 역사와 맥락에 대한 이해로 세상에 대한 심층적인 분석 내용을 제대로 전달하지 못하며, 명백한 일방적 의사소통 방식은 토론이 아니라 타인에게 일방적으로 통보하는 것이다. 일방적인 통보는 관점의 수용을 최소화하고 자신과 타인에 대한 인식이 부족함을 보여준다. 트위터가 쓸모없다는 말이 아니다. 이보다는 사람들 간의 깊은 연결을 촉진하고 공감을 개발하는 관점에서 볼 때 트위터의 단점을 분명히 알아야 한다는 것이다.

기술은 공감에 유익한가 아니면 해로운가?

트위터, 소셜미디어, 문자메시지, 이메일은 모두 도구일 뿐이다. 도구는 이용자에 따라 유익할 수도 해로울 수도 있다. 똑같은 망치를 사용하여 건설하기도 하고 파괴하기도 한다. 나는 직접 대면할 때나 온라인에서나 사람들에게 비열할 수도 있고 친절할 수도 있다. 이것은 기술이 아니라 나에게 달린 문제다. 중요하게 기억해야 하는 것은 기술 뒤에 있는 사람을 고려하지 않고 기술이 좋은지 아니면 나쁜지를 두고 논쟁하지 말아야 한다. 어떤 사람인지에 따라 기술을 이용하는 방식과 기술이 우리에게 미치는 영향은 달라진다.

기술을 잘 이용하면 멀리 떨어진 사람들을 연결하고 생각을 공유하고 이야기를 전달하는 데 유익하다. 기술은 물리적 한계나 지리적 거리 탓에 고립된 채 살아가는 사람들에게 세상을 열어준다. 사진은 천 개의 단어 못지않은 가치가 있다. 너무 많은 경우 무감각해질 수 있지만 말이다. 교수인 나는 인터넷을 이용해서 세계 곳곳의 학생들을 만난다. 이것은 나와 학생들에게 정말 엄청난 기회이자 책임이다.

내가 생각하는 기술과 공감의 관계를 다음과 같이 요약할 수 있다. 기술은 타인을 접촉할 수 있는 새로운 기회를 주지만 반드시 책임지는 자세를 가져야 한다. 또한 직접 대면했을 때처럼 우리가 대접받고 싶은 대로 다른 사람을 대해야 한다. 이렇게 할 경우 기술은 우리가 서로 공감할 수 있도록 도와준다.

8장

사회적 공감은 세상을
더 나은 곳으로 만든다

처음 이 장의 제목을 책 제목으로 제시했을 때, 너무 순진하고 현실 문제에 대한 해결책을 너무 단순하게 생각한다는 점잖은 반응을 들었다. 공감을 모든 사회악의 해결책인 것처럼 여기는 것은 너무 손쉽고 피상적인 해결책이라는 것이었다. 사회적 공감의 폭넓은 확산이 세상을 더 좋은 곳으로 만들 수 있다고 주장하기 전에 몇 가지 분명히 해두고자 한다.

공감은 결코 쉽지 않다. 개인적 공감과 사회적 공감 수준이 높은 사람들조차 공감하려면 항상 노력을 해야 한다. 공감의 일부 요소를 타고났다고 해도 일련의 공감 요소를 발전시키고 매일 유지하는 것은 매우 뛰어난 능력이다. 유사 이래 인간은 더 많이 공감하는 방향으로 발전해왔다. 미국은 수백 년 동안 노예제를 없애고, 린치를 공식적으로 금지하고, 특정 집단을 혐오하는 범죄를 불법화시키면서 사회적 공감을 발전시키고 피지배집단에게 더 큰 관용을 베풀 수 있었다.

이런 발전에도 불구하고 여전히 공감적 이해를 반영하지 않는 수많은 공적 법률과 규정들이 있다. 인종과 민족, 젠더, 성, 신체적 차이에 아직도 관용이 부족하다. 여전히 타인의 삶에 대한 공감적 통찰이 부족하다. 과거에 일어난 아메리카 원주민의 잔인한 이주와 아프리카계 미국인들의 야만적인 노예화에 공식적인 심판이나 사과를 결코 한 적이 없다. 공감하는 능력의 개발은 개인과 사회 모두를 위한 과정이다. 온전히 공감하려면, 개인들 간에 성공적인 공감이 요구되고, 그 다음에 인지적 훈련으로 사회적 공감 능력을 습득해야 한다.

개인적 공감과 사회적 공감은 연결돼 있다

모든 국면에서 온전히 공감하려면 우선적으로 주변 환경과 다른 사람들에 대한 인식을 개선하고, 그 다음 공감이 어떤 것을 의미하는지 더 깊이 이해하고 기꺼이 개발하려는 자세가 필요하다. 이 일의 시작은 개인적 공감 능력을 개발하는 것이다. 두 번째는 사회적으로 공감돼야 하는 것을 개인적 공감 능력으로 만들어내는 것이다. 이 일에는 수고가 따른다. 두 가지 공감이 어떻게 서로 조화를 이루는지 이해하면 유익하다.

　사람들이 공감에 대해 알고 있는 것을 간단히 살펴보도록 하자. 인간은 서로를 읽을 수 있을 때 생존 가능성이 가장 높다. 생존이라는 진화적 명령 때문에 인간의 정서는 종의 재생산과 생존을 도와주는 타인들에게 가장 강하게 공감한다. 초기 인류 역사에서 이런 사람은 생존과 재생산 가능성을 높이려고 사람들과 연대하는 부족의 일원이 되거나 장거리 여행수단이 없으므로 가장 가까운 사람들을 의미했다. 가장 가까운 사람은 비슷할 가능성이 가장 높다. 초기 인류 역사에서 매우 유용했던 이런 경향은 능력의 유전적 전달과 사회적 학습으로 깊이 각인되었을 것이다. 그러나 인류 역사가 발전하면서 신체적으로 닮거나 작은 부족의 **구성원에게만** 의존하는 것은 인류의 발달을 제약했다.

인류는 때로 자원을 구하려고 지리적 영역을 확대하거나 생존 가능성을 높이거나 힘을 키우려고 타집단의 문화와 사상을 수용했다. 자신과 비슷한 사람들에게 더 많이 공감하는 편향성을 조장하는 부족 본능은 사회 확장을 제한한다. 자신과 다른 사람을 경계하고 두려워하는 것은 초기 생존에 유익하지만 '우리 대 그들'이라는 사고방식을 낳게 되며, 이것은 민주주의 사회에 유익하지도 건전하지도 않다. 인종별로 분리된 사회를 만들려는 극단주의 집단들이 있다. 하지만 이것은 실제로 무슨 의미일까?

예컨대, 모두 백인으로 구성된 집단은 다른 인종이나 민족과는 상거래를 하지 않을 작정인가? 그들은 미국 밖에서 제조된 상품을 구매하지 않을 계획인가? 미국에 사는 다른 인종들이 만든 제품은 어떤가? 그들은 백인 구역에만 살 것인가? 만일 그렇게 한다면 그들은 자신의 지역사회를 유지하는데 필요한 모든 일, 가령 식량을 생산하고 의류를 만들고 도로를 건설할 작정인가? 아니면, 그들이 말하는 분리주의는 백인들로만 구성된 구역에서 자유롭게 살면서 생활에 필요한 일들은 다른 인종과 민족들에게 의존하겠다는 말인가? 우리는 이미 이런 시스템을 가진 적이 있었다. 이른바 노예제 말이다.

오늘날 우리가 사는 현실은 전지구적인 다문화 세계다. 우리는 전 세계에서 재배하고 다양한 인종과 민족이 수확하고 가공한 식품을 먹는다. 다른 국가에서 만든 직물을 이용해서 여러 국가에 사는 사람들이 만든 옷도 입는다. 다른 국가에서 만든 부품으로 또 다른 국가에서 조립한 자동차를 타고 다닌다. 인간은 홀로 살아가는 동질적인 집단이 아니다. 세계라는 가장 큰 인간 부족의 일원이다. (분리된 부족으로 살아갈 수 있는 유일한 방법은 역사를 되돌려, 현대 기술문명을 거부하고 소박한 농경생활을 하는 미국의 종교집단 아미쉬Amish 같은 소규모 집단사회로 돌아가는 것이다. 자유로운 사회에서 집단들은 종교의 자유를 위해 그렇게 할 수 있지만 현대 문명과는 거리를 두어야 한다.)

사회적 공감의 과제는 소규모 부족주의에 기초한 편견을 극복하고 인류라는 더 큰 부족주의의 다양성을 받아들이는 것이다. 왜 그럴까? 더 큰 부족주의는 우리가 다른 사람들과 연결돼 있음을 인식하고 나아가 더 큰 지역사회의 일부임을 볼 수 있도록 해주기 때문이다. 이 같은 보다 넓은 시각은 경제적·사회적 성장을 위한 길을 열어준다.

지난 수십 년간의 공감 연구는 개인적 공감과 사회적 공감의 연결을 더 잘 이해하도록 도와줬다. 연구팀은 수백 명의 학생들을 대상으로 조사한 사회공감지수의 응답 내용을 분석했다.[1] 우리는 사람들이 낮은 수준에서 높은 수준에 이르는 개인적 공감의 스펙트럼과 사회적 공감의 스펙트럼 어느 한 부분에 해당된다는 가설을 설정했다. 아울러 개인적 공감과 사회적 공감의 수준이 연결되고, 높은 수준의 개인적 공감 없이는 높은 수준의 사회적 공감의 가능성이 낮을 것이라

사회적 공감

고 추정했다.

연구결과는 이런 관계를 뒷받침했다. 대다수 참가자들은 두 가지 공감 수준이 같았다. 개인적 공감 수준이 낮은 사람은 사회적 공감 수준도 낮았고, 중간 수준이나 높은 수준을 보인 사람들도 마찬가지였다. 5% 미만의 소수만이 사회적 공감 수준이 높은데도 개인적 공감 수준이 낮았고, 더 작은 2% 미만의 학생이 개인적 공감 수준이 높지만 사회적 공감 수준은 낮았다. 두 가지 공감 능력은 밀접한 관계가 있는 듯하다. 학생 집단의 약 절반이 개인적 공감과 사회적 공감이 중간 수준이었고, 3분의 1은 두 가지 공감 수준이 모두 낮았으며, 6분의 1은 둘 다 모두 높았다.

미국의 몇몇 주에서 더 폭넓은 사람들을 대상으로 실시된 최근 연구에서 나와 동료 연구자들은 비슷한 결과를 확인했다. 대다수의 사람들은 개인적 공감 수준과 사회적 공감 수준이 같았고, 중간 수준이나 낮은 수준의 사람들보다 높은 수준의 사람이 더 적었다. 극소수의 사람들만이 개인적 공감 수준이 높지 않은데도 사회적 공감 수준이 높았다.[2]

개인적 공감이 사회적 공감과 연결된다는 것은 놀라운 일이 아니다. 무엇이 이 둘을 연결할까? 맥락에 대한 주목이다. 우리는 개인적인 공감 능력을 이용해서 타인의 행동을 미러링하면서 읽고 있을 뿐만 아니라 복잡한 인지적 존재인 까닭에 그렇게 하는 동안 맥락을 수용한다.

예컨대, 뇌 영상 연구에서 사람들은 찻잔을 들고 있는 손의 움직임을 찍은 비디오 영상을 보았다.[3] 그 동작은 똑같지만 배경이 바뀌었다. 첫 번째 영상에는 배경이 없지만, 두 번째 영상에는 곧 티파티tea party가 열릴 것임을 암시하는 아름다운 테이블 세트가 놓여 있다. 세 번째 영상에는 흐트러진 테이블 위에 똑같은 티파티 물건이 놓여 있어 파티가 끝났음을 보여준다. 찻잔을 쥐는 동작은 모든 영상이 동일했음에도 상황이 달랐다. 찻잔을 쥐는 동작의 뇌 활동은 같았는데, 인지처리 과정은 세 가지 상황별로 달랐고 손으로 찻잔을 쥐는 동작 없이 그냥 상황을 보는 것과도 달랐다. 우리는 쥐는 동작을 미러링하는 능력을 갖고 있지만, 이와 동시에 신경처리 과정은 상황에 따라 바뀐다.

다른 예를 생각해보자. 연구자들은 참가자들에게 손이 바늘에 찔린 사진을 보여주고 뇌 영상을 이용하여 신경 활동을 조사했다.[4] 한 집단에게는 아무런 설명도 하지 않았고, 다른 집단에게는 고통을 느끼지 않도록 마취를 한 손에 생체검사 바늘을 찌르는 사진을 보여줄 것이라고 미리 말해줬다. 두 집단의 두뇌 활동은 고통에 대한 자동적인 반응을 보였지만(그들은 그 동작을 미러링했다), 앞으로 진행될 상황에 대한 설명을 들은 집단은 자신과 타인에 대한 인식과 관점 수용을 관장하는 뇌 영역이 추가적으로 활성화됐다.

이 연구는 사람들이 자신이 보는 것에 즉각적으로 미러링 반응을 보이지만 상황을 받아들이고 인지하거나 사고하는 능력으로 그것의 의미를 이해한다는 사실을 보여준다. 흔히 우리는 다른 사람과 무의식적으로 소통한다. 사고를 넓혀서 더 발전시키고 이로부터 의식적

사회적 공감

으로 맥락을 분석하면 타인에 대한 이해를 확대할 수 있다. 사회적 공감요소인 맥락에 대한 이해는 더 폭넓은 방식으로 공감적인 감정의 의미를 만드는데 중요하다.

사회적 공감의 다른 요소인 거시적 관점의 수용(자신과 타인에 대한 인식을 포함한다)은 타인의 입장에서 보는 개인의 능력을 타집단에 적용해봄으로써 가능해진다. 이것은 개별적인 것은 물론 다른 인종과 문화, 젠더나 자신과 다른 특징으로 정의되는 타집단에 속하는 영역의 일부로 보이는 것에 대해 사고하는 것을 의미한다. 거시적인 관점의 수용이 개인적 관점 수용과는 어떻게 다를까? 그 차이는 다른 집단의 일원이 된다는 것이 각 사회계층별로 무슨 의미인지 생각하는 것이다.

예를 들어, 2016년 여름 어린 아이가 시리아 알레포에서 폭격당한 건물에서 구출되는 영상이 있었다. 이 구조 영상과 먼지를 뒤집어쓰고 피 흘리는 다섯 살짜리 소년이 앰뷸런스에 앉아 있는 사진이 삽시간에 퍼져 수백 만 명이 보았다.[5] 인간이 충격적인 장면을 볼 때 예상할 수 있듯이, 이것은 확실하게 강렬한 감정을 불러일으켰다. 그 장면을 미러링한 사람들은 먼저 고통과 두려움이라는 정서적 반응을 보였을 것이며, 이 작은 아이를 위해서 할 수 있는 일을 생각하도록 자극했을 것이다. 이는 자신과 타인에 대해서 인식하고 관점을 수용했다는 것을 보여준다.

사람들은 개인적 공감 능력을 발휘했고, 그 다음 단계로 어떤 사람은 아이가 전쟁으로 폐허가 된 도시에 산다는 것이 무슨 의미인지 생각하고, 그런 폭력이 발생하게 된 정치적·사회적 원인이 무엇인지 이해하려고 노력했을 것이다. 나아가 시야를 사회로 넓히면 타집단을 이해하고 그들이 누구인지, 그들의 역사가 어떤지, 원하는 것이 무엇인지를 이해하는 것과 연관된다. 이것이 맥락에 대한 이해이며, 거시적 관점의 수용이다.

개인적인 공감 수준은 중요하다. 이것은 다른 인류를 연결해주며, 심지어 수천 킬로미터 떨어진 사람들과도 연결해준다. 사회적 공감 수준은 집단의 행동 방식과 동기가 무엇인지 그 순간뿐만 아니라 역사적으로 그 집단의 일원이 된다는 것이 무슨 의미인지를 이해하게 해준다. 사회적 공감을 렌즈로 이용하면 복잡한 사회적·정치적 상황을 이해할 수 있다.

세계를 사회적 공감으로 바라보는 것은 어려운 요구이며, 모든 사회적 이슈에 쏟는 것보다 많은 시간과 에너지가 필요하다. 모든 것을 중단하고 모든 문화와 집단에 대해 공부하라고 말하려는 것이 아니다. 내가 주장하고 싶은 것은 이해하고 싶은 상황에 직면했을 때 시간을 들여 맥락에 대한 이해와 거시적 관점을 수용함으로써 사회적으로 공감할 필요가 있다는 것이다. 한 장의 사진이 시리아의 전쟁에 관심을 갖게 하고, 누가 왜 싸우는지에 관한 더 자세한 내용을 알고 싶도록 만들고, 관련 신문 기사도 실리게 했다. 맥락에 관한 지식을 더 많이 알수록, 거시적으로 관점을 더 많이 수용할수록 우리의 이해는 더 깊어질 것이다.

공감 능력을 개선하는 것이 행동으로 실천하는 것을 보장하지 않지만, 2장에서 논의했듯이 사회친화적 행동과 관련이 있고 이타적 행동이나 협력과 같은 행동을 하도록 자극할 수 있다. 사회적 공감도 마찬가지다. 시리아의 어린 아이의 사례에서 보듯이 사회적 공감으로 더 폭넓게 생각하면 더 많은 시리아 난민을 미국으로 데려오고, 국제 원조를 제공하고, 인질로 붙잡힌 시리아 시민들을 석방하는 활동에 도움을 주거나 시리아 정부가 적대행위를 중단하도록 압력을 행사는 일에 찬성할 수 있다.

　더 폭넓은 행동을 하도록 자극하는 것과 함께 사회적 공감은 우리가 더 큰 사회의 일부라고 느끼고 자율성을 갖게 하는 유익을 제공한다.[6] 우리가 세상에 영향을 미칠 수 있고 변화를 만드는 것을 중요하다고 생각하게 된다. 더 큰 맥락을 수용하면 타인들이 무엇을 하고, 왜 하는지 알 수 있는 것은 물론 그런 사람들과 의미 있는 방식으로 연대할 수 있다.

사회적 공감은 하나의 사고방식이다

개인적 공감은 개인의 뇌에서 처리되는 행동의 무의식적 미러링에 기초하고 있지만, 사회적 공감은 세상을 보고 생각하는 사고방식이자 틀이다. 사회적 공감은 어떤 능력들의 훈련과 관련이 있고 개인적 공감에 토대를 두지만, 다른 무엇보다도 세상을 보는 방법을 선택하는 것이다. 사회적인 공감을 하려면 수많은 타인들의 입장에 서야 한다. 특히 우리와 외모가 다르고, 우리 주변에 살지 않고, 같은 언어를 사용하지 않은 사람들의 입장에 서는 것이 필요하다. 카메라를 비유로 사용하면 이렇다. 클로즈업 렌즈를 통해 세상을 보는 것은 개인적 공감이고, 광각 렌즈로 세상을 보는 것은 사회적 공감이다.

개인적으로만 공감하고, 더 나아가 사회적으로 공감하지 않은들 그게 무슨 문제가 된다는 말인가? 1장에서 개인적 공감 요소인 관점 수용을 소개할 때, 어린 자녀를 둔 부모가 공적 지원을 받으며 살아가는 빈곤한 삶이 어떤 삶인지 이해하려고 노력하는 사례를 들었다. 이것은 개인적 관점이다. 개인적 관점은 자기와 다른 사람들의 삶에 대해 더 넓게 인식하는 것이 중요하고 유용하다.

그러나 이 관점은 그 사람이 어떻게 지금의 상태에 이르게 됐는지 이해하는 지점으로 넘어가지 못한다. 여기에 더 넓은 공감적 관점, 즉 사회적 관점이 필요하다. 이것은 자신을 외집단일 수 있는 타집단의 일원으로 놓고 그들의 역사와 삶의 경험을 배우는 것과 같은 사회적 공감 요소를 고려한다는 뜻이다. 이렇게 하려면 사회문제를 바라보는 새로운 방식을 배워야 한다. 이것은 새로운 신경 경로를 만드는 작업일 수 있다. 사회적 공감의 관점을 갖는다는 것은 어떤 모습일까?

공감에 이르는 길

공감에 이르는 유일한 길은 없다. 그것은 일직선이 아니라 여정이다.

그러나 좋은 소식이 있다. 당신이 더 공감할수록 당신 주변의 다른 사람들이 더 많이 공감하게 된다는 것이다. 미러링은 강력하다. 우리가 긍정적으로 행동하면 긍정적인 행동을 돌려받을 수 있다. 물론 모든 다른 사람들이 미러링과 공감 능력을 갖고 있다고 보장하지 못하기 때문에 당신이 공감한 만큼 항상 그대로 보상받지 못할 수도 있다. 그러나 내 경험으로는 공감은 훨씬 더 큰 효과를 발휘했다. 공감 능력을 자주 사용하면 보답을 받는다.

결코 너무 늦지 않다: 우리는 공감을 배울 수 있다

인간은 연령과 상관없이 공감을 배울 수 있다. 많은 책과 글을 통해서 공감 수준을 더 높이는 법을 배울 수 있다. 개인적 공감과 사회적 공감 요소를 고려해 보면 개선하기 위해 노력해야 할 공감 영역은 일곱 가지다. 공감을 가르치는 모든 방법을 다루려면 추가로 많은 장이 필요할 것이다. 그렇게 할 의도가 아니지만 에필로그에서 사회적 공감을 가르치는 두 가지 방법을 강조한다. 하나는 소규모 학급에서, 다른 하나는 대규모 지역사회나 국가 차원에서 사용할 수 있다. 공감 학습은 평생 동안 계속되는 과정이다.

공감은 외국어 학습이나 읽기 학습처럼 어릴 때 배우면 훨씬 더 쉽다. 어린 시절일수록 인간의 뇌는 유연해서 입력 자료를 받아들이는 방식의 변화에 더 쉽게 적응한다. 이런 유연성을 "신경가소성"이라고 하는데, 뇌가 다양한 경험의 결과로 바뀌고 새로운 사고방식에 적응하는 능력이다.[7] 이것은 인간의 발달과정이다. 아이가 새로운 경험을 받아들일 때 뇌는 성장하면서 신경 경로를 발달시킨다. 뇌를 바꾸는 정확한 메커니즘은 모르지만 그 결과는 볼 수 있다.

신경가소성에 대한 전문지식을 가진 과학자들은 뇌가 변화에 얼마나 적응할 수 있는지 확인하려고 수많은 실험을 했다. 흥미로운 한 실험에서는 모든 참가자들에게 오른손의 다섯 손가락을 반복적으로 사용하는 건반 연주법을 배우게 했다.[8] 참가자들을 두 집단으로 나누었다. 첫 번째 집단은 몸으로 연주법을 계속 연습했고, 다른 집단은 머리로만 연습하게 했다. 두뇌 활동을 보고 측정하는 뇌 영역 표시기술Brain mapping techniques은 두 집단의 훈련받은 오른손에 해당하는 대뇌피질의 산출값이 증가하는 것을 보여줬다. 그리고 이 수치는 시간이 지나면서 계속 증가했다.

놀라운 점은 과제를 학습한 뒤 연주법을 실제 몸으로 연습한 집단은 물론 정신적 이미지로만 연습했던 집단도 연주 연습을 담당하는 뇌 영역의 활동이 증가했다는 것이다. 이 연구는 뇌가 물리적인 행동 경험뿐만 아니라 정신적인 이미지 경험에 의해서도 바뀔 수 있음을 입증했다. 이러한 이중적 학습 과정은 오랫동안 올림픽 경기를 시청하면서 보았던 많은 사례를 생각나게 한다. 많은 운동선수들은 정해진 동작을 수행하는 자신의 모습을 정신적으로 시각화하는 시간을 갖는다고 말했다.

이것은 부분적으로 실제 동작을 수행하기 전에 집중력을 높이기

사회적 공감

위한 것이 분명하지만, 뇌 연구는 이런 과제 수행 동작을 정신적으로 이미지화하면 실제로 과제 수행능력 향상에 큰 영향을 준다고 말한다.

보스턴 하버드 의대의 비침습적 뇌 자극센터(Center for Non-Invasive Brain Stimulation)의 알바로 파스쿠알 레온Alvaro Pascual-Leone이 이끄는 연구팀은 신경가소성에 대해 많은 연구를 수행했다. 한 가지 흥미로운 연구 분야는 감각 상실, 특히 시각과 청각 상실에 초점을 맞추고 시간이 지나면서 뇌가 이러한 감각 상실을 어떻게 보완하는지를 관찰했다. 이 연구는 신경을 매우 복잡한 수준으로 분석한다. 이미 말했듯이 나는 신경과학자가 아니므로 이러한 매우 상세한 연구를 과도하게 단순화하는 것을 양해하기 바란다. 이 연구에 기초할 때, 인간의 뇌는 신경회로를 재구성하는 능력이 있다.

예를 들어, 시각을 상실한 사람은 언어에 대한 기억이 그렇듯이 소리의 출처에 대한 감각이 향상된다. 청각을 잃은 사람은 주변 시력이 향상된다. 뇌는 하나의 입력 수단이 사라지면 다른 과제를 수행하는 뇌의 다른 영역을 이용하여 다른 입력 수단을 개선함으로써 상실된 감각을 보완하는 듯하다.[9]

연구자들은 뇌에 관한 또 다른 흥미로운 특징을 발견했다. 뇌의 다른 영역이 재구성 작업을 돕기 위해 동원된다는 것이다. 상실된 특정 감각에 할당된 영역은 물론 다른 뇌 영역도 이용한다. 신경경로의 재설정은 개인마다 독특하기 때문에 뇌 패턴은 각각의 사람마다 다르게 보일 수 있다. 그러나 신경경로의 재설정 능력은 모든 사람에게 존재한다. 이것은 공감 학습을 위해 좋은 소식이다. 뇌가 유연하기 때문에 노화되거나 심지어 신경 손상이 있더라도 새로운 능력을 배울 수 있다. 인간은 입력 자료를 처리하는 인지 능력을 갖고 있어 자신과 타인에 대한 인식과 관점 수용, 정서 조절, 맥락에 대한 이해를 개선할 수 있다. 이런 공감 능력은 뇌의 다양한 영역을 사용하며, 일부는 겹치고 일부는 각각 다른 영역을 사용한다. 비록 뇌의 일부 영역이 다른 영역만큼 효과적이지 않다고 해도 인지 과정을 재설정하는 뇌의 능력을 이용하면 여전히 새로운 능력을 배울 수 있다. 물론 연습이 필요하지만 뇌의 가소성 덕분에 새로운 신경 경로를 만들 수 있다.

빈곤은 사회적 공감의 시험대다

사회적 공감의 관점으로 바라본다는 것은 어떤 것일까? 나는 20년 동안 미국에서 빈곤의 사회적·경제적·정치적 비용에 대해 연구했다. 미국에서 빈곤이 무슨 의미인지 학생들에게 설명하려고 노력하는 과정은 사회적 공감에 대한 나의 생각에도 도움이 됐다. 사람들의 복지를 매우 걱정하면서 빈곤에 대해서는 아주 강경한 태도를 보이는 학생들 때문에 당황한 적도 있었다. 그들은 복지수당을 일하지 않는 사람에게 주어지는 부당한 지원금이라고 여기며 반대했다.

　오랜 세월 동안 나는 학생들에게 빈곤 상황을 가르치면서 빈곤에 수반되는 모든 삶의 조건들을 상상하게 하면 그들이 미국에서 빈곤한 삶이 무슨 의미인지 더 잘 이해하는 데 도움이 된다는 사실을 알았다. 이것은 내가 사회적 공감을 개념화하고 자세히 탐구하게 된 계기이기도 하다. 이제 마지막 장을 마무리하면서 빈곤에 대한 분석내용을 함께 나누고 1장에서 소개한 내용을 계속해서 다뤄보려고 한다.

기억할지 모르겠지만, '기존 복지프로그램의 중단'이라는 1996년의 변화는 내가 사회적 공감을 연구하게 된 강력한 자극제였다. 1장에서 나는 새로운 복지프로그램의 10년을 언급하면서 그 프로그램의 지원 범위가 빈곤 가정의 3분 2이상에서 2분의 1이하로 축소됐다고 설명했다. 가난한 사람들은 바뀌지 않았고, 바뀐 것은 정부의 지원 여부였다. 이것이 첫 10년의 결과였다. 그 다음 10년은 어땠을까? 미국 보건복지부는 2016년 복지프로그램에 대해 11번째 보고서를 미 의회에 제출했다.[10] 2017년 미 의회조사국은 미 의회 의원들을 위해 TANF(기존 복지중단 정책의 핵심인 현금지원프로그램)에 관한 보고서를 작성했다.[11] 이 두 보고서는 정책의 핵심이 가난한 사람을 돕는 것이 아니라 그들을 복지 사각지대로 내모는 것이라는 내 주장이 옳았음을 보여줬다.

1996년 법안이 통과되기 전에는 복지 지원이 필요한 가정의 82%가 복지 프로그램의 대상이었다. 2012년 이 수치가 28%로 줄었다. 아동의 경우 85%에서 36%로 떨어졌다. 어떻게 된 일일까? 1995년 빈곤한 아동이 1,500만 명 이상이었고, 2012년에도 그 수는 변함이 없었다. 하지만 TANF 지원 대상자가 급격하게 축소됐다. 왜 지원이 필요한 빈곤한 사람들이 1996년보다 더 많이 복지 프로그램의 대상이 되지 못했을까? '기존의 복지' 변화가 가난한 사람들이 정부 지원에서 노동과 자립으로 전환하는 것을 돕는 것이라면, 빈곤한 사람의 수가 TANF 대상자의 감소와 함께 줄어들었어야 했다. 그리고 유자격 대상자 중 새로운 프로그램에 의해 지원받는 사람의 비율이 최소한 같은 수준을 유지했어야 했다.

이런 수치는 시민운동 단체나 '정치선동가들'이 제시한 것이 아니냐고 묻게 될지도 모른다. 나는 일부러 미 의원들에게 제공하기 위해서 만든 정부 자료를 이용했다. 미 의회조사국은 비당파적이며, 미국 양당의 의원들에게 정보를 제공하는 일을 수행한다. 내가 사용한 자료는 정책을 만드는 미국 의원들에게 특별히 제공하려고 수집해서 보고된 내용이다. 이 자료는 '기존 복지의 중단'이 빈곤 가정에 현금을 지급하는 유일한 프로그램을 수백만 빈곤 아동의 삶에서 박탈한 것임을 보여줬다. 왜 그랬을까? 이 질문에 대답하려면 정책 결정자들이 말하고 실행한 것을 살펴봐야 한다.

1장에서 1996년의 몇몇 정치적 수사를 언급했다. 정책 변화의 표면적인 이유는 빈곤한 사람들의 자립을 촉진하여 스스로의 노력으로 가난에서 벗어나게 한다는 취지였다. 더 최근의 여러 논평들은 TANF와 공적 지원의 현재 상태를 설명하는데 도움이 된다. '공짜 지원금free stuff'을 주고 싶지 않다는 정서가 표출됐다. '공짜 지원금'이라는 용어는 밋 롬니Mitt Romney와 젭 부시Jeb Bush가 2012년과 2016년 대통령 선거에 출마했을 때 사용했다.[12] 그리고 하원 다수당 지도자

폴 라이언Paul Ryan이 2012년 부대통령 후보로 나섰을 때 "돈을 버는 사람들에게서 돈을 쓰는 사람들"에게 돈을 이전하는 것이라는 표현을 사용했다.[13] (공평하게 말하자면, 몇 년 뒤 그는 이런 표현을 사용한 것에 대해 사과했지만 지원이 필요한 사람들을 더 많이 포함시키기 위해 TANF을 바꾸는 어떠한 입법 활동도 하지 않았다.)

이 복지 프로그램의 목적이 변경됐다. 핵심은 사람들이 자립하도록 돕는 것이 아니라 복지 지원금을 '공짜 지원금'으로 보고 사람들에게 지원금을 주지 않는 것이었다. (이런 정서가 20년 전의 일이라고 말할지도 모른다. 아마도 그게 사실이겠지만 이런 정서 변화는 공개적으로 언급되지 않았다. 공개적으로 발표된 정책 목표가 이미 변경됐다는 사실은 상황이 달라졌음을 보여준다.) 이것은 사회적 공감 측면에서 맥락을 제공하는 중요한 정보다. 권력을 가진 사람들은 정책을 바꾼 지 20년이 지난 후 사람들이 왜 여전히 가난하고 복지 지원 범위가 더 나빠졌는지 해명하는 말들을 하고 있으나, 정부 지원금은 계속해서 줄고 있다.

현금 지원에 대한 거부감은 이해할 수 있다. 일단 사람들에게 돈이 지급되면 그 돈의 지출 방식을 통제할 수 없다. 이것이 사람들을 거슬리게 만드는 이유는 열심히 일해서 돈을 벌어야 돈을 자유롭게 사용할 권리를 얻는다고 생각하기 때문이다. 일하지 않는 사람들에게 정부 지원금을 주는 것은 사람들로부터 일할 의욕을 빼앗는다. 미러링의 관점에서 볼 때 내가 일하고 당신이 일하지 않는다면, 우리는 서로 다르고 나와 당신과의 연결은 매우 약하거나 심지어 적대적이다. 당신은 모든 것을 나처럼 보지 않는다.

오랫동안 나는 많은 학생들과 이런 관점을 공유했다. 특별히 한 젊은 여학생이 기억난다. 그 학생은 수업 후에 내게 와서 자기 친구가 임신을 해서 아기를 낳은 뒤에 정부지원금을 받으며 집에서 아기와 함께 지내고 있어 친구에게 화를 냈다고 말했다. 그 학생은 몇 개의 아르바이트를 하면서 대학에 다니고 있는데 자신이 생산적이고 정부의 도움 없이도 살고 있다고 생각했다. 우리는 이런 불공평에 대해 이야기를 나눴다.

나는 여학생에게 물었다. 네가 한 가지 조건을 약속하는 대신 내가 친구가 받는 액수와 같은 금액을 너에게 준다면 어쩔래? 그녀는 웃으며 당연히 그 돈을 받을 것이라고 말했다. 그러면서 조건이 뭐냐고 물었다. 그 조건은 그녀의 친구처럼 아기를 낳고 돌보는 것이었다. 그녀는 친구의 삶을 자신의 것으로 받아들여야 했다. 나는 그 학생에게 친구의 입장에 서 보게 했다. 그녀는 웃으며 아기를 낳으면 학교에 다닐 수 없고, 학교에 다닐 수 없으면 학위를 받지 못해 좋은 직장을 얻지 못할 것이라고 말했다. 이것이 바로 나의 요점이었다. 내가 가진 것을 다른 사람의 것과 비교하는 것은 공감과 다르다. 공감은 내 인생의 어느 부분을 선택해서 다른 사람의 삶과 비교하지 않는다. 이것은 자신과 타인에 대한 인식이며 관점의 수용이라는 중요한 단계다.

그렇다면 공짜 지원금이 모두 얼마나 될까? 정부는 한 명의 성인과 두 명의 아동이 있는 가정에 매달 평균 약 375달러를 지급한다. 연간으로 계산하면 4,500달러다. 이 지원금은 한 사람의 일생에서 총 5

년 동안만 지급된다. 한편, 3인 가족의 공식 소득빈곤 수준은 연간 20,780달러다.[14] 공식적으로 3인 가족의 연간 소득이 20,780달러 이하로 떨어지면 가난하다고 간주한다. 그러나 우리는 1인당 연간 1500달러의 현금을 지급하는 것이 너무 많다고 생각한다. 식료품 지원을 추가해보자.

식료품 지원을 받을 자격이 있는 3인 가족은 영양보조지원프로그램(SNAP)을 통해 매달 약 375달러를 받는다.[15] 이것은 현금이 아니라 식료품 구입에 사용할 수 있는 쿠폰이다. 이것으로는 종이류 제품, 세탁용품, 기저귀, 술, 담배, 또는 사람들이 식료품점에서 구입하는 다른 물품을 살 수 없다. 심지어 기본적인 식품이라도 조리된 것은 살 수 없다. 일부 가난한 가정의 약 4분의 1이 주택을 지원받는다. 이 모든 공짜를 합해도 여전히 17%의 아동이 가난하게 살고 있다.[16] 정부 지원금이 할 수 있는 최선의 결과는 빈곤율을 4~5% 떨어뜨리는 것이다. 실제 아동의 입장에서 이것은 빈곤 아동의 수를 1500만 명에서 1200만 명으로 바꾸는 일이다. 모든 복지프로그램이 그들에게 공짜 지원금을 제공한다고 해도 여전히 수백만 명의 아동이 빈곤 속에서 성장하게 된다.

세금신고 때 나는 온갖 종류의 공제를 받아 세금을 많이 낼 필요가 없다. 공제 금액이 내 지갑 속에 실제 돈이 있는 것과 같아도 공짜 지원금은 아니다. 그렇다면 이 둘은 어떤 차이가 있는가? 주요 차이의 핵심은 '우리 대 그들'이라는 구분이다. 일하는 사람 대 일하지 않는 사람, 고등 교육을 받은 사람 대 그렇지 못한 사람, 배우자와 함께 아이를 키우는 사람 대 혼자 아이를 키우는 사람, 중산층과 상류층에 속하는 사람 대 저소득층과 빈곤층, 백인종 대 유색인종. 이것은 복지문제를 놓고 논쟁할 때 작동하는 차이들이다. 1장에서 지적했듯이 정책 결정자들은 TANF을 받는 대부분의 사람들처럼 살지도 않고 살아본 적도 없다. 정책 결정자들은 빈곤층의 입장에 서서 바라보지 않는다.

공감의 관점에서 복지정책의 변화를 살펴보면, 이 문제가 개인적인 관심을 유발할 수 있어도 사회적 관심을 유발하지 못할 수도 있음을 시사한다. 이 정책에 관여하는 사람들이 훌륭한 개인적 공감 능력을 갖고 있을지 몰라도 사회적 공감 능력은 없을 것 같다는 생각이 든다. 그들은 가난한 사람들을 자신의 상황에 책임져야 하는 개인으로 볼 뿐, 미국사회가 공유하는 더 큰 집단의 일원으로 보지 않는다.

사회적 공감은 광범위하다

내가 가난한 사람들에게 최소한의 지원금을 제공해야한다는 점을 납득시키지 못했을 지도 모르겠다. 사람들에게 공짜 지원금을 주지 말아야 한다는 주장이 옳다고 치자. SNAP을 통한 식료품 지원, 메디케이드(Medicaid, 미 연방정부의 저소득층 의료보장제도-옮긴이)와 같은 건강보험 지원, 또는 펠 그랜트(Pell Grants, 미 연방정부의 무상 장학금-옮긴이)를 통한 교육 지원과 같이 공짜 지원금을 제공하는 모든 프로그램을 축소하는 것이 정말 타당할까? 실제로 이 프로그램들을 이용하지 않는 사람들이 이 프로그램들이 지속되길 원하는 이기적인 이유들은 많다.

상황을 보는 관점을 확대해서 다른 집단의 경험을 상상해보면 가난한 사람들은 물론 전혀 그렇지 않은 사람들도 하나의 그림 안에서 볼 수 있다. 첫째, 그들은 경제적으로 연결돼 있다. 나의 언니는 지역 병원에서 일하는데 환자의 4분의 3이 메디케이드나 메디케어(Medicare, 65세 이상 노인을 위한 의료보험 제도-옮긴이) 대상자들이다. 병원은 정부로부터 환자 치료비를 받아 간호사인 언니에게 월급을 준다. 그녀가 받는 월급은 그녀의 가족을 위해 사용한다. 나는 주립대학에서 학생들을 가르친다. 내 월급의 일부는 주정부의 직접적인 지원금과 학생들이 등록금을 내기 위해 이용한 각종 대출금과 보조금을 통한 연방정부의 지원금에서 나온다. 내 급여는 생활비로 지출된다. SNAP 지원금을 받은 사람은 지역사회의 사람들을 고용한 식료품 상점에서 돈을 사용한다. 이런 사례는 정부 지원금의 합리적인 근거를 보여준다.

정부가 즉시 사용할 수 있는 돈으로 어떤 일에 대가를 지불하면 경기부양 효과가 있다. 나는 대부분의 사람들이 이런 사고방식을 진보주의자와 민주당 지지자와 연결한다는 것을 안다. 그러나 항상 그런 것은 아니다. 공화당 소속으로 2001년과 2008년에 대통령에 당선된 조지 W. 부시(Geoge W. Bush)는 세금 환급을 추진했다. 목적은 미국 가정에 직접 현금을 제공하여 가계 지출로 경기를 부양하는 것이었다. 내 기억으로는 300달러를 환급받았다. 이 돈이 인생을 바꾸지는 않지만 예상하지 않았던 수입이라 쉽게 사용할 수 있겠다는 생각이 들었다.

아마도 300달러가 큰 변화를 일으킬 것이라고 기대하는 것은 어리석을 것이다.

2008년 이 프로그램을 통해 정부는 1억2천8백만 가구에 1,580억 달러를 지급했다.[17] 각 가정에는 큰 금액이 아닐지 모르지만, 경제에 투입된 그 많은 돈은 대부분 곧장 지역사회에서 지출돼 그 당시로서는 상당한 의미가 있었다. 그 이유는 그 돈이 많은 사람의 손을 거쳐 사용됐기 때문이다. 그러나 부시의 세금 환급처럼 한 번의 정부 지원은 장기적으로 큰 변화를 만들어내지 못한다. 이런 측면에서 SNAP와 같이 정기적으로 돈을 지원하는 프로그램이 우리 모두에게 혜택을 준다.

SNAP 프로그램은 식료품 구입에만 사용할 수 있는 700억 달러를 매년 지원한다.[18] 이 프로그램의 지원대상자들은 경제적으로 빈곤한 탓에 지원금을 즉시 사용한다. 이것은 정부가 지역 식료품 상점에 수십 억 달러를 지원하는 효과가 있다. 식료품 상점은 직원들의 임금을 지급하고 그들은 자신의 월급으로 임대료를 내거나 자동차나 의복, 기타 소비재를 구입한다. 식료품 상점이 선반에 쌓아놓은 물품을 팔면 생산자로부터 더 많은 식료품을 주문하고, 그러면 생산자는 빵을 굽거나 토마토를 재배하는 데 필요한 원료가 더 많이 필요하게 된다. 이것을 경제학 용어로 '승수효과'라고 하는데, 가령 정부가 1달러를 지출할 때 1달러 이상의 부가 창출되는 현상을 말한다. 달러가 사람의 손을 많이 거칠수록 승수효과는 증가한다.

이 개념을 뒷받침하는 복잡한 수학 계산을 본 적이 있지만, 나는

사회적 공감

지출 가능한 돈	저축, 세금, 외국 지출 등을 통한 "사라진" 돈	다른 사람들에게 지급되어 그들이 지출 가능한 돈
$1,000	($200)	$800
$800	($200)	$600
$600	($200)	$400
$400	($200)	$200
$200	($200)	$0

〈표 8.1〉 승수효과

그것을 완전하게 설명할 능력이 부족하다. 〈표 8.1〉에 수학 계산의 매우 간단한 사례가 나와 있다. 정부가 한 사람에게 1,000달러를 주고 생활비로 사용하도록 했다고 가정하자. 이 돈의 일부는 세금이나 저축의 형태로 '사라지지만' 대부분은 지출된다. 나의 단순한 예에서 200달러가 사라지고 나머지가 지출된다. 최초의 지출이 이루어지면 다른 사람들은 1,000달러를 받은 사람에게서 800달러를 지불받는다. 그 다음 사람들은 600달러를 받는다. 이렇게 계속해서 0달러가 내려간다. 지출에 이용된 총금액을 합산하면(왼쪽 첫째 칸) 3,000달러가 되어 승수는 3이 된다. 최초의 1,000달러는 여러 사람의 손을 거치고 다른 사람들에 의해 지출돼 최초 금액의 3배에 달하는 경제적 효과를 창출한다. 이것이 승수효과다.

정부 지원금은 경기부양 효과를 발휘했다. 당신은 어느 정도는 좋다고 생각하겠지만 너무 많이 지원하면 사람들이 그냥 앉아서 아무것도 하지 않고 지원금이나 식료품 구입권만 모을 것이라고 생각할지도 모른다.

그럴까? 매년 1,500달러의 지원금과 매년 1,500달러어치의 식료품 구입권이 있으면 생계를 유지할 수 있고 아무것도 하지 않고 '실업수당을 받으며 살려고 할까?' 이런 수준의 '공짜 지원금'을 받게 되면, 일해서 돈을 벌어 물건을 사고 싶은 욕구로 얼마나 바뀔 것 같은지 스스로 생각해보라. 여전히 납득이 되지 않는가? 이러한 경제적 논증은 당신이 공공정책에 대한 사회 공감적 관점을 받아들이기에 충분하지 않을지도 모른다.

도덕적인 측면은 어떨까? 공감이 도덕적 행동과 높은 상관관계가 있다는 점을 기억하기 바란다. 도덕성은 미국사회가 소중히 여기는 것이다. 적어도 모든 종교는 이에 동의할 것이다. 사회적 불평등과 결핍은 도덕의 문제다. 당신은 아동 5명 중 1명이 가난 속에서 성장하는 나라에서 살고 싶은가? 흑인과 히스패닉계인 경우 3명의 아동 중 1명이 빈곤 속에서 성장한다. 우리는 빈곤한 가정에서 성장할 때 건강에 해로운 거주지의 물리적 박탈과 빈곤한 영양, 가족 스트레스 같은 문제가 많이 발생한다는 것을 알고 있다. 우리 중 가난하게 살고 싶은 사람이 얼마나 될까? 건강하지도 않고, 안전하지도 않은 빈곤한 삶을 선택하는 사람은 거의 없을 것이다.

연간 소득이 3인 가구 기준 약 4만 달러인 빈곤선의 두 배 이하인 유사(類似) 빈곤층이 수백 만 가정에 이른다. 백인 가정의 3분의 1, 그리고 흑인과 히스패닉 아동의 60%가 속한 가정은 이처럼 낮은 수준의 소득을 얻는다. 매우 가난한 아동도 있지만 더 많은 아동이 힘겨운 저소득층 가정에서 자란다. 왜 우리는 빈곤에 시달리는 가정에서

사회적 공감

어린 세대를 양육하기를 원할까? 비용이 너무 많이 들어 아이들을 돌볼 수 없는 것일까?

빈곤은 사회적 공감을 통해서 더 잘 이해할 수 있다. 빈곤은 무시할 수 없는 문제이며, 바뀔 수 있다. 사람들의 재정적 수단을 개선하면 효과가 있다는 증거가 있다. 빈곤과 싸우기 위한 가장 성공적인 정부 프로그램이 무엇인지 아는가? 사회보장이다. 사회보장제도의 퇴직수당, 장애수당, 유족수당, 메디케어를 통한 의료보험이 없다면 추가로 2천2백만 명이 빈곤하게 되어 가난한 사람이 13.5%에서 20.5%로 늘어날 것이다.[19] 사회보장제도가 복지와 다르다고 생각할지도 모른다. 사람들은 사회보장제도를 좋게 평가하고 이 제도를 일해서 얻은 권리라고 생각한다. 그들은 수당을 받기 위해서 보험금을 지불했기 때문이다.

오늘날 이것은 사실이지만 매달 복지수당과 의료보험을 통해 받은 금액은 사람들이 지불한 돈보다 더 많다. 오늘날 22세부터 일을 시작해 65세에 퇴직할 때까지 평균 임금을 받고 퇴직한 부부는 약 70만 달러의 세금을 내고 백만 달러 이상의 복지수당을 받게 된다.[20] 사람들은 사회보장제도를 강력하고 적극적으로 지지하기 때문에 국민의 한 사람으로서 많은 부담이 되더라도 그것을 받아들인다.

국민의 한 사람으로서 우리는 정책 결정으로 우리의 돈을 어디에 쓸 지를 지시한다. 또한 사람들이 사회의 일원이 되려고 얼마나 많은 돈을 지불해야 하는지, 즉 어떤 세금을 얼마나 많이 내야 하는지에 대해서도 정책적으로 결정을 한다. 가난한 사람들에게 더 많은 재원을 지출하지 않는 이유 중 하나는 지출 항목의 우선순위를 바꾸거나 조세로 더 많은 세금을 징수함으로써 예산을 변경해야 하기 때문이다. 어느 것도 정치적으로 쉽지 않지만, 국민의 한 사람으로서 우리는 선택을 해야 한다.

나는 가난한 사람들을 도울 수 있는 돈을 어디에서 찾아야 할 지에 대해 연구해왔다. 국가 예산에 대한 연구로 '조세 지출'이라는 것을 찾았는데, 특별 비과세, 특별 세액 공제, 특별 세액 면제를 통해 세금을 감면해주는 것을 말한다. 의회 합동세제위원회가 열거한 세제감면 조치를 헤아려 보니 200개 항목 이상이었고, 모든 우대조치가 없다면 세금으로 납부해야 할 금액은 총 1조 2천억 달러였다.[21] 이러한 세제 감면 조치 중 일부는 일반 사람들이 주택구입대출금의 이자를 내거나 자선 기부금을 낼 때 세제 감면을 받는 것처럼 일반적이다.

어떤 항목은 기업자산의 감가상각처럼 기업에게 혜택을 준다. 어떤 항목은 희귀 의약품 연구나 수목 육성을 위한 공제와 같이 더 특별하다. 이런 비과세 조치로 혜택을 보는 사람들은 일반적으로 그것을 우대조치로 생각하지 않는다. 그러나 각 우대조치는 정부에 납부해야 할 세금을 면제해주기 위한 의도적인 정책 결정이었다. 내가 말하고자 하는 요점은 사회적 공감으로 다른 사람들이 살아가는 삶의 상황을 보고, 또 타인의 입장에 서서 그들의 삶이 어떨지 상상해보면, 특별 세금공제가 가장 가난한 가정에 제공하는 추가 재원만큼 소중하지 않다고 생각할 수도 있다는 것이다.

실제로 2017년 가을, 의회가 조세정책을 토론하고 통과시킨 실제

정책은 어느 정도 이 점을 강조했다. 의원들은 일부 세액공제와 세액 면제 항목을 폐지하여 정부 수입을 늘리자고 주장했다. 그러나 이러한 추가 수입은 가난한 사람이나 의료보장을 위한 것이 아니라 최상위 소득계층과 기업들을 위한 것(이 두 집단을 위한 세금우대 조치로)이었다. 이 주장의 근거는 최상위 소득계층과 기업들이 추가 소득을 얻으면 일자리를 늘리고, 궁극적으로 새로운 일자리를 창출하게 된다는 것이었다. 그럴 수도 있겠지만, 이것은 시간이 걸리는 '낙수효과'를 발생시킨다.

이 용어는 그들의 주장을 뒷받침하는 경제이론이다. '낙수효과 이론'이라고 말하지만, 더 공식적으로는 '공급측면 경제학'이라고 부른다. 이는 공급자인 최상위 계층 사람들이 더 나아지면 그들이 창출한 이익이 다른 계층으로 전달된다는 것이다. 연방 의원들이 가장 궁핍한 사람들에게 더 많은 일자리와 지원을 제공하길 원했다면, 재원을 사용할 가능성이 가장 높은 사람들의 손에 그 재원을 제공하는 현재의 시스템으로 그에 따른 승수효과를 기대했을 것이다. 그 대신에, 이들은 효과가 나타나기까지 오랜 시간이 필요하다는 점과 그동안 경제상황의 불확실성을 고려할 때 효과가 매우 느린 불확실한 길을 선택했다.

학생들에게 말하고 있듯이, 공공정책은 사회적으로 구성되는 선택이다. 이런 정책은 바뀔 수 있다. 몇 가지 예를 들면, 역사에는 노예제 폐지, 모든 사람에게 부여된 투표권, 사회보장제도 시행, 메디케어와 메디케이드, 동성결혼 합법화와 같은 사례가 있다. 이러한 주요 정책의 변화는 이런 변화로 혜택을 받는 사람들의 삶에 대한 인식과 이해를 반영했다. 이것이 사회적 공감이다.

사회적 공감은 사회운동으로 이어질 수 있다

안타깝게도, 정책 결정자가 사회적 공감 능력을 갖기를 기다리는 것은 요원해 보인다. 그 대신 사회적 공감을 지닌 시민들이 정책 결정자가 다른 사람의 감정과 필요를 이해하도록 자신과 타집단을 대신하여 사회운동을 펼칠 수 있다. 1960년대 시민권 운동은 매우 분명한 사례다. 권력을 가진 사람들이 투표권과 시민보호를 보장하는 법률을 통과시키지 않는다며 압박하는 중대한 사회적 격변이 발생하자 시민권 정책들을 통과시켰다. 시민권 운동은 힘이 없고 억압당하는 지역에 사는 사람들의 삶의 모습에 사회적으로 공감하는 통찰로 나아가도록 했다.

오늘날 우리는 미투(Me Too)운동으로 권력을 가진 사람들이 저지른 용납할 수 없는 행동에 사람들이 크게 주목하는 것을 목격하고 있다. 이 운동은 피해를 당한 여성들의 목소리를 듣고 그들을 신뢰해야 한다는 신념에 기초한 것이다. 미투란 표현은 2006년부터 사용하기 시작했다. 그 당시 젊은 유색인종 여성을 위한 민권운동가 타라나 버크 Tarana Burke는 미투라는 용어를 만들어 그녀가 시작한 단체 저스트 비 (Just BE Inc)에서 사용했다. 나는 타라나가 이 단체의 웹사이트에 올린

이 용어가 공감적인 통찰을 보여준다고 생각한다.[22]

그녀는 어린 소녀가 성적 학대를 당한 일을 고백하는 말을 들으면서 자신의 경험을 떠올렸다. 타라나는 그 이야기를 듣기가 너무 힘들어 다른 사람에게 그 어린 소녀를 보냈다. 그녀가 고백하듯이, 그녀는 '나 역시 당했어'라고 차마 말할 수 없었다. 이때의 공감적 통찰은 타라나가 이 일에 인생을 바치도록 힘을 줬다. 여배우 앨리사 밀라노Alyssa Millano가 할리우드 제작자 하비 와인스타인Harvey Weinstein에 의한 성적 학대 혐의를 공개한 다음, 미투 이야기를 공유하겠다는 생각을 트위터에 밝혔을 때 사람들의 반응은 즉각적이고 대대적이었다. 수백만 명의 여성들이 트위터, 페이스북, 그리고 다른 소통수단으로 자신들의 이야기를 공유했고, 남성들도 동참했다.

아주 많은 여성들에게 일어난 이야기가 새로운 것은 아니다. 하지만 사람들이 이들을 신뢰한 것은 새로운 일이다. 사람들이 이들의 경험을 존중한 것은 물론 그들의 정서적 경험과 피해자라는 느낌을 공유했다. 이런 공감적 통찰의 표현이 권력자들과 함께 일한 사람들의 경험과 일하게 된 염원을 이해한다면, 사람들의 광범위한 이해가 개인적 이야기로 경험을 공유하고 역사적 맥락에서 깨달음을 얻게 될 것이다. 힘이 없는 사람들의 이야기를 듣고 지지하면 권력자들은 부하 직원들을 대하는 방식을 바꿀 수 있으며, 정책 입안 문제로까지 확대시킬 수 있다. 이런 방식으로 개인적 공감은 사회적 공감으로 이어진다.

마지막 한 가지

나는 학생들을 가르칠 때 그날의 '시사점'으로 마무리하길 좋아한다. 즉 '한 가지만 기억하고 싶다면 바로 이걸 명심하세요'라고 말한다. 이 책을 마치면서 꼭 간직하길 바라는 마음에서 시사점을 공유하고 싶다.

인간은 다른 사람의 감정을 공유하고 그들의 경험을 미러링할 수 있는 능력을 타고 났다. 타인의 감정을 무시할 수도, 개인적 사회적 차원에서 그것이 무슨 의미인지 생각해 볼 수도 있다. 생각을 하려면 노력이 필요하다. 어떤 느낌이 당신의 것이고 어떤 느낌이 다른 사람의 것인지 똑바로 인식하려면 능력이 필요하다. 다른 사람의 입장에 서서 그들의 삶을 상상해보는 것은 아주 신나는 일이 될 수도, 기진맥진한 일이 될 수도 있다. 그래서 자신의 감정을 돌보는 강한 능력이 필요하다. 또 사고의 폭을 넓혀 타인의 특이한 정체성을 형성한 역사적 경험이 어떠했는지 알아야 한다. 역사와 맥락도 중요하다. 이 모든 것을 이해하고 이해받는 것은 모두 공감이 있어야 한다. 공감은 인간을 독특한 존재로 만들고 하나의 인류 부족으로 통합시킨다. 서로 공감할 때 더 좋은 친구와 가족의 동반자가 되고, 다른 사람에 대한 두려움과 오해가 없어야 모든 계층 사람들과 교류가 가능하다.

더 나은 세상을 만들기 위해 사회적으로 더 공감하자는 나의 요청이 너무 순진하거나 단순할지도 모른다. 그런 비판은 흔쾌히 받아들인다. 하지만 우리 중 몇 사람만이라도 조금만 더 공감해도, 이것은

사회적 공감

다른 사람에게 영향을 미칠 것이다. 그 영향을 받아 더 공감하게 된 사람들이 또 다른 사람에게 영향을 줄 것이다. 이것이 공감의 역사다. 공감은 한 사람에게서 다른 사람에게로, 한 집단에서 다른 집단으로 퍼져나가 차이가 점점 희미해져 마침내 '그들'이 '우리'가 된다.

사회적 공감 교육

사회적 공감은 습득 가능한 능력이다. 어떤 사람들은 인생을 살아가는 동안 의식하지도 못한 채 공감을 배운다. 어떤 사람들은 사회적 공감을 자신의 세계관으로 통합하지 못한다. 사회적 공감에 낯선 사람들은 물론, 자신의 공감 능력을 더 발전시키려는 사람들은 다양한 훈련과 활용 방법으로 사회적 공감을 개선할 수 있다. 사회적 공감을 배우는 모든 방법을 충분히 다루려면 또 다른 책 한 권이 필요할 것이다. 배움을 위한 작은 발걸음의 일환으로, 내가 사회적 공감 학습 체계로 개발한 간단한 모델로 몇 가지 효과적인 방법을 설명하고자 한다.[1] 이 체계는 세 가지 단계로 이루어지며, 각 단계는 이전 단계의 기초 위에서 진행할 수 있다. 교육 목표는 자신을 새로운 사람과 상황에 노출하고 그들과 그들의 삶의 경험을 최대한 많이 배우는 것이다. 그리고 가능할 경우 자신을 다양한 문화와 상황, 위치에 놓는 단계를 밟는다.

소규모 사회적 공감 교육

다른 사람의 성장 경험이 자신과 어떻게 다른지 이해하는 것은 하나의 과제가 될 수 있다. 우리는 종종 다른 삶이 시작된 지점을 특권의

사회적 공감 학습을 위한 3단계

1단계: 노출
다른 사람들과 접촉한다는 목적을 갖고 새로운 사람을 만난다. 새롭거나 다른 문화를 경험할 수 있는 새로운 장소를 방문한다. 새롭거나 다른 사상이나 가치를 토론하고 생각한다.

2단계: 설명
당신과 다른 사람 간의 차이가 발생한 이유에 대해 배운다. 역사적으로 무슨 일이 일어났는가? 당신의 조상 그리고 조상의 역사를 다른 집단과 비교할 때 무엇이 다른가? 당신의 역사적 배경 중에 나타난 기회나 장애물 중에 다른 집단과 다르거나 같은 것은 무엇인가? 다른 집단은 어떤 기회를 경험했는가? 기회와 장애물에 대한 당신의 이해를 사실적으로 뒷받침하는 신뢰할만한 자료를 반드시 찾아보라.

3단계: 경험
다른 사람의 입장에서 바라보라. 당신이 계층, 인종, 문화, 젠더, 성 정체성, 연령, 출신 국가, 능력 면에서 다른 사람의 삶을 산다고 상상해보라. 그것을 실제 경험인 것처럼 느껴보라. 다른 사람의 삶이 왜, 어떻게 당신과 다른지 또는 비슷한지를 설명하는 2단계에서 배운 내용에 대해 생각해보라. 지난 역사에서 그 집단의 일원이 된다면 어떨까? 오늘날에는 어떤가? 현재 상황은 역사의 산물인가? 또는 역사에서 어떤 영향을 받았는가? 당신이 그 집단의 일원이라면 오늘날 당신의 삶은 어떻게 달라졌을까? 의미 있는 기간 동안 이런 차이를 실제로 직접 경험할 수 있는 방법을 찾아보라.

차이라고 부른다. 이 특권이라는 말은 어떤 집단이 다른 집단보다 자원과 기회를 더 많이 가진다는 뜻이다. 오늘날 특권에 대해 말할 때마다 사람들은 자신의 성장에 방어적인 태도를 갖는다. 특정 집단의 일원이 되는 것이 인생의 출발선에서 우리를 다른 사람보다 '앞에'

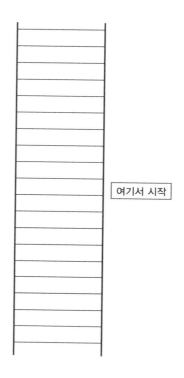

여기서 시작

〈그림 E.1〉 특권 사다리

또는 '뒤에' 둘 수 있다는 인식은 매우 충격적이다. 당신이 내게 자원과 기회가 조금 더 나은 집단에서 태어났다고 말하면, 나는 지금 내가 있는 곳을 조사해 나 자신의 노력으로 그곳에 도달했는지 또는 이전 세대에 속하는 다른 사람의 노력 덕분에 그랬는지 평가해야 한다. 내가 자원과 특권을 이용하지 못하도록 막는 장애물이 있는 집단에서 태어났다면 내 앞에는 무엇이 놓여있을까? 나는 항상 뒤쳐질 운명인가?

이것들은 미국에서 사회적·경제적 계층이 무슨 의미인지 연구하도록 요구하기 때문에 매우 날카로운 질문들이다. 미국인들은 모든 사람에게 기회가 주어지는 것을 자랑스러워한다. 그러므로 시작점에서의 모든 불공평은 미국적인 것이 아니다. 그러나 현실은 같은 지점에서 시작하지 않는다는 것이다. 일부 사람들은 부유한 부모 밑에서 태어나고, 일부는 가난한 부모 밑에서 태어난다. 일부는 공원, 도서관, 좋은 학교가 있는 동네에서 태어나고, 일부는 위험하고, 공원, 도서관, 좋은 학교도 없는 동네에서 태어난다. 사회적 공감 렌즈를 통해 삶의 시작점을 바라본다면, 우리 중 어떤 사람이 갖고 있는 것과 갖지 못한 것을 폭넓게 바라볼 수 있다.

내 수업에서는 이런 점을 이용하는 활동이 있다. 먼저 모든 학생에게 사다리가 그려진 종이 한 장을 나눠준다. 활동의 시작점은 사다리의 가운데 지점이다. 내가 질문을 던지고 대답에 따라 학생들은 사다리를 한 단계 올라가거나 내려간다.

질문에는 다음과 같은 내용이 포함된다. "만약 여러분이 안전한 동네에서 자랐다면 한 단계 올라가시오." "여러분의 조상이 미국에 강제로 끌려왔다면 한 단계 내려가시오." "여러분이 속한 인종이나 민족 때문에 괴롭힘을 당했다면 한 단계 내려가시오.", "여러분이 돈이나 자산을 상속받았다면 한 단계 올라가시오." 당신은 자신의 집단에 맞게 이런 질문을 만들 수 있다. 질문을 모두 마친 뒤 학생들의 최종 사다리 위치를 확인한다. 그런 다음 그것이 갖는 의미에 대해 토론한다.

이 활동은 원래 실제로 큰 방에서 사람들이 앞뒤로 한 계단씩 오가는 방식으로 이루어졌다.[2] 내가 그런 방식으로 활동하지 않게 된 것은 학생들이 앞뒤로 움직이는 것을 불편해했기 때문이다. 내가 개인적 공감을 사용했던 이 단계에서 학생들은 각기 다른 단계로 이동하는 모습을 지켜보고 각 사람에 대해 고정관념을 가질 수 있으며, 개인의 비밀이 보호되지 않기 때문이다. 나는 다른 사람이 보지 않도록 학생들 각자가 이 종이를 이용해 활동을 하는 것을 더 좋아한다. 이 활동의 목적은 인생의 출발 지점이 어디인지, 지금의 우리를 만든 아동기의 경험은 무엇인지에 대해 토론할 수 있는 문을 여는 것이다. 이로써 사람들이 살아온 삶의 역사적·맥락적 차이에 대해 토론이 시작된다.

박물관 방문

박물관은 공감을 키울 수 있는 매우 확실한 장소다. 전시물은 이미지나 실제 인공물을 이용해 만나본 적이 없는 사람들의 이야기를 들려준다. 우리의 마음과 몸은 사람들이 경험해온 것을 배울 때 본능적으로 공감하고, 아울러 공감의 모든 요소가 자극받는다. 사회학자 페기 레빗Peggy Levitt은《인공물과 충성: 박물관이 국가와 세계를 전시하는 방법Artifacts and Allegiances: How Museums Put the Nation and the World on Display》이라는 책에서 박물관이 사회에서 수행하는 역할과 전하는 메시지를 탐구한다.[3] 그녀는 자신이 인터뷰 한 많은 박물관 전문가들이 공유하는 관점 하나를 확인한다. "박물관은 공감과 호기심, 관용, 창의성, 비판적 사고를 고취할 수 있으며, 그렇게 해야 한다."[4] 나는 이 관점에 박

사회적 공감

수를 보낸다.

　나는 박물관이 개인적 공감과 사회적 공감의 요소와 관련된 능력을 향상시키는 힘이 있음을 입증할 수 있다. 2장에서 린치 행위에 관한 전시물이 아프리카계 미국인들이 미국에서 당한 경험들을 보여주는 역사적 시간과 사건들을 내가 깊이 이해하게 하는 계기가 됐다는 사실을 언급했다. 박물관은 지식인을 위한 고루한 장소이거나 식민지 토착 유물을 탈취한 사례로 종종 여겨진다. 그리고 레빗 박사의 책이 이런 주장을 더 잘 이해하는데 도움을 준다. 하지만 나는 다른 문화와 인종, 다른 시대 사람들의 경험에서 공감적 방식으로 생생하게 보여주는 박물관에서 경험한 가장 감동적인 순간을 잠시 공유하려고 한다.

　히로시마 평화 박물관에 가서 그곳에 투하된 원자폭탄으로 불탄 생존자의 사진을 보고 나는 원자폭탄의 공포를 실감했다. 나는 박물관에서 몇 시간을 보내는 동안 핵전쟁의 위험에 대해 학교에서 읽거나 배우고 또 내가 참석한 핵확산 반대 정치집회에서 얻는 것보다 더 많이 배웠다. 전통적인 생활방식을 없애려고 아메리카 인디언 아동을 기숙학교에 보내 "문명화"시키기 이전과 이후를 찍은 사진들이 피닉스의 허드(Heard) 박물관에 영구적으로 전시돼 있다. 내가 방문자들을 이곳에 데리고 가는 까닭은 그 사진들이 내가 학교에 다닐 동안 전혀 배운 적이 없는 억압의 역사를 보여주고, 이것이 토착 아메리카인들에게 어떤 의미인지 많은 것을 설명해주기 때문이다.

　나는 예루살렘의 홀로코스트 기념박물관인 야드 바셈(Yad Vashem)을 방문한 적이 있다. 유개화차와 포로수용소에 갇힌 사람들의 모습, 내 친척들의 사진 속에 있는 사람들과 비슷하게 닮은 얼굴들은 내 기억 속에 깊이 각인돼 있다. 다른 박물관들도 나를 깊이 감동시키고 다른 사람들의 삶을 가르쳐줬다. 애틀랜타 민권 박물관, 로스앤젤리스의 관용 박물관, 디에고 리베라Diego Rivera가 멕시코시티에서 그린 벽화, 남아공의 아파르트헤이트 박물관 등.

박물관 방문을 포함시킨 이유는 박물관이 타인들의 삶을 이해할 수 있는 확실한 방법을 제공하기 때문이다. 나는 특히 역사교과서에 나오지 않는 사람들의 이야기를 들려주는 박물관에 끌린다. 이런 박물관은 흔히 소규모이며 만들어진 지 오래되지 않았고 이미지를 이용하여 매우 감동적으로 이야기를 들려준다. 박물관 방문은 사회적 공감을 가르치는 수단이다. 때로는 전시물이 박물관에 소중하게 전시되기 전에 실제 상황으로 볼 수 있다.

1993년 나는 수백 장의 에이즈 퀼트(AIDS Quilt) 조각이 워싱턴 D.C. 광장에 넓게 펼쳐져 있는 것을 보았다. 각 조각은 친구와 가족이 에이즈로 사망한 사람들의 삶을 기억하고 추모하는 개인적인 이야기를 담고 있었다. 이 전시의 목적은 상세한 내용이나 정보를 알려주려는 것이 아니라 미국 전역에 퍼진 깊은 상실감을 보여주려는 것이었다. 그것은 에이즈로 죽은 사람들을 현실적인 사람으로 만들었고 에이즈를 '동성애자 암'중 하나에서 우리 모두가 관심을 가져야 할 대중적인 유행병으로 바꾸었다. 이것은 내가 박물관과 전시회 작품으로 공감한 이야기의 일부지만 나 혼자만의 경험이 아닐 것이다. 박물관 답사 여행에 박수를 보낸다. 실망스러운 것은 학교 예산이 빠듯해지면 박물관 답사 예산이 가장 먼저 축소된다는 사실이다.

책을 읽거나 영화관에 가라

책을 읽거나 영화관에 가라는 제안은 단순하고 분명하다. 그 이유는 효과가 있기 때문이다. 분명히 당신은 많은 책과 영화로 다른 사람의 삶을 들여다보고 생각할 기회를 가졌을 것이다. 우리에게 공감적 통찰을 제공한 책과 영화의 목록은 아주 많고 새로운 작품이 매일 추가된다. 나는 존 하워드 그리핀John Howard Griffin이 쓴 《블랙 라이트 미: 흑인이 된 백인 이야기Black Like Me》을 읽으며 느끼고 배운 것을 결코 잊지 못하기 때문에 책이 얼마나 강력한지 알고 있다. 다음은 약 10년 전에 특권에 관한 개인적 성찰을 기록한 짧은 글이다.

리즈의 기억:

내가 14살 때 영어수업 시간에 유일한 필독서가 있었다. 그 책은 존 하워드 그리핀의 이야기를 담은 《블랙 라이크 미》였다. 백인 언론인이 피부를 검게 만들고 6주 동안 아프리카계 미국인으로서 미국 남부지역을 여행하는 이야기다. 이 책은 그 당시 나에게 가장 깊은 영향을 미쳤고, 약 40년 동안 내 기억 속에 그 흔적이 남아 있다. 마치 내가 저자와 함께 있는 것처럼 증오와 차별에 대한 극도의 고통과 두려움을 느꼈기 때문에 사회적 불의에 대해 처음으로 극심한 분노에 떨었던 기억이 난다. 내 기억으로는 처음으로, 나는 다른 사람이 사회적 불의에 대해 느끼고 이해하는 것을 바로 즉시 느꼈다. 그 사회적 불의는 내가 백인으로서 누리는 특권에서 비롯된 것이었다.

나는 가정, 학교, 유대교 회당, 여름 캠프 등 거의 모든 시간을 백인 중산층 사람들 사이에서 보냈다. 나의 가족은 민권 운동에 적극적이었고, 나는 1963년 8월 워싱턴DC 링컨기념관 앞에서 행한 유명한 연설을 포함하여 마틴 루터 킹 목사가 연설하는 것을 두 번 들었다. 그러나 《블랙 라이크 미》를 읽을 때까지, 나는 인종차별주의와 백인의 특권에 대해 제대로 이해하지 못했던 듯하다. 나는 수업 토론, 활동, 아마도 독서 과제물로 제출했을 글짓기는 잘 기억나지 않는다. 그러나 이 책과 이 책이 내게 미친 영향은 생생하게 기억한다.[5]

수십 년 동안 삶에 지울 수 없는 흔적을 남기는 책이나 영화는 사회적 공감을 배울 수 있는 아주 강력한 방법이다.

대대적인 사회적 공감 교육

스토리텔링과 증언은 우리의 경험을 나누고 다른 사람의 말을 듣는 효과적인 방법이다. 이것은 많은 사람들을 대상으로 이루어지면 불의를 해결하는데 매우 강력한 효과를 발휘할 수 있다. 하지만 어떤 사람의 이야기를 하는 것은 오래된 상처를 드러내고 사람들에게 다시 깊은 상처를 줄 수 있기 때문에 세심하게 이루어져야 한다. 이런 이유로 대중적인 스토리텔링이나 증언 모임을 열 때는 많은 주의가 필요하다.

가해자와 피해자로부터 직접 들으면 당사자의 목소리를 들을 수 있을 뿐만 아니라 상대방의 입장이었다면 어떠했을까에 대해 이야기를 나누며 생각을 교류할 수 있다. 대규모적인 사회적 불의를 증언하고 해결책을 모색하는 가장 강력하고 대중적인 활동 중 하나는 진실과 화해위원회다. 이런 기관이나 위원회가 제시한 지침 덕분에 피해자와 가해자는 효과적으로 자신의 이야기를 나눌 수 있는 절차가 만들어졌다.[6] 지금은 종료했지만 미국에서 최초로 만들어진 진실과 화해 절차가 노스캐롤라이나 그린즈버러에서 열렸다. 1979년 5명의 반 KKK 시위대가 자위권을 주장한 KKK 단원들에게 살해됐다. 이어진 법정 소송은 지역주민들에게 정의에 대한 공감을 불러일으키지 못했고, 살인 사건에 대한 충분한 조사도 이루어지지 않았다. 지역주민들은 2005년 진실과 화해위원회를 만들어 청문회를 열었고 2006년 최종 보고서를 발표했다.

이것은 지역사회가 어떻게 고통스럽고 불의한 사건의 영향을 공적인 의사표현과 화해의 기회로 바꿀 수 있는지 보여주는 고무적인 사례다. 이 위원회 구성원은 무엇이 효과가 있고, 무엇이 그렇지 않은지에 매우 솔직하게 밝히고 있어 다른 지역에서도 그들의 경험을 따를 수 있다. 이 보고서의 요약 내용은 http://www.greensborotrc.org/exec_summary.pdf에 나와 있다.

증언과 스토리텔링은 권력자와 공적 정책 입안에 영향을 미칠 수 있는 위치에 있는 사람들에게 사람들의 경험을 알릴 수 있는 강력한 도구이기도 하다. 선출직 공무원 앞에서 증언하는 방법과 사람들의 이야기를 권력자들에게 들려주는 방법에 관한 정보는 많다. 가장 최근 자료 중 하나는 전직 의회 직원들이 개발한 〈나눌 수 없는 지침 indivisible Guide〉이며 https://www.indivisibleguide.com에서 이용할 수 있다.

지금까지의 내용은 다른 사람들이 살아가는 현실을 보여주고, 설명하고, 경험하는데 사용할 수 있는 몇 가지 방법일 뿐이다. 이런 단계를 이용하면 사회적 공감을 더 잘 실천할 수 있다. 사회적 공감과 사회적으로 더 공감하는 세계를 건설하는 방법에 대해 더 알고 싶다면 사회적 공감 센터(Social Empathy Center, http://www.socialempathy.org.)를 방문하기 바란다.

1장 공감이란 무엇인가?

1   Batson, C. D. (2011). These things called empathy: Eight related but distinct phenomena. In J. Decety and W. Ickes (Eds.), *The social neuroscience of empathy*, pp. 3–15. Cambridge, MA: MIT Press.

2   Coplan, A. (2011). Understanding empathy: Its features and effects. In A. Coplan and P. Goldie (Eds.), *Empathy: Philosophical and psychological perspectives*, pp. 3–18. New York: Oxford University Press.

3   Singer, T., and Decety, J. (2011). Social neuroscience of empathy. In J. Decety and J. T. Cacioppo (Eds.), *The Oxford handbook of social neuroscience*, pp. 551–64. New York: Oxford University Press.최근 들어 공감에 관한 신경과학 연구가 빠르게 발전하고 있다. 나는 이 책 전반에 걸쳐서 관련 신경과학 연구 내용을 최대한 포함시켰다. 공감의 실체를 확인하는 새로운 신경과학 연구를 정리한 추가 자료는 다음과 같다: Decety, J., and Jackson, P. L. (2004). The functional architecture of human empathy. *Behavioral and Cognitive Neuroscience Reviews* 3, 71–100; Decety, J., and Lamm C. (2006). Human empathy through the lens of social neuroscience. *The Scientific World Journal* 6, 1146–63; Decety, J. (2015). The neural pathways, development and functions of empathy. *Current Opinion in Behavioral Science* 3, 1–6; Singer and Decety 2011, pp. 551–64; Singer, T., and Lamm, C. (2009). The social neuroscience of empathy. *The Year in Cognitive Neuroscience 2009: Annals of the New York Academy of Science* 1156, 81–96.

4   공감'이라는 용어가 발전해온 역사는 Davis, M. H. (1996). *Empathy: A social psychological approach*. Boulder, CO: Westview Press에서 찾아볼 수 있다.

5   Hackney, H. (1978). The evolution of empathy. *Personnel and Guidance Journal* 57

(1), 35–38.

6 세계의 여러 문명과 인류 발전의 전반에 걸쳐 나타난 폭력의 역사를 추적한 자료로 Steven Pinker의 *The Better Angels of Our Nature: Why Violence Has Declined* (New York: Viking, 2011)을 추천한다. 핑커는 역사에 나타난 폭력의 규모와, 어떠한 사건과 사회체계가 폭력을 조장하거나 억제하는지를 자세히 기록했다.

7 de Waal, F. B. M. (2009). *The age of empathy: Nature's lessons for a kinder society*. New York: Random House.

8 de Waal 2009, p. 67.

9 Darwin, C. (1981). *The descent of man and selection in relation to sex*. Princeton, NJ: Princeton University Press.

10 Shermer, M. (2006). *Why Darwin matters: The case against intelligent design*. New York: Henry Holt. See particularly pp. 130–32.

11 Shermer 2006, p. 72.

12 물론, 이 책에서는 모든 형태의 사회적 성 표현과 생물학적 성 정체성을 가진 모든 인간을 의미한다. 그러나 다윈이 해당 단어를 사용한 의도를 보존하기 위해서 그가 사용한 편협한 의미의 성 용어를 그대로 둔다. 다윈은 '남자(man)'라는 단어를 모든 인간을 지칭하는 뜻으로 사용한다. 우리는 '남자(man)'를 전 인류를 의미하는 단어로 사용하지 않고, 또 이처럼 편협한 의미의 용어 사용을 거부함으로써 언어를 공감적으로 바꾸어 나가야 한다.

13 Shermer 2006, p. 106.

14 미러링에 관한 포괄적인 자료는 Marco Iacoboni의 *Mirroring people: The new science of how we connect with others* (New York: Farrar, Straus and Giroux, 2008)이다. 미러링에 관한 기초 연구는 이탈리아 신경과학자 Giacomo Rizzolatti에 의해 이루어졌다. 다음은 그의 해당 연구 자료이다.: Rizzolatti, G., Fabbri-Destro, M., and Cattaneo, L. (2009). Mirror neurons and their clinical relevance. *Nature Clinical Practice Neurology* 5 (1), 24–34; Rizzolatti, G., and Craighero, L. (2004). The mirror neuron system. *Annual Review of Neuroscience* 27, 169–92.

15 Müller, B. C. N., Maaskant, A. J., van Baaren, R. B., and Dijksterhuis, A. (2012). Prosocial consequences of imitation. *Psychological Reports* 110 (3), 891–98.

16 van Baaren, R., Holland, R. W., Kawakami, K., and van Knippenberg, A. (2004). Mimicry and prosocial behavior. *Psychological Science* 15 (1), 71–74.

17 Bowlby, J. (1969). *Attachment and loss*, Volume 1: *Attachment*. New York: Basic Books.

18 Mukulincer, M., and Shaver, P. R. (2015). An attachment perspective on prosocial attitudes and behavior. In D. A. Schroeder and W. G. Graziano (Eds.), *The Oxford handbook of prosocial behavior*, pp. 209–30. New York: Oxford University Press.

19 공감의 배후에 있는 뇌 생물학에 관한 더 자세한 논의는 2장의 공감 평가(Assessing Empathy)에서 나의 연구팀이 개인적 공감과 사회적 공감을 측정하는 도구를 개발할 때 수행한 연구에서 볼 수 있다. Segal, E. A., Gerdes, K. E., Lietz, C. A., Wagaman, M. A., and Geiger, J. M. (2017). *Assessing empathy*. New York: Columbia University Press. 공감의 신경과학적 측면의 일반적인 배경에 대해서는 Kilroy, E., and Aziz-Zadeh, L. (2017). Neuroimaging research on empathy and shared neural networks와 M. Kondo (Ed.), *Empathy: An evidence-based interdisciplinary perspective*, pp. 25–41. London: InTech Open Publishers을 보라.

20 정서적 반응에 대한 더 많은 정보를 Decety, J., and Skelly, L. R. (2014). The neural underpinnings of the experience of empathy: Lessons for psychopathy. In K. N. Ochsner and S. M. Kosslyn (Eds.), *The Oxford handbook of cognitive neuroscience*, Volume 2: *The cutting edges*, pp. 228–43. New York: Oxford University Press; Fonagy, P., Gergely, G., Jurist, E., and Target, M. (2004). *Affect regulation, mentalization, and the development of the self*. New York: Other Press을 보라.

21 정서에 대한 정신적 이해의 더 많은 정보는 Schnell, K., Bluschke, S., Konradt, B., and Walter, H. (2011). Functional relations of empathy and mentalizing: An fMRI study on the neural basis of cognitive empathy. *NeuroImage 54*, 1743–54을 보라.

22 자신과 타인에 대한 인식의 더 많은 정보는 Decety, J., and Sommerville, J. A. (2003). Shared representations between self and other: A social cognitive neuroscience view. *Trends in Cognitive Sciences* 7 (12), 527–33; Moran, J. M., Kelley, W. M., and Heatherton, T. F. (2014). Self-knowledge. In *The Oxford handbook of*

cognitive neuroscience, Volume 2: *The cutting edges*, 135–47을 보라.

23 정서전염과 공감의 차이에 대한 더 많은 정보는 Hatfield, E., Rapson, R. L., and Le, Y-C. L. (2011). Emotional contagion and empathy. In *The social neuroscience of empathy*, pp. 19–30; McCall, C., and Singer, T. (2013). Empathy and the brain. In S. Baron-Cohen, H. Tager-Flusberg, and M. V. Lombardo (Eds.), *Understanding other minds: Perspectives from developmental social neuroscience*, pp. 195–213. New York: Oxford University Press을 보라.

24 관점 수용에 대한 더 많은 정보는 Decety, J. (2005). Perspective taking as the royal avenue to empathy. In B. F. Malle and S. D. Hodges (Eds.), *Other minds: How humans bridge the divide between self and others*, pp. 143–57. New York: Guilford Press을 보라. Coplan (2011)은 자기중심적 관점 수용과 타인중심적 관점 수용의 차이를 훌륭하게 설명한다.

25 여기서 복지(welfare)라는 용어를 사용한 까닭은 이 단어가 일상 대화와 수업 등에서 흔히 사용되기 때문이다. 그러나 공공정책 연구자로서 내가 선호하는 용어는 공적 지원(public assistance)이다. 이 용어가 온갖 편견과 부정적인 연상을 일으키지 않으면서도 더 정확한 표현이다.

26 감정 조절에 대한 더 많은 정보는 Eisenberg, N., Smith, C. L., Sadovsky, A., and Spinrad, T. L. (2004). Effortful control: Relations with emotion regulation, adjustment, and socialization in childhood. In R. F. Baumeister and K. D. Vohs (Eds.), *Handbook of self-regulation: Research, theory, and applications*, pp. 259–82. New York: Guilford Press을 보라.

27 Zaki, J., and Ochsner, K. (2012). The neuroscience of empathy: Progress, pitfalls and promise. *Nature Neuroscience* 15 (5), 675–80.

28 Galinsky, A. D., Ku, G., and Wang, C. S. (2005). Perspective-taking and self-other overlap: Fostering social bonds and facilitating social coordination. *Group Processes and Intergroup Relations* 8 (2), 109–24.

29 Roan, L., Strong, B., Foss, P., Yager, M., Gelbach, H., and Metcalf, K. A. (2009). *Social perspective taking*. Technical Report 1259. Arlington, VA: U.S. Army Research Institute for the Behavioral Social Sciences.

30 공적 지원에 관한 자료는 의회(Congress)에 제출된 빈곤 가정을 위한 일시적 지원 프로그램에 관한 9차, 10차 보고서에 나온다. 이 자료는 미국 보건복지부 아동 및 가족 관리국 가족지원과에서 이용할 수 있다.   http://www.acf.hhs.gov/programs/ofa/resource-library/search?area[2377]=2377&type[3085]=3085.

31 Segal, E. A. (2006). Welfare as we should know it: Social empathy and welfare reform. In K. M. Kilty and E. A. Segal (Eds.), *The promise of welfare reform: Political rhetoric and the reality of poverty in the twenty-first century*, pp. 265–74. New York: Haworth Press.

32 Segal, E. A., and Kilty, K. M. (2003). Political promises for welfare reform. *Journal of Poverty* 7 (1–2), 51–67.

33 이 인용문은 법안이 통과된 날인 1996년 7월 31일에 기록된 1996년 연방의회 의사록 (142[115], H9493-9415)에서 직접 발췌한 것이다. 저널리스트 Jason DeParle는 복지 개혁을 둘러싸고 정치적으로 진행된 과정을 상세하게 설명하며 동시에 이런 변화가 세 가정의 삶을 직접적으로 어떻게 변화시키는지를 보여주는 흥미로운 책을 썼다.: DeParle, J. (2004). *American dream: Three women, ten kids, and a nation's drive to end welfare*. New York: Penguin. 이는 행동으로 나타난 사회적 공감의 한 예시이다.

34 Eisenberg, N. (2002). Distinctions among various modes of empathy-related reactions: A matter of importance in humans. *Behavioral and Brain Sciences* 25 (1), 33–34.

35 Davis, M. H. (1980). A multidimensional approach to individual differences in empathy. *JSAS Catalog of Selected Documents in Psychology* 10, 85; Davis, M. H. (1983). Measuring individual differences in empathy: Evidence for a multidimensional approach. *Journal of Personality and Social Psychology* 44 (1), 113–26.

36 Decety, J., and Lamm C. (2011). Empathy versus personal distress: Recent evidence from social neuroscience. In *The social neuroscience of empathy*, pp. 199-214.

37 그 당시 전 대통령 영부인이 일으킨 이 실수는 많은 구설수에 올랐으나, 마치 더 이상 공

적 영역에 소속되지 않는 여성을 예우하듯이 금세 사라졌다(하지만 그녀의 아들은 현직 대통령이었으며 허리케인 카트리나에 대한 연방정부의 대응과 관련된 문제로 비판을 받았다.). 이 이야기의 원본은 "Barbara Bush: Things working out 'very well' for poor evacuees from New Orleans," *Editor and Publisher*, September 5, 2005, http://www.editorandpublisher.com/news/barbara-bush-things-working-out-very-well-for-poor-evacuees-from-new-orleans 에서 찾을 수 있다. 이 이야기의 후속 기사는 "One year ago today: Barbara Bush's infamous remarks about Hurricane Katrina evacuees,"*Editor and Publisher*, September 5, 2006과 http://www.editorandpublisher.com/news/one-year-ago-today-barbara-bush-s-infamous-remarks-about-hurricane-katrina-evacuees 에 있다.

38 Selk, A. (February 4, 2018). "Paul Ryan celebrated the tax cut with a tweet about a secretary saving $1.50 a week," *Washington Post*. https://www.washingtonpost.com/news/the-fix/wp/2018/02/03/paul-ryan-celebrated-the-tax-cut-with-a-tweet-about-a-secretary-saving-1-50-a-week; Cochrane, E. (February 3, 2018). "Paul Ryan deletes tweet lauding a $1.50 benefit from the new tax law," *New York Times*. https://www.nytimes.com /2018/02/03/us/politics/paul-ryan-tweet.html.

39 Goetz, J. I., Keltner, D., and Simon-Thomas, E. (2010). Compassion: An evolutionary analysis and empirical review. *Psychological Bulletin* 136 (3), 351–74.

40 Singer and Lamm 2009, p. 84.

41 Bloom, P. (2016). *Against empathy: The case for rational compassion*. New York: HarperCollins.

42 Bloom 2016, p. 16.

43 Bloom 2016, p. 5.

2장 왜 공감이 필요한가?

1   John Bowlby는 애착이론의 창시자로 간주된다. 그 뒤 많은 연구가 이어졌으며, 종합적
    인 검토는 *Handbook of Attachment: Theory, Research, and Clinical Applications*,
    third edition, edited by J. Cassidy and P. R. Shaver (New York: Guilford Press,
    2016)에서 찾아볼 수 있다. 특히 "A lifespan perspective on attachment and care for
    others"라는 장은 공감과 애착의 관련성을 설명하는데 유용하다.

2   Mukulincer, M., and Shaver, P. R. (2015). An attachment perspective on prosocial
    attitudes and behavior. In D. A. Schroeder and W. G. Graziano (Eds.), *The Oxford
    handbook of prosocial behavior*, pp. 209–30. New York: Oxford University Press.

3   Decety, J., and Meyer, M. (2008). From emotion resonance to empathic
    understanding: A social developmental neuroscience account. *Development and
    Psychopathology* 20, 1053–80.

4   Nelson, C. A., Fox, N. A., and Zeanah, C. H. (2014). *Romania's abandoned children:
    Deprivation, brain development and the struggle for recovery*. Cambridge, MA:
    Harvard University Press.

5   Kim, S., and Kochanska, G. (2017). Relational antecedents and social implications
    of the emotion of empathy: Evidence from three studies. *Emotion* 17 (6), 981–92.

6   Batson, C. D., and Shaw, L. L. (1991). Evidence for altruism: Toward a pluralism of
    prosocial motives. *Psychological Inquiry* 2 (2), 107–22.

7   Hamilton, W. D. (1964). The genetic evolution of social behavior. *Journal of
    Theoretical Biology* 7 (parts 1 and 2), 1–52.

8   de Waal, F. B. M. (2008). Putting the altruism back into altruism: The evolution of
    empathy. *Annual Review of Psychology* 59, 279–300.

9   de Waal, F. B. M. (2012). The antiquity of empathy. *Science* 336, 874–76.

10   타자성의 의미와 타자성에 관한 자세한 논의에 대해서는 3장을 보라.

11   Stone, B. L. (2008). The evolution of culture and sociology. *American Sociologist*
    39 (1), 68–85.

12   umble, A. C., Van Lange, P. A. M., and Parks, C. (2010). The benefits of empathy:

When empathy may sustain cooperation in social dilemmas. *European Journal of Social Psychology* 40, 856–66.

13 Young, L., and Waytz, A. (2013). Mind attribution is for morality. In S. Baron-Cohen, H. Tager-Flusberg, and M. V. Lombardo (Eds.), *Understanding other minds*, pp. 93–103. New York: Oxford University Press.

14 Hoffman, M. L. (2000). *Empathy and moral development: Implications for caring and justice*. Cambridge, UK: Cambridge University Press (다중 공감에 대해서는 24페이지에서 찾을 수 있다); Hoffman, M. L. (2011). Empathy, justice, and the law. In A. Coplan and P. Goldie (Eds.), *Empathy: Philosophical and psychological perspectives*, pp. 230–54. New York: Oxford University Press

15 도덕성과 공감에서의 안타까운 실패에 대한 내용을 알고 싶다면 Ortiz, E., and Lubell, B. (May 9, 2017). "Penn State fraternity death." NBC News. http://www.nbcnews.com/news/us-news/penn-state-fraternity-death-why-did-no-one-call-911-n756951. The full story is also recounted in Flanagan, C. (2017). A death at Penn State. *The Atlantic*, 320 (4), 92–105를 보라.

16 이것들은 내가 발견이야기 중 몇몇에 지나지 않는다: Boroff, D. (April 21, 2014). "Texas boy used money he raised for PS4 to buy 100 smoke detectors." *New York Daily News*. http://www.nydailynews.com/news/national/boy-money-raised-ps4-buy-smoke-detectors-article-1.1763469; World Bank. (November 11, 2014). "Children helping other children." https://www .youtube.com/watch?v=Z5p5mHB3dy8; ABC News. (November 27, 2014). "Disney's CitizenKid highlights children doing good." https://www.youtube .com/watch?v=lcYvVgcWINw.

17 Hauser, D. J., Preston, S. D., and Stansfield, R. B. (2013). Altruism in the wild: When affiliative motives to help positive people overtake empathic motives to help the distressed. *Journal of Experimental Psychology* 143 (3), 1295–1305.

18 Aknin, L. B., Hamlin, J. K., and Dunn, E. W. (2012). Giving leads to happiness in young children. *PLos ONE* 7 (6), e39211, 1–4. 초기 연구는 사회친화적인 돕는 행동이 인생 초기에 시작된다는 것을 보여준다. See Warneken, F., and Tomasello, M.

(2007). Helping and cooperation at 14 months of age. *Infancy* 11, 271–94.

19   Ali, R. M., and Bozorgi, Z. C. (2016). The relationship of altruistic behavior, empathetic sense, and social responsibility with happiness among university students. *Practice in Clinical Psychology* 4 (1), 51–56.

20   Helliwell, J., Layard, R., and Sachs, J. (2017). *World happiness report 2017*. New York: Sustainable Development Solutions Network.

21   Hampton, K. N. (2016). Why is helping behavior declining in the United States but not in Canada?: Ethnic diversity, new technologies, and other explanation. *City and Community* 15 (4), 380–99.

22   an der Meer, T., and Tolsma, J. (2014). Ethnic diversity and its effects on social cohesion. *Annual Review of Sociology* 40, 459–78.

23   van der Meer 와 Tolsma의 연구(2014)는 서구 유럽 국가들을 포함한다. 이들은 해당 국가들의 이민자에 대한 태도가 미국보다는 캐나다와 더 유사함을 알아냈으며, 이것이 미국 역사의 독특성과 노예제도의 유물로부터의 영향에 대한 연구 결과를 강화한다고 하였다. 그들의 연구 발표 이후, 서구 유럽 국가들은 이민자와 이민 2세대가 주로 구성된 테러범들의 표적이 되었다. 이러한 테러사건들의 영향으로 우리는 향후 연구에서 다문화주의와 다양성에 대한 태도가 바뀌는 것을 볼 수 있을지도 모른다.

24   Rifkin, J. (2009). *The empathic civilization: The race to global consciousness in a world in crisis*. New York: Penguin.

25   Rifkin 2009, p. 197.

26   Pinker, S. (2011). *The better angels of our nature: Why violence has declined*. New York: Viking.

27   Equal Justice Initiative. (2015). *Lynching in America: Confronting the legacy of racial terror*, 2nd ed. Montgomery, AL: Author.

28   Taylor Dumpson의 편지를 읽어보라: http://www.ausg.org/ausg_president_taylor_dumpson_statement_racist_incident.

29   Takaki, R. (2008). *A different mirror: A history of multicultural America*, rev. ed. New York: Back Bay Books/Little, Brown, p. 82에서 인용되었다.

30   의회와 대통령 Jackson에 의한 실제적 법률 그리고 이에 동반되는 정당화에 대한 의

회 도서관의 사이트를 보라. https://www.loc.gov/rr/program/bib/ourdocs/Indian. html.

31 Lim, D., and DeSteno, D. (2016). Suffering and compassion: The links among adverse life experiences, empathy, compassion, and prosocial behavior. *Emotion* 16 (2), 175–82.

32 Benard, B. (2004). *Resiliency: What we have learned*. San Francisco, CA: WestEd.

33 Lietz, C. A. (2011). Empathic action and family resilience: A narrative examination of the benefits of helping others. *Journal of Social Service Research* 37 (3), 254–65.

34 Righetti, F., Gere, J., Hofmann, W., Visserman, M. L., and Van Lange, P. A. M. (2016). The burden of empathy: Partners' responses to divergence of interests in daily life. *Emotion* 16 (5), 684–90.

35 Manczak, E. M., DeLongis, A., and Chen, E. (2016). Does empathy have a cost? Diverging psychological and physiological effects within families. *Health Psychology* 35 (3), 211–18.

36 Covell, C. N., Huss, M. T., and Langhinrichsen-Rohling, J. (2007). Empathic deficits among male batterers: A multidimensional approach. *Journal of Family Violence* 22 (3), 165–74.

37 Gini, G., Albiero, P., Benelli, B., and Altoe, G. (2008). Determinants of adolescents' active defending and passive bystanding behavior in bullying. *Journal of Adolescence* 31, 93–105.

38 Elsegood, K. J., and Duff, S. C. (2010). Theory of mind in men who have sexually offended against children. *Sexual Abuse: A Journal of Research and Treatment* 22 (1), 112–31.

39 Baron-Cohen, S. (2011). *The science of evil: On empathy and the origins of cruelty*. New York: Basic Books.

40 Glick, P. (2008). When neighbors blame neighbors: Scapegoating and the breakdown of ethnic relations. In V. M. Esses and R. A. Vernon (Eds.), *Explaining the breakdown of ethnic relations*, pp. 123–46. Malden, MA: Blackwell.

사회적 공감

41 Almeida, P. R., Seixas, M. J., Ferreira-Santos, F., Vieira, J. B., Paiva, T. O., Moreira, P. S., and Costa, P. (2015). Empathic, moral and antisocial outcomes associated with distinct components of psychopathy in healthy individuals: A triarchic model approach. *Personality and Individual Differences* 85, 205–11.

3장 아주 중요한 공감이 왜 그렇게 어려울까?

1 Lamm, C., Meltzoff, A. N., and Decety, J. (2009). How do we empathize with someone who is not like us? A functional magnetic resonance study. *Journal of Cognitive Neuroscience* 22 (2), 362–76.
2 2장의 혈연선택에 관한 내용을 기억하라.
3 Tajfel, H. (1970). Experiments in intergroup discrimination. *Scientific American* 223 (5), 96–102; Tajfel, H., Billig, M., Bundy, R., and Flament, C. (1971). Social categorization and intergroup behavior. *European Journal of Social Psychology* 1 (2), 149–78; Billig, M., and Tajfel, H. (1973). Social categorization and similarity in intergroup behavior. *European Journal of Social Psychology* 3 (1), 27–52.
4 Brewer, M. B. (1979). In-group bias in the minimal intergroup situation: A cognitive motivational analysis. *Psychological Bulletin* 86 (2), 307–24.
5 Brown, L. M., Bradley, M. M., and Lang, P. J. (2006). Affective reactions to pictures of ingroup and outgroup members. *Biological Psychology* 71, 303–11; Gutsell, J. N., and Inzlicht, M. (2012). Intergroup differences in the sharing of emotive states: Neural evidence of an empathy gap. *Social Cognitive and Affective Neuroscience* 7, 596–603; Mathur, V. A., Harada, T., Lipke, T., and Chiao, J. Y. (2010). Neural basis of extraordinary empathy and altruistic motivation. *Neuroimage* 51, 1468–75; O'Brien, E., and Ellsworth, P. C. (2012). More than skin deep: Visceral states are not projected onto dissimilar others. *Psychological Science* 23 (4), 391–96; Molenberghs, P. (2013). The neuroscience of in-group-bias. *Neuroscience and Biobehavioral Reviews* 37, 1530–36; Molenberghs, P., and Morrison, S. (2014). The

role of the medial prefrontal cortex in social categorization. *Social Cognitive and Affective Neuroscience* 9, 292–96.

6   Cikara, M., and Van Bavel, J. J. (2014). The neuroscience of intergroup relations: An integrative review. *Perspectives on Psychological Science* 9 (3), 245–74.

7   Eres, R., and Molenberghs, P. (2013). The influence of group membership on the neural correlates involved in empathy. *Frontiers in Human Neuroscience* 7 (article 176), 1–6; Meyer, M. L., Masten, C. L., Ma, Y., Wang, C., Shi, Z., Eisenberger, N. I., and Han, S. (2013). Empathy for the social suffering of friends and strangers recruits distinct patterns of brain activation. *Social Cognitive and Affective Neuroscience* 8 (4), 446–54.

8   Swann, W. B., Jetten, J., Gomez, A., Whitehouse, H., and Bastian, B. (2012). When group membership gets personal: A theory of identity fusion. *Psychological Review* 119 (3), 441–56.

9   Pew Research Center. (2016). "Sharp differences over who is hurt, helped by their race." http://www.pewresearch.org/fact-tank/2016/07/18/sharp-differences-over-who-is-hurt-helped-by-their-race.

10   LeBron James's NBA press conference—first question asked— https://www.youtube.com/watch?v=ogUhRjYYAJs의 2분 30초 구간.

11   Alexander, M. (2012). *The new Jim Crow: Mass incarceration in the age of colorblindness*. New York: New Press.

12   Alexander 2012, pp. 243–44.

13   Eres, R., and Molenberghs, P. (2013). The influence of group membership on the neural correlates involved in empathy. *Frontiers in Human Neuroscience* 7 (article 176), 1–6.

14   Avenanti, A., Sirigu, A., and Aglioti, S. M. (2010). Racial bias reduces empathic sensorimotor resonance with other-race pain. *Current Biology* 20, 1018–22.

15   Gutsell, J. N., and Inzlicht, M. (2012). Intergroup differences in the sharing of emotive states: Neural evidence of an empathy gap. *Social Cognitive and Affective Neuroscience* 7, 596–603.

16   Chiao, J. Y., and Mathur, V. A. (2010). Intergroup empathy: How does race affect empathic neural responses? *Current Biology* 20, R478–R80.

17   Tajfel, H. (1970). Experiments in intergroup discrimination. Scientific American 223 (5), 96–102; Cikara, M., and Van Bavel, J. J. (2014). The neuroscience of intergroup relations: An integrative review. *Perspectives on Psychological Science* 9 (3), 245–74.

18   Kurzban, R., Tooby, J., and Cosmides, L. (2001). Can race be erased? Coalitional computation and social categorization. *Proceedings of the National Academy of Sciences* 98 (26), 15387–92; Van Bavel, J. J., and Cunningham, W. A. (2009). Self-categorization with a novel mixed-race group moderates automatic social and racial biases. *Personality and Social Psychology Bulletin* 35 (3), 321–35.

19   Decety, J., Echols, S., and Correll, J. (2009). The blame game: The effect of responsibility and social stigma on empathy for pain. *Journal of Cognitive Neuroscience* 22 (5), 985–97.

20   1980년대와 1990년대 동안 논의 대상이었던 에이즈와 공공정책에 대한 전체 역사에 대해서는, Shilts, R. (1987). *And the Band Played On*. New York: Penguin를 보라. 이 것은 HBO 영화로도 제작됐다.

21   Hobson, N. M., and Inzlicht, M. (2016). The mere presence of an outgroup member disrupts the brain's feedback-monitoring system. *Social Cognitive and Affective Neuroscience* 11 (11), 1698–1706.

22   Lotz-Schmitt, K., Siem, B., and Sturmer, S. (2015). Empathy as a motivator of dyadic helping across group boundaries: The dis-inhibiting effect of the recipient's perceived benevolence. *Group Processes and Intergroup Relations* 20 (2), 1–27.

23   Pinker, S. (2011). *The better angels of our nature: Why violence has declined*. New York: Viking.

24   Harris, L. T., and Fiske, S. T. (2006). Dehumanizing the lowest of the low: Neuroimaging responses to extreme out-groups. *Psychological Science* 17 (10), 847–53.

25 Glick, P. (2005). Choice of scapegoats. In J. F. Dovidio, P. Glick, and L. A. Rudman (Eds.), *On the nature of prejudice: 50 years after Allport*, pp. 244–61. Malden, MA: Blackwell; Glick, P. (2008). When neighbors blame neighbors: Scapegoating and the breakdown of ethnic relations. In V. M. Esses and R. A. Vernon (Eds.), *Explaining the breakdown of ethnic relations*, pp. 123–46. Malden, MA: Blackwell; Glick, P., and Paluck, E. L. (2013). The aftermath of genocide: History as a proximal cause. *Journal of Social Issues* 69 (1), 200–208.

26 Staub, E. (2015). The roots of helping, heroic rescue and resistance to and the prevention of mass violence: Active bystandership in extreme times and in building peaceful societies. In D. A. Schroeder and W. G. Graziano (Eds.), *The Oxford handbook of prosocial behavior*, pp. 693–717. New York: Oxford University Press

27 Cikara, M., Bruneau, E., Van Bavel, J. J., and Saxe, R. (2014). Their pain gives us pleasure: How intergroup dynamics shape empathic failures and counter-empathic responses. *Journal of Experimental Social Psychology* 55, 110–25.

28 Fox, G. R., Sobhani, M., and Aziz-Zadeh, L. (2013). Witnessing hateful people in pain modulates brain activity in regions associated with physical pain and reward. *Frontiers in Psychology* 4 (article 772), 1–13.

29 이 연구들은 Baumeister, R. F. (1997). *Evil inside human violence and cruelty.* New York: Holt Paperbacks에서 충분히 논의된다.

30 See Baumeister 1997, pp. 211–12.

31 Grossman, D. (2009). *On killing: The psychological cost of learning to kill in war and society*, rev. ed. New York: Little, Brown.

32 Grossman 2009, p. 161.

33 Saguy, T., Szekeres, H., Nouri, R., Goldenberg, A., Doron, G., Dovidio, J. F., Yunger, C., and Halperin, E. (2015). Awareness of intergroup help can rehumanize the out-group. *Social Psychological and Personality Science* 6 (5), 551–58.

34 Jones, R. P. (2015). *The end of white Christian America*. New York: Simon &

사회적 공감

Schuster.

35 Shretha, L. B., and Heisler, E. J.(2011). *The changing demographic profile of the United States*. Washington, DC: Congressional Research Sevice.

36 Pew Research Center는 여론조사에서 2004년 당시 미국인의 동성결혼 지지율이 31%였던 것에 비해 2017년에는 62%가 동성결혼을 지지한다는 결과를 내었다. Pew Research Center. (June 26, 2017). "Support for same-sex marriage grows, even among groups that had been skeptical." http://www.people-press.org/2017/06/26/support-for-same-sex-marriage-grows-even-among-groups-that-had-been-skeptical.

37 Public Religion Research Institute. (April 20, 2015). "Attitudes on—same-sex marriage in every state." http://www.prri.org/spotlight/map-every-states-opinion-on-same-sex-marriage.

38 2012년 대통령 선거의 주별 투표 결과를 알고 싶으면 http://www.270towin.com 을 보라

39 U.S. Bureau of Labor Statistics. (2014). BLS Report No. 1052. *Women in the labor force: A databook*.

40 Newport, F. (December 23, 2016). "Five key findings on religion in the U.S." http://news.gallup.com/poll/200186/five-key-findings-religion.aspx.

41 Pew Research Center. (August 18, 2016). "Clinton, Trump supporters have starkly different views of a changing nation." http://www.people-press.org/2016/08/18/clinton-trump-supporters-have-starkly-different-views-of-a-changing-nation.

42 Kraus, M. W., Cote, S., and Keltner, D. (2010). Social class, contextualism, and empathic accuracy. *Psychological Science* 21 (11), 1716–23; DeTurk, S. (2001). Intercultural empathy: Myth, competency, or possibility for alliance building? *Communication Education* 50, 374–84.

43 Daily Kos. (n.d.). "2012 election results." http://images.dailykos.com/images/146419/lightbox/Intro2.png?1433260066

44 Stephan, W. G. (2014). Intergroup anxiety: Theory, research, and practice.

Personality and Social Psychology Review 18 (3), 239–55.

45 Turner, R. N., Hewstone, M., Voci, A., Paolini, S., and Christ, O.(2007). Reducing prejudice via direct and extended cross-group friendship. *European Review of Social Psychology* 18, 212–55.

46 Vezzali, L., Hewstone, M., Capozza, D., Trifiletti, E., and Di Bernardo, G. A. (2017). Improving intergroup relations with extended contact among young children: Mediation by intergroup empathy and moderation by direct intergroup contact. *Journal of Community and Applied Social Psychology* 27, 35–49.

47 2017년 8월 11~12일 버지니아 주 살러츠빌에서 일어난 사건에 대해서는 Heim, J. (August 14, 2017). "Recounting a day of rage, hate, violence, and death." *Washington Post.* https://www.washingtonpost.com/graphics/2017/local/charlottesville-timeline/?utm 을 보라.

48 간략한 역사를 알고 싶다면 United States Holocaust Memorial Museum. (n.d.). "Kristallnacht." https://www.ushmm.org/wlc/en/article.php?ModuleId=10005201 을 보라.

4장 권력과 정치는 공감의 장애물인가?

1 Fiske, S. T. (1993). Controlling other people: The impact of power on stereotyping. *American Psychologist* 48, 621–28.

2 Sturm, R. E., and Antonakis, J. (2015). Interpersonal power: A review, critique, and research agenda. *Journal of Management* 41 (1), 136–63.

3 Cited in Corn, D. (October 19, 2016). "Donald Trump is completely obsessed with revenge." *Mother Jones.* http://www.motherjones.com/politics/2016/10/donald-trump-obsessed-with-revenge.

4 Conover, C. (April 1, 2014). "Senate passes latest version of budget, veto threats arise." *Arizona Public Media.* https://news.azpm.org/s/17941-senate-passes-budget-again.

5   Obama, B. (May 1, 2009). "White House press conference." http://www. whitehouse.gov/the-press-office/press-briefing-press-secretary-robert-gibbs-5-1-09.

6   Christophersen, J. (April 9, 2013). "Obama's empathy rule: Alive and well in the second term." *National Review.* http://www.nationalreview.com/bench-memos/345108/obamas-empathy-rule-alive-and-well-second-term-james-christophersen.

7   Pew Research Center.(September 18, 2014). *Teaching the children: Sharp ideological differences, some common ground.*

8   Dodd, M. D., Hibbing, J. R., and Smith, K. B. (2011). The politics of attention: Gaze-cuing effects are moderated by political temperament. *Attention, Perception, and Psychophysics* 73 (1), 24-29.

9   Amodio, D. M., Jost, J. T., Master, S. L., and Yee, C. M. (2007). Neurocognitive correlates of liberalism and conservatism. *Nature Neuroscience* 10, 1246-47.

10   Alford, J. R., Funk, C. L., and Hibbing, J. R. (2005). Are political orientations genetically transmitted? *American Political Science Review* 99 (2), 153-67.

11   Block, J., and Block, J. H. (2006). Nursery school personality and political orientation two decades later. *Journal of Research in Personality* 40, 734-49.

12   Jost, H. T., Glaser, J., Kruglanski, A. W., and Sulloway, F. J. (2003). Political conservatism as motivated social cognition. *Psychological Bulletin* 129 (3), 339-75.

13   Napier, J. L., Huang, J., Vonasch, A. J., and Bargh, J. A. (2018). Superheroes for change: Physical safety promotes socially (but not economically) progressive attitudes among conservatives. *European Journal of Social Psychology* 48 (2), 187-95.

14   Chiao, J. Y., Mathur, V. A., Harada, T., and Lipke, T. (2009). Neural basis of preference for human social hierarchy versus egalitarianism. *Annals of the New York Academy of Sciences* 1167, 174-81.

15   Sherman, G. D., Lerner, J. S., Renshon, J., Ma-Kellams, C., and Joel, S. (2015).

Perceiving others' feelings: The importance of personality and social structure. *Social Psychological and Personality Science* 6 (5), 559–69.

16 Sidanius, J., Kteily, N., Sheehy-Skeffington, J., Ho, A. K., Sibley, C., and Duriez, B. (2013). You're inferior and not worth our concern: The interface between empathy and social dominance orientation. *Journal of Personality* 81 (3), 313–23.

17 Chen, S., Lee-Chai, A. Y., and Bargh, J. A. (2001). Relationship orientation as a moderator of the effects of social power. *Journal of Personality and Social Psychology* 80 (2), 173–87.

18 Fiske, S. T. (1993). Controlling other people: The impact of power on stereotyping. *American Psychologist* 48, 621–28, p. 624.

19 Hogeveen, J., Inzlicht, M., and Obhi, S. S. (2014). Power changes how the brain responds to others. *Journal of Experimental Psychology* 143 (2), 755–62.

20 van Kleef, G. A., Oveis, C., van der Lowe, I., LuoKogan, A., Goetz, J., and Keltner, D. (2008). Power, distress, and compassion: Turning a blind eye to the suffering of others. *Psychological Science* 19 (12), 1315–22.

21 Guinote, A. (2007a). Power affects basic cognition: Increased attentional inhibition and flexibility. *Journal of Experimental Social Psychology* 43, 685–97 (지엽적인 정보라는 용어는 694페이지에서 찾을 수 있다); Guinote, A. (2007b). Power and goal pursuit. *Personality and Social Psychology Bulletin* 33, 1076–87.

22 Smith, P. K., and Trope, Y. (2006). You focus on the forest when you're in charge of the trees: Power priming and abstract information processing. *Journal of Personality and Social Psychology* 90, 578–96; Smith, P. K., Jostmann, N. B., Galinsky, A. D., and van Dijk, W. W. (2008). Lacking power impairs executive functions. *Psychological Science* 19, 441–47.

23 Galinsky, A. D., Magee, J. C., Inesi, M. E., and Gruenfeld, D. H. (2006). Power and perspectives not taken. *Psychological Science* 17 (12), 1068–74.

24 Lammers, J., Galinsky, A. D., Dubois, D., and Rucker, D. D. (2015).Power and morality. *Current Opinion in Psychology* 6, 15–19.

25 Galinsky, A. D., Gruenfeld, D. H., Magee, J. C. (2003). From power to action.

Journal of Personality and Social Psychology 85 (3), 453–66

26   Lammers, J., Stoker, J. I., Jordan, J., Pollmann, M., and Stapel, A. (2011). Power increases infidelity among men and women. *Psychological Science* 22 (9), 1191–97.

27   Piff, P. K., Stancato, D. M., Cote, S., Mendoza-Denton, R., and Keltner, D. (2012). Higher social class predicts increased unethical behavior. *Proceedings of the National Academy of Sciences* 109 (11), 4086–91.

28   Van Kleef, G. A., Oveis, C., Homan, A. C., van der Lowe, I., and Keltner, D. (2015). Power gets you high: The powerful are more inspired by themselves than by others. *Social Psychological and Personality Science* 6 (4), 472–80, p. 478.

29   Boksem, M. A. S., Smolders, R., and De Cremer, D. (2012). Social power and approach-related neural activity. *Social Cognitive and Affective Neuroscience* 7 (5), 516–20.

30   Dubois, D., Rucker, D. D., and Galinsky, A. D. (2015). Social class, power, and selfishness: When and why upper and lower class individuals behave unethically. *Journal of Personality and Social Psychology* 108 (3), 436–49.

31   Guinote 2007b.

32   Obama, B. (2006). *The audacity of hope*. New York: Random House, p. 66.

33   Hoffman, M. L. (2011). Empathy, justice, and the law 에서 인용. In A. Coplan and P. Goldie (Eds.), *Empathy: Philosophical and psychological perspectives*, pp. 231–54. New York: Oxford University Press. p. 239를 보라.

34   Segal, E. A. (1995). Frances Perkins. In F. N. Magill (Ed.), *Great lives from history: American women*, pp. 1438–42. Pasadena, CA: Salem Press.

35   Leuchtenburg, W. E. (1963). *Franklin D. Roosevelt and the New Deal*. New York: Harper & Row, p. 131.

36   시민권 운동의 역사와 마틴 루터 킹 주니어의 생애에 관해 더 많은 내용을 알 수 있는 좋은 자료는 Taylor Branch가 쓴 3부작이다. 첫 번째 책은 워싱턴 행진으로 이어진 일련의 사건의 배경과 일지를 제공한다. Branch, T. (1988). *Parting the waters: America in the King years*, 1954–1963. New York: Simon & Schuster; Branch,

T. (1998). *Pillar of fire: America in the King years*, 1963–1965. New York: Simon & Schuster; Branch, T. (2006). *At Canaan's edge: America in the King years*, 1965–1968. New York: Simon & Schuster.

37 마틴 루터 킹 주니어의 유명한 연설 "나는 꿈이 있습니다"는 오늘날에도 여전히 강력한 설득력을 가진다. 아직 보지 못했다면 15분짜리 영상 https://www.youtube.com/watch?v=smEqnnklfYs&feature=youtu.be 에서 YouTube의 시청과 https://www.archives.gov/files/press/exhibits/dream-speech.pdf 의 연설문을 읽어보기를 강력히 추천한다.

38 Mills, N. (2006). Hurricane Katrina and Robert Kennedy. *Dissent Magazine* 53 (2), 5–6.

39 Schmid Mast, M., and Darioly, A. (2014). Emotion recognition accuracy in hierarchical relationships. *Swiss Journal of Psychology* 73 (2), 69–75.

40 Lerer, L. (December 28, 2016). "Trump adopting same behavior he criticized Clinton for." *Chicago Tribune*. http://www.chicagotribune.com/news/nationworld/ct-trump-campaign-promises-20161225-story.html.

41 Lammers, J., and Stapel, D. A. (2011). Power increases dehumanization. *Group Processes and Intergroup Relations* 14 (1), 113–26, p. 113.

42 Lammers and Stapel 2011.

43 Gwinn, J. D., Judd, C. M., and Park, B. (2013). Less power = less human? Effects of power differentials on dehumanization. *Journal of Experimental Social Psychology* 49, 464–70.

44 Segal, E. A., and Wagaman, M. A. (2017). Social empathy as a framework for teaching social justice. *Journal of Social Work Education* 53 (2), 201–11.

45 이 정의는 http://www.learnersdictionary.com/definition/politically%20correct 에서 찾을 수 있다. 정치적 올바름에 대한 또 다른 흥미로운 의견은 Safire, W. (2008). *Safire's political dictionary* Rev. ed. New York: Oxford University Press; Hess, A. (July 19, 2016). How "political correctness" went from punch line to panic. *New York Times Magazine*; and Robbins, S. P. (2016). From the editor—Sticks and stones: Trigger warnings, macroaggressions, and political correctness. *Journal*

of Social Work Education 52 (1), 1–5 을 보라.

46 토론을 직접 인용한 내용은 http://www.nytimes.com/live/repu blican-debate-election-2016-cleveland/trump-on-political–correctness 에서 찾을 수 있다.

47 정치적 올바름이 더 이상 필요하지 않다는 의견의 사례는 Taranto, J. (November 15, 2016). "Trump vs. political correctness: Some early encouraging signs." *Wall Street Journal.* https://www.wsj.com/articles/trump-vs-political-correctness-1479233123 을 보라.

48 Cote, S., Kraus, M. W., Cheng, B. H., Oveis, C., van der Lowe, I., Lian, H., and Keltner, D. (2011). Social power facilitates the effect of prosocial orientation on empathic accuracy. *Journal of Personality and Social Psychology* 101 (2), 217–32.

49 Hu, M., Rucker, D. D., Galinsky, A. D. (2016). From the immoral to the incorruptible: How prescriptive expectations turn the powerful into paragons of virtue. *Personality and Social Psychology Bulletin* 42 (6), 826–37.

50 Schmid Mast, M., Jonas, K., and Hall, J. A. (2009). Give a person power and he or she will show interpersonal sensitivity: The phenomenon and its why and when. *Journal of Personality and Social Psychology* 97 (5), 835–50.

51 Blader, S. L., Shirako, A., and Chen, Y.-R. (2016). Looking out from the top: Differential effects of status and power on perspective taking. *Personality and Social Psychology Bulletin* 42 (6), 723–37, p. 731.

52 Kennedy, J. F. (1963). "Of those to whom much is given, much is required." Remarks in Nashville at the 90th Anniversary Convocation of Vanderbilt University, May 18, 1963. Public Papers of the Presidents: John F. Kennedy. https://www.jfklibrary.org/Research/Research-Aids/Ready-Reference/JFK-Quotations.aspx#F. Kennedy 대통령은 누가복음 12장 48절을 인용하였다.

5장 스트레스, 우울, 다른 건강 요인들이 공감을 가로막는다면 어떻게 될까?

1 Rizzolatti, G., and Craighero, L. (2004). The mirror neuron system. *Annual Review*

of Neuroscience 27, 169–92.

2   거울 뉴런에 관한 훌륭한 자료는 Iacoboni, M. (2008). *Mirroring people: The new science of how we connect with others*. New York: Farrar, Straus and Giroux이다.

3   Hickok, G. (2008). Eight problems for the mirror neuron theory of action understanding in monkeys and humans. *Journal of Cognitive Neuroscience* 21 (7), 1229–43.

4   Iacoboni, M. (2009). Imitation, empathy, and mirror neurons. *Annual Review of Psychology* 60, 653–70.

5   Eagleman, D. (2015). *The brain*. New York: Pantheon Books, p. 181.

6   뇌 영역 지도를 포함한 더 자세한 내용과 충분한 자료들의 목록을 원한다면 Segal, E. A., Gerdes, K. E., Lietz, C. A., Wagaman, M. A., and Geiger, J. M. (2017). *Assessing empathy*. New York: Columbia University Press, pp. 36 and 37을 보라.

7   Hillis, A. E. (2014). Inability to empathize: Brain lesions that disrupt sharing and understanding another's emotions. *Brain: A Journal of Neurology* 137, 981–97.

8   Yeh, Z.-T., and Tsai, C.-F. (2014). Impairment on theory of mind and empathy in patients with stroke. *Psychiatry and Clinical Neurosciences* 68, 612–20.

9   Herbert, G., Lafargue, G., Bonnetblanc, F., Moritz-Gasser, S., and Duffau, H. (2013). Is the right frontal cortex really crucial in the mentalizing network? A longitudinal study in patients with a slow-growing lesion. *Cortex* 49, 2711–27; Herbert, G., Lafargue, G., Moritz-Gasser, S., de Champfleur, N. M., Costi, E., Bonnetblanc, F., and Duffau, H. (2015). A disconnection account of subjective empathy impairments in diffuse low-grade glioma patients. *Neuropsychologia* 70, 165–76.

10   Sapolsky, R. M. (2004). *Why zebras don't get ulcers: The acclaimed guide to stress, stress-related diseases, and coping*. Third edition. New York: St. Martin's Griffin.

11   Sapolsky 2004, pp. 13–14.

12   National Scientific Council on the Developing Child. (2014). *Excessive stress disrupts the architecture of the developing brain: Working Paper* 3. Cambridge, MA: Harvard University Center on the Developing Child.

13 Arnsten, A. F. T. (2009). Stress signaling pathways that impair prefrontal cortex structure and function. *Nature* 10, 410–22; Lupien, S. J., McEwen, B. S., Gunnar, M. R., and Heim, C. (2009). Effects of stress throughout the lifespan on the brain, behavior and cognition. *Nature* 10, 434–45; Hanson, J. L., Naceqicz, B. M., Sutterer, M. J., Cayo, A. A., Schaefer, S. M., Rudolph, K. D., Shirtcliff, E. A., Pollak, S. D., and Davidson, R. J. (2015). Behavioral problems after early life stress: Contributions of the hippocampus and amygdala. *Biological Psychology* 77 (4), 314–23.

14 Taylor, S. E. (2010). Mechanisms linking early life stress to adult health outcomes. *Proceedings of the National Academy of Science* 107 (19), 8507–12.

15 Buruck, G., Wendsche, J., Melzer, M., Strobel, A., and Dorfel, D. (2014). Acute psychosocial stress and emotion regulation skills modulate empathic reactions to pain in others. Frontiers in Psychology 5, Article 517, 1–16.

16 Tomovo, L., von Dawans, B., Heinrichs, M., Silani, G., and Lamm, C. (2014). Is stress affecting our ability to tune into others? Evidence for gender differences in the effects of stress on self-other distinction. *Psychoneuroendocrinology* 43, 95–104.

17 Wolf, O. T., Schulte, J. M., Drimalla, H., Hamacher-Dang, T. C., Knoch, D., and Dziobek, I. (2015). Enhanced emotional empathy after psychosocial stress in young healthy men. *Stress* 18 (6), 631–37.

18 Evans, G. W., and Fuller-Rowell, E. (2013). Childhood poverty, chronic stress, and young adult working memory: The protective role of self-regulatory capacity. *Developmental Science* 16 (5), 688–96; Chen, E. (2012). Protective factors for health among low-socioeconomic-status individuals. *Current Directions in Psychological Science* 21 (3), 189–93.

19 National Institute of Mental Health. (n.d.). "Post-traumatic stress disorder research." http://www.wellnessproposals.com/mental-health/handouts/nimh/post-traumatic-stress-disorder-research-fact-sheet.pdf.

20 azza, M., Tempesta, D., Pino, M. C., Nigri, A., Catalucci, A., Guadagni, V., Gallucci,

M., Iaria, G., and Ferrara, M. (2015). Neural activity related to cognitive and emotional empathy in post-traumatic stress disorder. *Behavioural Brain Research* 282 (1), 37–45; Nietlisbach, G., Maercker, A., Rossler, W., and Haker, H. (2010). Are empathic abilities impaired in posttraumatic stress disorder? *Psychological Reports* 106 (3), 832–44.

21   National Center for PTSD. (2015). "Relationships and PTSD." https://www.ptsd. va.gov/public/family/ptsd-and-relationships.asp.

22   Proctor, B. D., Semega, J. L., and Kollar, M. A. (2016). *Income and poverty in the United States*: 2015. Washington, DC: U.S. Census Bureau.

23   Sapolsky 2004, p. 366.

24   Mackey, A. P., Finn, A. S., Leonard, J. A., Jacoby-Senghor, D. S., West, M. R., Gabrieli, C. F. O., and Gabrieli, J. D. E. (2015). Neuroanatomical correlates of the income-achievement gap. *Psychological Science* 26 (6), 925–33; Hair, N. L., Hanson, J. L., Wolfe, B. L., and Pollak, S. D. (2015). Association of child poverty, brain development, and academic achievement. *JAMA Pediatrics* 169 (9), 822–29.

25   Lawson, G. M., Duda, J. T., Avants, B. B., Wu, J., and Farah, M. J. (2013). Association between children's socioeconomic status and prefrontal cortical thickness. *Developmental Science* 16 (5), 641–52; Gianaros, P. J., Manuck, S. B., Sheu, L. K., Kuan, D. C. H., Votruba-Drzal, E., Craig, A. E., and Hariri, A. R. (2011). Parental education predicts corticostriatal functionality in adulthood. *Cerebral Cortex* 21, 896–910.

26   Kraus, M. W., Piff, P. K., and Keltner, D. (2011). Social class as culture: The convergence of resources and rank in the social realm. *Current Directions in Psychological Science* 20 (4), 246–50.

27   Pietz, P., and Knowles, E. D. (2016). Social class and the motivational relevance of other human beings: Evidence from visual attention. *Psychological Science* 27 (11), 1517–27; Varnum, M. E. W., Blais, C., and Brewer, G. A. (2016). Social class affects Mu-suppression during action observation. *Social Neuroscience* 11 (4),

449–54.

28 Kraus, M. W., Cote, S., and Keltner, D. (2010). Social class, contextualism, and empathic accuracy. *Psychological Science* 21 (11), 1716–23.

29 Office of the Administration for Children and Families, U.S. Department of Health and Human Services. (2018). "Child maltreatment 2016." https:// www. acf.hhs.gov/cb/resource/child-maltreatment-2016.

30 Fawley-King, K., and Merz, E. C. (2014). Effects of child maltreatment on brain development. In H. C. Matto, J. Strolin-Goltzman, and M. S. Ballan (Eds.), *Neuroscience for social work: Current research and practice*, pp. 111–39. New York: Springer.

31 National Scientific Council on the Developing Child. (2012). *The science of neglect: The persistent absence of responsive care disrupts the developing brain: Working Paper* 12. Cambridge, MA: Center on the Developing Child at Harvard University.

32 Kim, J., and Cicchetti, D. (2010). Longitudinal pathways linking child maltreatment, emotion regulation, peer relations, and psychopathology. *Journal of Child Psychology and Psychiatry* 51 (6), 706–16.

33 Tupler, L. A., and De Bellis, M. D. (2006). Segmented hippocampal volume in children and adolescents with posttraumatic stress disorder. *Biological Psychiatry* 59 (6), 523–29.

34 Gunnar, M. R., Frenn, K., Wewerka, S. S., and Van Ryzin, M. J. (2009). Moderate versus severe early life stress: Associations with stress reactivity and regulation in 10–12 year old children. *Psychoneuroendocrinology* 34 (1), 62–75.

35 Perez, H. C. S., Ikram, M. A., Direk, N., Prigerson, H. G., Freak-Poli, R., Verhaaren, B. F. J., Hofman, A., Vernooij, M., and Tiemeier, H. (2015). Cognition, structural brain changes and complicated grief. A population-based Study. *Psychological Medicine* 45 (7), 1389–99.

36 Buhler, M., and Mann, K. (2011). Alcohol and the human brain: A systematic review of different neuroimaging methods. *Alcoholism: Clinical and*

Experimental Research 35 (10), 1771–93.

37 Welch, K. A., Carson, A., and Lawrie, S. M. (2013). Brain structure in adolescents and young adults with alcohol problems: Systematic review of imaging studies. *Alcohol and Alcoholism* 48 (4), 433–44.

38 Schmidt, T., Roser, P., Ze, O., Juckel, G., Suchan, B., and Thoma, P. (2017). Cortical thickness and trait empathy in patients and people at high risk for alcohol use disorders. Psychopharmacology 234, 3521–33.

39 Mischkowski, D., Crocker, J., and Way, B. M. (2016). From painkiller to empathy killer: Acetaminophen (paracetamol) reduces empathy for pain. *Social Cognitive and Affective Neuroscience* 11 (9), 1345–53.

40 Tully, J., and Petrinovic, M. M. (2017). Acetaminophen study yields new insights into neurobiological underpinnings of empathy. *Journal of Neurophysiology* 117 (5), 1844–46.

41 De Dreu, C. W. K., and Kret, M. E. (2016). Oxytocin conditions intergroup relations through upregulated in-group empathy, cooperation, conformity, and defense. *Biological Psychiatry* 79 (3), 165–73; Heinrichs, M., Chen, F. S., and Domes, G. (2013). Social neuropeptides in the human brain: Oxytocin and social behavior. In S. Baron-Cohen, H. Tager-Flusberg, and M. V. Lombardo (Eds.), *Understanding other minds*, pp. 291–307. New York: Oxford University Press.

42 Uzefovsky, F., Shaleve, I., Israel, S., Edelman, S., Raz, Y., Mankuta, D., Knafo-Noam, A., and Ebstein, R. P. (2015). Oxytocin receptor and vasopressin receptor 1a genes are respectively associated with emotional and cognitive empathy. *Hormones and Behavior* 67, 60–65.

43 Palgi, S., Klein, E., and Shamay-Tsoory, S. (2016). The role of oxytocin in empathy PTSD. *Psychological Trauma: Theory, Research, Practice, and Policy* 1, 70–75.

44 Almeida, P. R., Seixas, M. J., Ferreira-Santos, F., Vieira, J. B., Paiva, T. O., Moreira, P. S., and Costa, P. (2015). Empathic, moral, and antisocial outcomes associated with distinct components of psychopathy in healthy individuals: A Triarchic model approach. *Personality and Individual Differences* 85, 205–11.

사회적 공감

45   Decety, J., Chen, C., Harenski, C., and Keihl, K. A. (2013). An fMRI study of affective perspective taking in individuals with psychopathy: Imagining another in pain does not evoke empathy. *Frontiers in Human Neuroscience* 7, Article 489, 1–12.

46   Blair, R. J. R. (2007). The amygdala and ventromedial prefrontal cortex in morality and psychopathy. Trends in Cognitive Sciences 11 (9), 387– 92; Blair, R. J. R. (2010). Psychopathy, frustration, and reactive aggression: The role of ventromedial prefrontal cortex. *British Journal of Psychology* 101, 383–99.

47   Marsh, A. A., Finger, E. C., Fowler, K. A., Jurkowitz, I. T. N., Schechter, J. C., Yu, H. H., Pine, D. S., and Blair, R. J. R. (2011). Reduced amygdala-orbitofrontal connectivity during moral judgments in youths with disruptive behavior disorders and psychopathic traits. *Psychiatry Research: Neuroimaging* 194, 279–86.

48   Luckhurst, C., Hatfiled, E., and Gelvin-Smith, C. (2017). Capacity for empathy and emotional contagion in those with psychopathic personalities. *Interpersona* 11 (1), 70–91.

6장 공감과 종교는 어떤 관계일까?

1   Zinn, H. (2003). *A people's history of the United States 1492–present*. New York: HarperCollins Publishers, p. 14 을 보라.

2   Schiff, S. (September 7, 2015). "The witches of Salem." *The New Yorker*. http://www.newyorker.com/magazine/2015/09/07/the-witches-of-salem.

3   Issue 33 of *Christian History* (1992). "Christianity and the Civil War." http://www.christianitytoday.com/history/issues/issue-33; Morrison, L. R. (1980). The religious defense of American slavery before 1830. *Journal of Religious Thought* 37, 16–29 을 보라.

4   Meager, D. (2007). "Slavery—The abolitionist movement." *Cross Way* (105).

http://archive.churchsociety.org/crossway/documents/Cway_105_Slavery.
Abolitionism.pdf.

5   Peter Nabokov의 책 *Native American Testimony* (New York: Penguin, 1991)은 미국
    에서 500년의 역사를 차지하는 아메리카 원주민인 초기 이민자들에 관한 이야기를 한다.

6   Pinker, S. (2011). *The better angels of our nature: Why violence has declined*. New
    York: Viking.

7   Daalder, I. H. (December 1, 1998). "Decision to intervene: How the war in Bosnia
    ended." https://www.brookings.edu/articles/decision-to-intervene-how-the-war-
    in-bosnia-ended; Borger, J. (April 4, 2012). "Bosnian war 20 years on: Peace holds
    but conflict continues to haunt." *The Guardian*. https://www.theguardian.com/
    world/2012/apr/04/bosnian-war-20-years-on.

8   Conaway, C. (2016). Shadows in the golden land. *Moment Magazine* 41 (5), 47–55.

9   Jeong, M. (2017). Strangers in their own land. *Moment Magazine* 42 (5), 37–43.

10 Kimball, C. (2008). *When religion becomes evil*. New York: Harper.

11 Harris, S. (2005). *The end of faith: Religion, terror, and the future of reason*. New
    York: W. W. Norton.

12 WWBT NBC12. (March 31, 2014). "KKK leader: We don't hate people because of
    their race." http://www.nbc12.com/story/25034656/kkk-leader-we-dont-hate-
    people-because-of-their-race.

13 Creech, J. (n.d.). "What Does the Bible Say About Homosexuality?" https://
    www.hrc.org/resources/what-does-the-bible-say-about-homosexuality;
    The organization Soulforce (http://www.soulforce.org) has a great deal of
    information as well.

14 Hutcherson, K. (December 1, 2015). "A brief history of anti-abortion violence."
    CNN. http://www.cnn.com/2015/11/30/us/anti-abortion-violence/index.html

15 Dewey, C. (March 31, 2017). "GOP lawmaker: The Bible says 'if a man will not
    work, he shall not eat.' " *Washington Post*. https://washingtonpost.com/news/
    wonk.wp/2017/03/31/gop-lawmaker-the-bible-says-the-unemployed-shall-
    not-eat/?utm_term=.53e61939b00.

16 The Founders' Constitution. (2000). "Amendment I (Religion)." http://press-pubs. uchicago.edu/founders/documents/amendl_religions49.html.

17 Batson, C. D. (1983). Sociobiology and the role of religion in promoting prosocial behavior: An alternative view. *Journal of Personality and Social Psychology* 45 (6), 1380–85.

18 Duriez, B. (2004). Are religious people nicer people? Taking a closer look at the religion-empathy relationship. *Mental Health, Religion, and Culture* 7 (3), 249–54.

19 Huber, J. T., and MacDonald, D. A. (2012). An investigation of the relations between altruism, empathy, and spirituality. Journal of Humanistic Psychology 52 (2), 206–21.

20 Alma, H. A. (2008). Self-development as a spiritual process: The role of empathy and imagination in finding spiritual orientation. *Pastoral Psychology* 57, 59–63.

21 Hobson, N. M., and Inzlicht, M. (2016). Recognizing religion's dark side: Religious ritual increases antisociality and hinders self-control. *Behavioral and Brain Sciences* 39, 30–31; Hobson, N. M., Gino, F., Norton, M. I., and Inzlicht, M. (2017). When novel rituals impact intergroup bias: Evidence from economic games and neurophysiology. *Psychological Science*. https://doi.org/10.17605/OSF.IO/ NXAB7.

22 Brown, R. K., Kaiser, A., and Jackson, J. S. (2014). Worship discourse and white race-based policy attitudes. *Review of Religious Research* 56, 291– 312; Edgell, P., and Tranby, E. (2007). Religion influences on understandings of racial inequality in the United States. *Social Problems* 54 (2), 263–88; Hinojosa, V. J., and Park, J. Z. (2004). Religion and the paradox of racial inequality attitudes. *Journal for the Scientific Study of Religion* 42, 229–38.

23 Buber, M. (2010, originally published in English in 1937). *I and thou*. Mansfield Centre, CT: Martino Publishing.

24 이 우화는 랍비들의 가르침을 기록한 탈무드에 기록돼 있다(탈무드 샤밧 31a).

1   Campbell, S. W., and Park, Y. J. (2008). Social implications of mobile telephony: The rise of personal communication society. Sociology Compass 2 (2), 371–87; Ling, R. (2010). *New tech, new ties: How mobile communication is reshaping social cohesion.* Cambridge, MA: MIT Press.

2   Carrier, L. M., Spradlin, A., Bunce, J. P., and Rosen, L. D. (2015). Virtual empathy: Positive and negative impacts of going online upon empathy in young adults. *Computers in Human Behavior* 52, 39–48.

3   Zhao, J., Abrahamson, K., Anderson, J. G., Ha, S., and Widdows, R. (2013). Trust, empathy, social identity, and contribution of knowledge within patient online communities. *Behaviour & Information Technology* 32 (10), 1041–48.

4   Vervloet, M., van Dijk, L., Santen-Reestman, J., van Vlijmen, B., van Wingerden, P., Bouvy, M. L., and de Bakker, D. H. (2012). SMS reminders improve adherence to oral medication in type 2 diabetes patients who are real time electronically monitored. *International Journal of Medical Informatics* 81 (9), 594–604.

5   Patrick, K., Raab, F., Adams, M. A., Dillon, L., Zabinski, M., Rock, C. L., Griswold, W. G., and Norman, G. J. (2009). A text-massage-based intervention for weight loss: Randomized controlled trial. *Journal of Medical Internet Research* 11 (1), e1.

6   Konrath, S., Falk, E., Fuhrel-Forbis, A., Liu, M., Swain, J., Tolman, R., Cunningham, R., and Walton, M. (2015). Can text messages increase empathy and prosocial behavior? The development and initial validation of text to Connect. *PLoS ONE* 10 (9), e0137585.

7   Mills, K. L. (2014). Effects of internet use on the adolescent brain: Despite popular claims, experimental evidence remains scarce. *Science and Society* 18 (8), 385–87. Specifically, see p. 385 and Box 1 for the story on Socrates.

8   Mills 2014.

9   Spies Shapiro, L. A., and Margolin, G. (2014). Growing up wired: Social networking sites and adolescent psychosocial development. *Clinical Child and Family*

Psychology Review 17 (1), 1–18.

Kross, E., Verduyn, P., Demiralp, E., Park, J., Lee, D. S., Lin, N., Shablack, H., Jonides, J., and Ybarra, O. (2013). Facebook use predicts declines in subjective well-being in young adults. *PLoS ONE* 8 (8), e69841.

Kelly, C. R., Grinband, J., and Hirsch, J. (2007). Repeated exposure to media violence is associated with diminished response in an inhibitory frontolimbic network. *PLoS ONE* 12, e1268; Gentile, D. A., Swing, E. L., Anderson, C. A., Rinker, D., and Thomas, K. M. (2016). Differential neural recruitment during violent video game play in violent- and nonviolent-game players. *Psychology of Popular Media Culture* 5 (1), 39–51.

Szycik, G. R., Mohammadi, B., Munte, T. F., and te Wildt, B. T. (2017). Lack of evidence that neural empathic responses are blunted in excessive users of violent video games: An fMRI study. *Frontiers in Psychology*. https://doi.org/10.3389/fpsyg.2017.00174

Gabbiadini, A., Riva, P., Andrighetto, L., Volpato, C., and Bushman, B. J. (2016). Acting like a tough guy: Violent-sexist video games, identification with game characters, masculine beliefs, and empathy for female violence victims. *PLoS ONE* 11 (4), 1–14.

U.S. Department of Education. (2015). *Student reports of bullying and cyber-bullying: Results from the 2013 school crime supplement to the national crime victimization survey*. Washington, DC: National Center for Education Statistics.

Joliffe, D., and Farrington, D. P. (2006). Examining the relationship between low empathy and bullying. *Aggressive Behavior* 32, 540–50; Ang, R. P., and Goh, D. H. (2010). Cyberbullying among adolescents: The role of affective and cognitive empathy, and gender. *Child Psychiatry and Human Development* 41, 387–97; Renati, R., Berrone, C., and Zanetti, M. A. (2012). Morally disengaged and unempathic: Do cyberbullies fit these definitions? An exploratory study. *Cyberpsychology, Behavior, and Social Networking* 15 (8), 1–8; Del Rey, R., Lazuras, L., Casas, J. A., Barkoukis, V., Ortega-Ruiz, R., and Tsorbatzoudis,

H. (2016). Does empathy predict (cyber)bullying perpetration, and how do age, gender and nationality affect this relationship? *Learning and Individual Differences* 45, 275–81.

16 Joliffe, D., and Farrington, D. P. (2011). Is low empathy related to bullying after controlling for individual and social background variables? *Journal of Adolescence* 34, 59–71.

17 Bazelon, E. (2013). *Sticks and stones: Defeating the culture of bullying and rediscovering the power of character and empathy*. New York: Random House.

18 Phillips, W. (2015). *This is why we can't have nice things: Mapping the relationship between online trolling and mainstream culture*. Cambridge, MA: MIT Press.

19 See Phillips 2015, p. 26.

20 Sest, N., and March, E. (2017). Constructing the cyber-troll: Psychopathy, sadism and empathy. *Personality and Individual Differences* 119, 69–72.

21 Hauslohner, A. (July 20, 2017). "Muslim running for U.S. Senate praised the Founding Fathers. Then the diatribes began." *Washington Post*. https://www.washingtonpost.com/news/post-nation/wp/2017/07/20/muslim-running-for-u-s-senate-praised-the-founding-fathers-then-the-diatribes-began. 이에 대한 국지적인 관점으로는 Roberts, L. (July 18, 2017). "AZ Senate candidate under attack for being a Muslim." *Arizona Republic*, Section SR, p. Z8 을 보라.

22 Cook, B. (March 4, 2014). "The toll of Twitter." *The Shakerite*. https://shakerite.com/opinion/2014/03/04/twitter-and-empathy.

23 2016년 Gentile과 그의 동료들의 연구는 이 점을 뒷받침한다. 덧붙여 이 책들은 우리의 뇌가 다수의 정보 입력을 동시에 처리하도록 이루어지지 않았다는 과학적 증거에 기반한다. 다음과 같은 책들이 이런 내용을 담고 있다. Medina, J. (2008). *Brain rules*. Seattle, WA: Pear Press; Klingberg, T. (2009). *The overflowing brain: Information overload and the limits of working memory*. New York: Oxford University Press; Levitin, D. J. (2014). *The organized mind: Thinking straight in the age of information overload*. New York: Penguin Random House. Levitin의 책은 우리가

오늘날의 수많은 정보에 어떻게 대응해야 하는지에 관한 많은 대안을 제공한다.

24 당시 백악관 언론담당 보좌관이었던 Sean Spicer는 2017년 6월 6일 기자회견에서 대통령의 트위터 내용이 공식 정책이라고 확인해줬다. Jenkins, A. (June 6, 2017). "Sean Spicer says President Trump considers his tweets 'official' White House statements." *Time*. http://time.com/4808270/sean-spicer-donald-trump-twitter-statements.

25 Scott, P. (May 2, 2017). "Donald Trump's Twitter habit tells us a lot about his first 100 days as a president." *The Telegraph*. http://www.telegraph.co.uk/news/2017/04/27/donald-trumps-twitter-habits-tell-us-lot-first-100-days-president.

26 Langer, G. (July 17, 2017). "Public to Trump: Lay off the Twitter (poll)." ABC News. http://abcnews.go.com/Politics/public-trump-lay-off-twitter-poll/story?id=48641500

8장 사회적 공감은 세상을 더 나은 곳으로 만든다

1 Segal, E. A., Gerdes, K. E., Lietz, C. A., Wagaman, M. A., and Geiger, J. M. (2017). *Assessing empathy*. New York: Columbia University Press.

2 이것은 국립과학재단의 보조금으로 수집된 초기 자료 분석에서 나온 것이다. (no. 1530847), *Promoting empathy and collaborative decision making for natural resource management using a computer-mediated scenario.*

3 Iacoboni, M., Molnar-Szakacs, I., Gallese, V., Buccino, G., Mazziotta, J. C., and Rizzolatti, G. (2005). Grasping the intentions of others with one's own mirror neuron system. *PLoS Biology* 3 (3), 529–35.

4 Lamm, C., Nusbaum, H. C., Meltzoff, A. N., and Decety, J. (2007). What are you feeling? Using functional magnetic resonance imaging to assess the modulation of sensory and affective responses during empathy for pain. *PLoS ONE* 12 (e1292), 1–16.

5 시리아 알레포에 사는 어린 아이의 사진과 이야기는 Larimer, S., and Bever, L. (August 18, 2016). "The stunned, bloodied face of 5-year-old Omran Daqneesh sums up the horror of Aleppo." *Washington Post*. https://www.washingtonpost.com/news/worldviews/wp/2016/08/17/the-stunned-bloodied-face-of-a-child-survivor-sums-up-the-horror-of-aleppo 에서 찾을 수 있다.

6 Wagaman, M. A. (2011). Social empathy as a framework for adolescent empowerment. *Journal of Social Service Research* 37, 278–93.

7 Davidson, R. J., and Begley, S. (2012). *The emotional life of your brain*. New York: Hudson Street Press; Eagleman, D. (2015). *The brain: The story of you*. New York: Pantheon Books.

8 Pascual-Leone, A., Amedi, A., Fregni, F., and Merabet, L. B. (2005). The plastic human brain cortex. *Annual Review of Neuroscience* 28, 377–401.

9 Merabet, L. B., and Pascual-Leone, A. (2010). Neural reorganization following sensory loss: The opportunity of change. *National Review of Neuroscience* 11 (1), 44–52; Ortiz-Teran, L., Ortiz, T., Perez, D. L., Aragon, J. I., Diez, I., Pascual-Leone, A., and Sepulcre, J. (2016). Brain plasticity in blind subjects centralizes beyond the modal cortices. *Frontiers in Systems Neuroscience*. https://doi.org/10.3389/fnsys.2016.00061; Ortiz-Teran, L., Diez, I., Ortiz, T., Perez, D. L., Aragon, J. I., Costumero, V., Pascual-Leone, A., El Fakhri, G., and Sepulcre, J. (2017). Brain circuit-gene expression relationships and neuroplasticity of multisensory cortices in blind children. *Proceedings of the National Academy of Sciences* 114 (26), 6830–35.

10 Department of Health and Human Services. (2016). *Temporary Assistance for Needy Families program: Eleventh report to Congress*. Washington, DC: Author.

11 Congressional Research Service. (2017). *Temporary Assistance for Needy Families (TANF): Size of the population eligible for receiving cash assistance*. Washington, DC: Author.

12 Jeb Bush가 가난한 사람에게 지원되는 정부 지원금을 Mitt Romney처럼 "공짜 돈"이라고 표현한 것에 대해서는 Sullivan, S. (September 24, 2015). "Jeb Bush: Win

사회적 공감

black voters with aspirations, not 'free stuff.' " *Washington Post*. https://www. washingtonpost.com/news/post-politics/wp/2015/09/24/jeb-bush-winblack-voters-with-aspiration-not-free-stuff; Benen, S. (September 25, 2015)."Echoing Romney, Jeb reflects on black voters, 'free stuff.' " MSNBC. http://www.msnbc. com/rachel-maddow-show/echoing-romney-jeb-reflects-black-voters-free-stuff 을 보라.

13 Paul Ryan의 "돈을 버는 사람과 받는 사람"이라는 표현을 사용한 실수에 대한 해명글은 Ryan, P. (March 23, 2016). "Full text: Speaker Ryan on the state of American politics." http://www.speaker.gov/press-release/full-text-speaker-ryan-state-american-politics 을 보라.

14 U.S. Department of Health and Human Services. (January 18, 2018). "U.S. federal poverty guidelines used to determine financial eligibility for certain federal programs." https://aspe.hhs.gov/poverty-guidelines.

15 SNAP의 자료는 https://www.fns.usda.gov/pd/supplemental-nutrition-assistance-program-snap 에서 이용가능하다.

16 Child Trends. (2016). *Children in poverty: Indicators of child and youth well-being*. Bethesda, MD: Author.

17 White House. (2008). *Fact sheet: Bipartisan growth package will help protect our nation's economic health*. Washington, DC: Office of the President of the United States

18 SNAP 자료는 https://www.fns.usda.gov/pd/supplemental-nutrition-assistance-program-snap 에서 이용할 수 있다.

19 Romig, K., and Sherman, A. (2016). *Social Security keeps 22 million Americans out of poverty*. Washington, DC: Center on Budget and Policy Priorities.

20 Steuerle, C. E., and Quakenbush, C. (2015). *Social Security and Medicare lifetime benefits and taxes*. Washington, DC: Urban Institute.

21 Congressional Joint Commission on Taxation. (January 30, 2017). *Estimates of federal tax expenditures for fiscal years 2016–2020*. Washington, DC: Author.

22 arana Burke의 미투(Me Too)운동에 대한 설명은 그녀가 조직한 단체의 웹사이트

http://justbeinc.wixsite.com/justbeinc/the-me-too-movement-cmml 에서 볼 수
있다.

에필로그: 사회적 공감 교육

1   나는 오랫동안 이 3단계 모델을 연구해왔다. 초기 버전을 알고 싶으면, Segal, E. A.
     (2011). Social empathy: A model built on empathy, contextual understanding,
     and social responsibility that promotes social justice. *Journal of Social Service
     Research* 37 (3), 266–277; Segal, E. A. (2007). Social empathy: A new paradigm to
     address poverty. *Journal of Poverty* 11 (3), 65–81 을 보라.
2   Peace Learner. (March 14, 2016). "Privilege walk lesson plan." https://
     peacelearner.org/2016/03/14/privilege-walk-lesson-plan.
3   Levitt, P. (2015). *Artifacts and allegiances: How museums put the nation and
     world on display*. Oakland: University of California Press.
4   Levitt 2015, p. 8.
5   Segal, E. A., Gerdes, K. E., Stromwall, L., and Napoli, M. (2010). Privilege through
     the lens of empathy. *Reflections: Narratives of Professional Helping* 16 (1), 79–87;
     79–80.
6   남아프리카공화국의 진실화해위원회 (http://www.justice.gov.za/trc/index.html)
     의 활동에 이어, 사회경제적 정의를 위한 인간 중심의 방법을 촉진하기 위해 정의화해
     제도(IJR; Institute for Justice and Reconciliation)가 설립되었다. 이 제도에 대해 더
     많은 정보를 알고 싶다면 http://www.ijr.org.za/about-us. Another source is the
     International Justice Resource Center (http://www.ijrcenter.org/cases-before-
     national-courts/truth-and-reconciliation-commissions) 을 보라.

찾아보기

ㅎ

사회적 공감

사회적 공감

초판 1쇄 발행 2019년 8월 28일

지은이 | 엘리자베스 A. 시걸
옮긴이 | 안종희

펴낸곳 | 도서출판 생각이음
펴낸이 | 김종희
디자인 | 김서영

출판등록 | 2017년 10월 27일(제2019-000031)
주소 | (04045) 서울시 마포구 양화로 64, 8층 LS-837호(서교동, 서교제일빌딩)
전화 | (02)337-1673 팩스 | (02)337-1674
전자우편 | thinklink37@naver.com

ISBN 979-11-965525-1-0   03300

이 도서의 국립중앙도서관 출판예정도서목록(CIP)은 서지정보유통지원시스템 홈페이지(http://seoji.nl.go.kr)와
국가자료종합목록 구축시스템(http://kolis-net.nl.go.kr)에서 이용하실 수 있습니다. (CIP제어번호 : CIP2019029997)